《周易》本义

张耀建　著

目录

自序 ……………………………………………………………… 1

卷一

第一章　《周易》导论（上） …………………………………… 2

第一节　《周易》是一本什么样的书 ………………………… 2

第二节　八卦的起源和卦象的理解 …………………………… 5

第三节　《周易》与阴阳五行 ………………………………… 7

第四节　《周易》中不可替代的智慧 ………………………… 12

第五节　六十四卦和宇宙、社会状态模式 …………………… 19

第二章　《周易》导论（下） …………………………………… 25

第一节　读懂《周易》从哪里开始 …………………………… 25

第二节　卦象解析 ……………………………………………… 28

第三节　六爻玄机 ……………………………………………… 38

第四节　学《易》三问 ………………………………………… 43

第五节　六十四卦的卦序排列 ………………………………… 49

周易上經

卷二

第三章　乾、坤 ································ 61

《乾》为天 ☰（卦序号：1）················ 61

《坤》为地 ☷（卦序号：2）················ 70

第四章　复、姤 ································ 79

地雷《复》☷（卦序号：3）················ 79

天风《姤》☰（卦序号：4）················ 87

第五章　颐、大过、屯、鼎 ················ 93

山雷《颐》☶（卦序号：5）················ 93

泽风《大过》☱（卦序号：6）············· 100

水雷《屯》☵（卦序号：7）················ 105

火风《鼎》☲（卦序号：8）················ 110

第六章　益、恒、震、巽 ·················· 115

风雷《益》☴（卦序号：9）················ 115

雷风《恒》☳（卦序号：10）··············· 122

《震》为雷 ☳（卦序号：11）··············· 127

《巽》为风 ☴（卦序号：12）··············· 132

第七章　噬嗑、井、随、蛊 ··············· 137

火雷《噬嗑》☲（卦序号：13）············· 137

水风《井》☵（卦序号：14）··············· 143

泽雷《随》䷐（卦序号：15） ·· 148

山风《蛊》䷑（卦序号：16） ·· 153

卷三

第八章　无妄、升、明夷、讼 ·· 160

天雷《无妄》䷘（卦序号：17） ··· 160

地风《升》䷭（卦序号：18） ·· 165

地火《明夷》䷣（卦序号：19） ··· 170

天水《讼》䷅（卦序号：20） ·· 175

第九章　贲、困、既济、未济 ·· 180

山火《贲》䷕（卦序号：21） ·· 180

泽水《困》䷮（卦序号：22） ·· 185

水火《既济》䷾（卦序号：23） ··· 190

火水《未济》䷿（卦序号：24） ··· 194

第十章　家人、解、丰、涣 ··· 198

风火《家人》䷤（卦序号：25） ··· 198

雷水《解》䷧（卦序号：26） ·· 203

雷火《丰》䷶（卦序号：27） ·· 208

风水《涣》䷺（卦序号：28） ·· 213

第十一章　离、坎 ··· 218

《离》为火䷝（卦序号：29） ·· 218

《坎》为水䷜（卦序号：30） ·· 223

周易下經

卷四

第十二章　泰、否 ·· 229

地天《泰》䷊（卦序号：31）················· 229

天地《否》䷋（卦序号：32）················· 235

第十三章　革、蒙、同人、师 ················ 241

泽火《革》䷰（卦序号：33）················· 241

山水《蒙》䷃（卦序号：34）················· 246

天火《同人》䷌（卦序号：35）··············· 250

地水《师》䷆（卦序号：36）················· 255

第十四章　临、遁、损、咸 ················ 259

地泽《临》䷒（卦序号：37）················· 259

天山《遁》䷠（卦序号：38）················· 264

山泽《损》䷨（卦序号：39）················· 269

泽山《咸》䷞（卦序号：40）················· 274

第十五章　节、旅、中孚、小过 ·········· 279

水泽《节》䷻（卦序号：41）················· 279

火山《旅》䷷（卦序号：42）················· 285

风泽《中孚》䷼（卦序号：43）··············· 289

雷山《小过》䷽（卦序号：44）··············· 294

第十六章　归妹、渐、睽、蹇……………………………299

雷泽《归妹》䷵（卦序号：45）………………………299

风山《渐》䷴（卦序号：46）…………………………304

火泽《睽》䷥（卦序号：47）…………………………308

水山《蹇》䷦（卦序号：48）…………………………312

卷五

第十七章　兑、艮、履、谦……………………………318

《兑》为悦䷹（卦序号：49）…………………………318

《艮》为山䷳（卦序号：50）…………………………323

天泽《履》䷉（卦序号：51）…………………………328

地山《谦》䷎（卦序号：52）…………………………332

第十八章　大畜、萃、需、晋…………………………336

山天《大畜》䷙（卦序号：53）………………………336

泽地《萃》䷬（卦序号：54）…………………………342

水天《需》䷄（卦序号：55）…………………………347

火地《晋》䷢（卦序号：56）…………………………351

第十九章　小畜、豫、大壮、观………………………356

风天《小畜》䷈（卦序号：57）………………………356

雷地《豫》䷏（卦序号：58）…………………………361

雷天《大壮》䷡（卦序号：59）………………………367

风地《观》䷒（卦序号：60）…………………………371

第二十章　大有、比、夬、剥 ·············· 376

火天《大有》䷍（卦序号：61）·············· 376

水地《比》䷇（卦序号：62）·············· 381

泽天《夬》䷪（卦序号：63）·············· 385

山地《剥》䷖（卦序号：64）·············· 391

卷六

第二十一章　周易的指导思想 ·············· 397

第一节　阴阳消长 ·············· 397

第二节　内卦为主 ·············· 399

第三节　生生之谓易 ·············· 400

第四节　君子人生与时、位的结合 ·············· 400

第二十二章　占卦的几种方法 ·············· 403

第一节　摇钱起卦法 ·············· 403

第二节　文字起卦法 ·············· 405

第三节　大衍法 ·············· 409

自序

　　为喜欢《周易》的读者，写这么一本名叫"《周易》本义"的书，为了什么？这里我要说的是，这是在《易》学出现多种门派，给国人带来困惑的客观环境下，提供一本贴近中古时代圣人的思想、没有注释错误的《周易》读本。

　　由于历史的原因，周易在流传至今的过程里，不断被添加进一些本来没有的东西。这种添加，有些是在神话传说基础上的添加，而更多的是，思想界各种代表人物，借周易的传播，把个人的思想加进周易的注释。这种状况，产生了两种客观现象。一种情况是，周易这棵大树被整形，就像公园里的景观树，被强制整形、修剪，尽管漂亮，却不是大树原本的样子。另一种情况是，周易就像被各种植物附着的大树，有藤科植物、蕨类植物以及苔藓附着在树上，附生植物的繁茂，盖住了整棵大树，整体上形成的是一个复杂的植物生态，而不是一棵单纯的大树。周易流传了三千多年，由于以上原因，自然产生了古经文注释上的歧义，在现代文开始成为社会流行语言的时代，古文再到现代文的注释又增添了新的歧义。这样的现状，无疑给初学者布下一个巨大的迷宫，让你很难走近周易，走进去也很难再走出来。

　　《周易》的普及教育，亟需一本没有注释错误的读本，一本能把古代圣人留给后人这一门学问的"本义"讲清楚的读本，书中让人不解、误解的地方越少越好，"不通"的地方应当全部扫除。故，写这本"《周易》本义"，就是为了让读者少走弯路，缩短从初学者到完全掌握周易奥秘的睿智者所要用去的时间。

　　本书对卦序做出新安排，不使用孔子作"十翼"里《序卦传》的卦序。此外，在六十四卦的现代文注释上，力求靠近周文王的本义。

张耀建　于福州陋室

2015年8月5日

卷一

第一章 《周易》导论（上）

第一节 《周易》是一本什么样的书

何为《周易》？《周易》是中国先人留下的一部颇具神秘性的古籍。《周易》最早记载于《左传》。《左传·庄公二十二年》："周史有以《周易》见陈侯者。"《左传·昭公七年》："孔成子以《周易》筮之。"证明早在春秋时代，或者更早，就已有《周易》的书名了。

古籍记载，《周易》是从中国上古时代传承下来的一部占筮的书，也称它为"卦书"。《周礼》记载，周代设有太卜的官，依据《三易》执掌占卜。

《周礼·大卜》记载："大卜……掌三易之法，一曰《连山》，二曰《归藏》，三曰《周易》。其经卦皆八，其别皆六十有四。"

占筮是古代的预测术。中国古代的预测术有两种，一种为卜，另一种为筮。最早的卜是龟卜，还有鸡卜。以动物的甲和骨头在高温下的裂纹作为"象"，根据"象"判断吉凶祸福。殷墟出土的甲骨文不少即为卜的记载。筮是通过蓍草先得到某个"数"，根据"数"再查到"卦"，这种筮法也叫做"占"。

中国古代的这两种预测术，都注重预测结果的不确定性，以占者内心的"诚"，借助神灵的神秘力量得到某种信息的启示。卜重在"象"，占筮则是由"数"到"象"，即由"数"得到"卦"，但它同样重在"卦象"中蕴含的信息。

中国远古时代的龟卜，到了周朝开始退出社会舞台，主要原因是人的理智开始起作用，人们不再满意从龟卜得出的不可改变的吉凶，而是想知道为什么有吉凶，而且逐渐的相信人的德行、善恶会改变吉、凶、悔、吝的方向，会让"凶"或"吝"变为"无咎"。龟卜在周朝之后被占筮所取代，但"卜"这个字仍然在使用，与占合用，经常把"占筮"也叫做"占卜"。

《周易》原是一本"占筮"的书。在君王、大人遇到重大未决之事，或遇到战争、结盟等决定国家命运的大事，就会交与"占筮"来决定，以预测吉凶，即决"疑"也。《周易》决"疑"、预测的功能，始终是最主要的、起主导作用的功能，君王不会平时没事就让人给他讲哲学道理。

东汉人郑玄在其《易赞》中说："夏曰《连山》，殷曰《归藏》，周曰《周易》。《连山》者，象山之出云，连连不绝；《归藏》者，万物莫不归藏于其中；《周易》者，言易道周普无所不备。"

中国古代学者多认为，《连山》是夏代的易学，首卦由《艮》开始；《归藏》是殷代的易学，首卦由《坤》开始；《周易》是周代的易学，首卦由《乾》卦开始。这是人们认为《易经》有三个版本的依据来源，认为《易经》在夏、商、周三代分别有三个版本。并认为《易》的三个版本其最大的区别在于卦序排列。

从《左传》《国语》中有关筮例来看，都仅提到《周易》的经文，无一例提到《连山》易，同样也没有提到《归藏》易。这会让人们想到，三易的应用也许领域不同，国事、大事的问占，一般求问《周易》。古籍中，有记载古代风水术中"寻龙脉"之法，还有"连山建木之典"这样的文字记载，因此《连山》应该主要应用于古代的城市规划、建筑风水。《连山》易"以艮为始"，说明古人十分重视山脉在风水中的作用，《艮》卦在连山易的卦序排列中应该是起始之卦。至于《归藏》易，作者认为，它应该是农耕民族依四时节气所作的排序，其时空模式体现出的是一年的自然之序，《归藏》的应用偏重于农时的安排。

《周易》从汉代开始，被尊为经，称为《易经》。西汉起，《周易》被尊为儒家经典，列为"六经"之首。这"六经"是《易经》（即《周易》）、《诗经》、《书经》、《礼经》、《乐经》、《春秋》。《乐经》后佚（失传），故儒家经典一般又称"五经"。"五经"后来扩充为"十三经"，依次为《周易》、《尚书》、《诗经》、《礼记》、《春秋》、《周礼》、《仪礼》、《公羊传》、《穀梁传》、《孝经》、《论语》、《尔雅》、《孟子》。《周易》在儒家经典中，始终被放置于首位。

古代，"经"的含义就是道，就是理；天地、宇宙的大道理，人生的大道理。在中国古代，阐明天道、人道的书，都被称作"经"。"经"就是最神圣的典籍，权威的著作，也是一切真理的源泉。故，在相当长的时间里，大约二千多年的历史，《易经》是读书人必读的课本，是很普及的一门教育课，而到了现代，中国教育转向西化后，《易经》才离开教育越来越远，变得越来越神秘。

对于《易经》与《周易》的关系，有一种说法认为《周易》包含了《易经》和《易传》两大部分。实际上，早期的《周易》只是很单纯的六十四卦及其卦辞、爻辞。《易传》在战国时期是单独成篇的。东汉后，《易传》里的内容如：《彖》、《象》、《文言》等被拆开，分别放在六十四卦各个卦的下面。今本的《周易》里我们已看不到单独成篇的《彖》、《象》、《文言》了。《易传》被分拆后包含在《周易》之中，这种状况在东汉后就已成事实。也是在汉朝，《周易》的名称被改为《易经》，被列为儒家六经之首。因此可以说，《周易》和《易经》在汉朝后就是同一部典籍，都包含《易传》的部分。

于是，在《易传》结合进《周易》后，《周易》就不仅仅是一本占筮的书，《周易》中蕴含的天道、人道被阐发出来，成为一本兼具阐明宇宙的生、成、化育及其自然哲理的智慧典籍。正如朱熹所说的，《周易》"就占筮上发明诲人的道理"（《朱子语类》卷66）。从汉代开始，绝大多数的易学家把他们的全部精力投入到"易学"如何诲人的事业中去。此项对他们有终身意义的工作，就是在占筮上发明诲人的道理。这样，《周易》就由一部用作占筮的书，成为了同时讲"诲人道理"的书。

被称为"十翼"的《易传》，对《周易》的影响很大。汉朝之后历朝历代都对《易传》赞誉有加，甚至有人认为《易传》在哲学、学术上的地位和贡献超过了有《易传》之前的《周易》。这是因为儒家把《易经》作为教育读本，而不是用于占筮决"疑"，读本的作用慢慢转向诲人以道理。

所以，我们今天说的《周易》也就是《易经》，实际上它分两部分：一部分是《周易》古经文的上下篇，另一部分是"十翼"，即《周易》的传文十篇。也就是《汉书·艺文志》所说的"《易经》十二篇，上下经及十翼"。

史载孔子编"十翼"，对于此说法，由于在《庄子》、《史记》、《汉书》的记载里都十分肯定孔子作"十翼"，这些古代的作者比起我们当代人来说，离孔子的年代更近，因此，我们宁可相信孔子编过"十翼"，至于孔子之后的儒家弟子们是否参与修订、增补过"十翼"，那也一定会有，本书不做考证。"十翼"即《易传》。这是由于《易传》中含有七种共十篇，故称"十翼"。即：《彖》、《象》、《系辞》、《文言》、《说卦》、《序卦》、《杂卦》七种，其中三种有分上下篇，即《彖》上下、《象》上下、《系辞》上下。

但，《周易》古经的本义，却永远是闪耀着最迷人的光芒、带着最玄妙奥秘的人类智慧。我们学习《周易》，永远不要忘了《周易》带有极重要的预测功能，因为《周易》它首先是以"卦象"体系而存世的。

我们必须清醒的意识到，《周易》的预测功能，不仅仅在于它的实用价值，更重要的是通过它能挖掘、探索出蕴藏在"卦象"体系中的《周易》本义。"皮之不存，毛之安在"，我们看到千金的裘衣，能看到柔软裘毛的光泽并感受到它贴近身体的温暖，但不要忘了裘毛下面的皮。《周易》是可以用来预测的、完备的宇宙体系，它包含进了社会、人文、经济、军事、婚姻、农业等方方面面的知识总结和伦理、道德、哲学的启示。我们把道德、哲学层面的启示看成是漂亮的、能给我们带来温暖的毛，那《周易》的预测功能就是皮。我们在兼用其哲学层面的启示功能的时候，若能进一步探索其预测的功能，就能提升我们学习《周易》的心得和乐趣，这对学习《周易》是大有帮助的。

第二节 八卦的起源和卦象的理解

《易》起源于气象历法。在远古时代，在伏羲画出八卦的年代，八卦并没有现在人们所说的那么神秘，并没有包含太多的深刻含义。在最初阶段，八卦的形成仅仅是代表自然现象的符号。八卦是 一套符号系统，卦中只包含两个符号，一个是阴"--"，一个是阳"—"，阴阳被视为宇宙万事万物的基本元素。

古人对伏羲画卦的评价是"一画开天，文明肇启"。这是最贴切、最生动、最凝练的比喻——伏羲在地上画出八卦图案的第一笔，正是为中华文明开辟了一片新的天空！中华民族从此走向文明。

☰是伏羲最早画出的卦，也就是"一画开天"。三个阳爻重叠，代表天。☰除了代表天，还代表日（太阳）、阳刚、光亮和坚硬的玉、石头和山脉。有代表天的三个阳爻的图画☰，就有代表地的三个阴爻的图画☷。古代，三个阴爻的图画☷除了代表地，还代表天上的云，代表地面的水、江河和一切具阴柔特性的东西。这样，天和地的图画就确定了：☰为天，☷为地。八卦里代表天的卦画被称为《乾》卦☰，它的最主要特性是"健"；八卦里代表地的卦画被称为《坤》卦☷，它的最主要特性是"顺"。

☵为水，又是怎么来的呢？阴爻"--"代表云，因此，云的符号也是☷，乌云中间的闪电用阳爻表示，那卦象画出来就是☵，于是，☵这个卦象就代表乌云密布，电闪雷鸣，闪电的下方又有雨云，大雨倾盆而下。于是，当古人挂出这样的图画☵，就代表天要下雨了。联想到下雨带来的水患，于是雨天的符号☵也就代表水。雨天满地泥泞，它代表"陷"的特性，象征雨天出行的艰难险阻。八卦里代表水的《坎》卦☵，它的最主要特性就是"陷"。

☳为雷，又是怎么来的呢？阴爻"--"代表云，云中的闪电降到最下方，闪电的下面却没有雨云，这就是代表光打雷不下雨，雷声震动四方。☳还代表用类似"车"的工具运送货物或载人，车的行走会发出隆隆的响声和震动。八卦里代表雷的《震》卦☳，它的最主要特性就是"动"。

☴为风。什么是风？风是流动的空气，即气流。空气是透明的，人们看不到空气在流动。人能看到的只是草木倒伏、树在摇动，云在天上飘移。汉朝开国皇帝刘邦是个没文化的粗人，他一生很少写诗，他的《大风歌》却很有名，诗的第一句就是："大风起兮云飞扬"。云在天上飞扬，应该是人们对风的普遍认识。因此，伏羲把风的符号记为☴。还可以想象一下，当人感觉到一间紧闭的房间很闷，门一打开，清新的气流就进来了。☴最下面的阴爻就像房间的两扇门，故古人还约定阴爻"--"代表门，气流可以通过门进入房间。气流的这种自动对流、无孔不入的特点，被古代先人作为"风"的特性，所以八卦里代表风的《巽》卦☴，它的最主要特性就是"入"。

☲为火，又是怎么来的呢？古代阳爻"━"除了代表阳刚的天，还代表坚硬的玉和石头，也代表光亮和火。而阴爻"--"代表木，火把用木，篝火也要用木，火光附在燃烧的木上，或者说火光附在木的外面，它的象就是☲。八卦里代表火的《离》卦☲，它的最主要特性就是"附"、"丽"和"光明"。

☶为山。其最上方的一行是阳爻"━"，它代表坚硬的石头，也代表山脉。《坤》卦☷的上方隆起了坚硬的石头，那是大山的形象，于是☶为山。大山挡在前，有使人望之而止步的含义。故八卦里代表山的《艮》卦☶，它最主要的特性就是"止"。

☱为泽、为海。从☱的图像来看，阴爻"--"代表水，水在坚硬的岩层上，那就是泽、海。人们走近生机勃勃的沼泽、湿地，或走近海边，面对湛蓝的大海，心情一定是愉悦的。故八卦里代表泽的《兑》卦☱，它的最主要特性就是"悦"。

伏羲的年代及伏羲之后约二、三千年时光里，阴阳的符号也几经修改，最终到了周朝才确定为现在我们在《周易》里见到的这个样子，人们是在很长时间里通过约定俗成，确定了八卦的图像和含义。同时，为了区别于八卦两两重叠后的六十四卦，即六爻卦，把三爻的八卦也叫做八经卦，经卦就是三爻卦。

第三节 《周易》与阴阳五行

中国远古的理论学说中，有两个最重要的学说，就是"阴阳学说"和"五行学说"，合称"阴阳五行学说"。

阴阳学说是中国古代朴素的、自发的辩证法，阐述了古代中国人朴素的对立统一思想学说。"阴阳"就是中国古代的哲学观，对中国人思维模式的形成影响极大。

我们知道，《周易》中，主体是六十四卦。而"卦"由六行组成，每行只有两个符号的选择，不是"阳"就是"阴"。也就是说，《周易》是以三百八十四个阴阳爻（阳爻和阴爻各半）构成六十四个卦，组成了一个能包容宇宙万事万物的、完备的大系统，这个大系统的主体内容由"阴阳"组成，如《说卦》所言："观变于阴阳而立卦，发挥于刚柔而生爻。"因此，阴阳变化就是《周易》立卦的依据，而"阴阳"则是卦的基本元素。

考察远古时代留下的资料，可以知道，阴阳理论在远古时代的早期是独立的，它的形成也是很朴素的。古人为了生存和身体感觉上的舒适，很早就发现了山的"阳面"和"阴面"，即山之南坡为阳，北坡为阴。这样的朴素知识可以让古人遵循"阴阳"的规律，得到太阳光照的温暖。古人在生活中不断的总结，思维的朝向最终都指向"阴阳"。应该说，中国古人在"阴阳"上的思维早于"八卦"的思维。而古人不断完善的"阴阳"理论，与之后出现的八卦符号体系结合后，最终才形成了蕴含阴阳学说的卦象体系。

于是，可以设想一下，在远古时代漫长的时间里，原始的、仅仅代表自然现象、气象记号的图画，一开始仅仅是古人朴素的、总结性的符号应用，仅仅是古人想用阴阳爻的图像符号来代表宇宙间一切事物的一个愿望和决定，而这个决定一旦开始，思维的脚步就再也停不下来，因为古代中国人在长时间里形成的阴阳学说早就等在那里了。从伏羲的"一画开天"到八卦融进完备的阴阳学说，就像触动了弓弩的机关，一发而不可收。这也就是《说卦》中讲到的"观变于阴阳而立卦"，于是《易》的核心思想就产生了，八卦学说与阴阳学说的文化源头合流了。这样，阴阳学说在《周易》的框架下，开始有了进一步的发展。因此，应该说"阴阳"是《周易》这本堪称中华文化源头活水的典籍赖以传世的核心基础理论，也是六十四卦的宇宙系统能有其完备性的基础，是卦象系统能包容宇宙间所有事物及其变化的最基本元素。

尽管八卦形成的开端是原始的，是灵思一动的念头，但是每当我们重新追溯八卦的形成及其与阴阳学说理论合流的过程，就可以很确定的说，没有"阴阳"学说和代表宇宙物质、及其相应的"形而上"理念的核心基本元素——阴阳的融入，就不会出现六十四卦系统，也就不会有《周易》世代的薪火相传。《周易》文化的传承与阴阳学说的奥妙，是绝对相关联的。

阴阳学说，大致在黄帝的时代臻于完善和成熟。阴阳学说的精髓思想，是认为宇宙有两种最基本的元素，这两种元素体现出的是两股基本的原力，一正一反，正的为"阳力"，反的为"阴力"。阳力也称为"复力"，阴力也称为"剥力"。这两股原力交替、消长，规范着宇宙物质世界的生存和发展过程，是万物生存发展规律的内在力量。"复力"使物质"由小生长到大"，"剥力"使物质"由大化为小"。这两种力的规律合称"阴阳"。

在阴阳学说中，太极的思想，阴阳互根、互含、互依、阴中有阳、阳中有阴的思想，阴阳互生、阴极生阳、阳极生阴的思想，阴阳消长、阴息阳长、阳消阴长的思想，等等；都体现了中国古代哲学思想特有的智慧，也体现了阴阳学说的完备性及其无限的奥妙。

"五行"学说则是中国古代的一种物质观。这种物质观形成后，渗透到哲学、中医学和占卜等方面，在天文、历法、四时和节气的理论及其应用方面都占有重要地位。

五行即金、木、水、火、土。五行学说认为，宇宙万物都由金、木、水、火、土五种基本物质要素的运行和变化所构成。随着这五个物质要素的盛衰、变化，大自然也产生变化，人的身体及社会环境也会产生变化。它影响到人的命运，也影响到宇宙万物的生长循环，在宇宙万物生生不息的循环过程中起到极为重要的影响作用。

五行学说，大致在春秋战国时期臻于完善和成熟。五行学说的精髓思想，是把世界分为五种有形之质和相应的五种无形之气，根据其特性和运化规律将宇宙世界归纳为五种元素金、木、水、火、土的运行和循环。

五行的特性如下：

金主"义"，其性刚，其质烈，凡具肃杀、收敛的事物均属金。金曰"从革"，从为顺从，是金气柔和特性的一面，革为变革，是金气刚强特性的一面。

木主"仁"，其性直，其质和，凡具生长、升发的事物均属木。木曰"曲直"，有能屈能伸的特征。直为伸，伸体现阳刚之性，曲为屈，屈还其阴柔之质。

水主"智"，其性聪，其质善，凡具寒凉、滋润、向下的事物均属水。水曰"润下"，润为湿润，下为向下，水体现出的是"太阴"的至柔之性。

火主"礼",其性急,其质恭,凡具有温热、升腾性质的事物均属火。火曰"炎上",炎为热,上为向上,具驱寒之功,锻炼金属之能,体现出的是"太阳"的至刚之性。

土主"信",其性重,其质厚,凡具承载、生化、受纳性质的事物均属土。土曰"稼穑",稼为播种,穑为收获,播种庄稼,收获五谷。土具有生长、化育万物的作用,其义引申为具有承载、化育、成就、长养的特性。所以土载四方,并为万物之母。

五行的五种要素之间有着紧密的相互关系:

五行相生:金生水,水生木,木生火,火生土,土生金。

五行相克:金克木,木克土,土克水,水克火,火克金。

五行的相生相克,指的是五行元素之"气"的相生相克,而不是有形之质的相生相克。比如火克金,是指火气克金气,而不是指有形的火融化金属。

在五行系统里,五行生克还存在内在的自我调节机制,这也是五行系统之所以能保持循环运动的持续性和保持动态平衡的内在原因。五行系统内部存在两种自行调节的机制,一种是"生"的功能起主要作用的"制化"调节机制,一种是"克"的功能起主要作用的"胜复"调节机制。

五行的"制化"调节机制如下:

木能克土,但土能生金,金又能克木,通过生克调节木,使土不至衰竭。

火能克金,但金能生水,水又能克火,通过生克调节火,使金不至衰竭。

土能克水,但水能生木,木又能克土,通过生克调节土,使水不至衰竭。

金能克木,但木能生火,火又能克金,通过生克调节金,使木不至衰竭。

水能克火,但火能生土,土又能克水,通过生克调节水,使火不至衰竭。

"制化"调节机制是一种"弱调节"机制,也就是说,是强度较弱的调节,是五行系统处在正常情况下的自行调节。

五行的"胜复"调节机制如下:

"胜"指"胜气",意思就是某行(比如火)之气太强、太过,导致对自己所克的行(比如金)之气的过度克制,在局部就出现了较大的不平衡,五行系统处在反常情况。"胜气"一旦出现，五行系统内在的强调节机制就会自行启动，一种相反的力量就会立刻出现，即出现所谓的"复气"。"胜气"有多重，"复气"就有多重；"胜气"略轻，"复气"也略轻，达到平衡。

具体的调节如下：如，火气太盛、太过，火的"胜气"出现，则会过度的克金，使金气偏衰；金气衰则不能制木，则木气就会偏盛，木的"胜气"就会出现，加剧木气制土，使土气偏衰，减弱了土气制水的作用；这样水气就会偏盛，水的"胜气"就会出现，水的"胜气"会加剧水气制火，于是火气太盛的状态就被压制住了，五行系统恢复正常。在这过程中，火、木、水三次"胜气"出现，导致系统的"复气"产生并运行，最终"修复"了系统的反常状态，五行系统又恢复正常。

反之，如火气不足，则不能克金，使金气偏盛，金气盛则加强制木，使木气衰，木气衰则不能制土，使土气偏盛，土气偏盛则加强制水，使水气衰，水气衰则不能制火，使火气得到加强，于是火气不足的局部失衡得到纠正，五行系统的反常状态得到"修复"，系统恢复正常。

五行学说，大约在春秋战国时期，与阴阳学说结合在一起，发展成为阴阳五行学说。

在阴阳学说里，阳气动到极点称为太阳（即老阳），阴气静到极点称为太阴（即老阴）；阳气刚刚开始被称为少阳，阴气刚刚开始被称为少阴。在八卦卦象里，太阳为火，太阴为水，少阳为木，少阴为金，太阳、太阴、少阳、少阴合称四象，并分主四方，少阳（木）主东，少阴（金）主西，太阳（火）主南，太阴（水）主北，金木水火四气相冲结为土，土主中央。因此，阴阳四象的变化可以产生五行。这样，阴阳学说与五行也就联系在一起了。

《周易》六十四卦，就是通过阴阳四象和方位，与五行建立起了联系。于是，五行学说与阴阳学说汇合，形成统一的阴阳五行学说，最终又与八卦学说合流。这样，八卦学说与阴阳五行学说完全合流，中国古代学术理论的源头终于合流在《周易》。这就是《周易》之所以能成为中国所有经书典籍理论思想的源头活水的最重要原因。

第四节　《周易》中不可替代的智慧

唐朝的虞世南（唐太宗的参军）推崇《易经》说："不读《易》不可为将相。"他认为，不学《周易》的人，不能成为宰相，亦不能成为一个大将。十九世纪下半叶，日本有识的政治家在明治维新时期提出："不知《易》者，不得入阁"，作为人才选拔的基本条件，于是在日本掀起了学《易》的热潮。《周易》传到韩国，则成为韩国的立国精神，韩国把《易》的阴阳符号——太极图和《乾》《坤》《离》《坎》四卦的卦象图作为国旗的图案，而国旗是立国的精神，也是国民的精神，这足以说明《周易》的精神对韩国人的影响之深。

《礼记·五经解》在提到《易经》这门学问时说："洁静精微，易之教也。"据说这是孔子整理《易经》以后所作的评语。"洁静精微"，就是说学了《易经》这一门学问，他的心理、思想、情绪的变动，是非常清洁而宁静的，头脑是非常冷静的。古人云"闲坐小窗读《周易》，不知春去已多时"，繁杂事务也不会影响洁静的心灵。

1988 年，75 位诺贝尔奖获得者在一次国际会议结束时在巴黎发表联合宣言称："如果人类要在 21 世纪生存下去，必须回过头到二千五百年前去汲取孔子的智慧。"这些当代最伟大的科学家提到的"孔子的智慧"到底是什么？孔子的著作，哪一部可以称得上是经典中的经典呢？没有别的，只有《周易大传》，也称为"十翼"，可以称得上是经典中的经典。因此，这些大科学家们所认为可以帮助人类在 21 世纪生存下去的"孔子的智慧"，指的就是《周易》中的智慧，这是当今世界各种伟大的科学发明都无法代替的人类的智慧。

世界范围对《周易》智慧的追求，绝不是偶然的，更不是对一种学说的误解，《周易》的思维模式，以象为主体，寓道于象、寓义于象、寓几于象的思维形式，在中国远古时代就已形成，到周文王被因于羑里的中古的那段时间里，六十四卦的预测功能在周文王的反复推演下臻于成熟。

可以说，"文王拘而演周易"是中古时代的一件大事，也是中国文化发展史上的重大事件。之所以重大，是因为文王完成了上古的《易》到中古的《周易》

的承前启后、继往开来的继承和发展；并且"文王演周易"，使得"象数"思维方法臻于成熟和完善，其预测准确度大大超过近古的孔子做《易传》后所实践的预测。据史料记载，孔子虽然对他的弟子们说"不占而已"，但孔子在晚年其实经常占筮，占的准确率据其弟子和孔子自己描述的约为百分之七十，是很低的。现实的情况就是，中古的"文王演周易"成为不可超越的高峰。

我们常见到的通行本《周易》，是孔子作《易传》后传下来的今本，这就让我们想到一个问题，孔子的《易传》是否偏离了文王推演《易》时的本义呢？因此，我们是否要从"孔子的智慧"再往前一步，去寻找今本《周易》有可能丢失的《周易》的智慧呢？

在《论语·述而》中，记载了孔子说的一句话："加我数年，五十以学易，可以无大过矣。"从这句话看，孔子真正开始认真学习、研究《周易》的时间点要晚于五十岁。

《庄子·天运》中记载："孔子行年五十有一而不闻道，乃南之沛见老聃。老聃曰：'子来乎，吾闻子北方之贤者也！子亦得道乎？'孔子曰：'未得也。'老子说'子恶乎求之哉？'曰：'吾求之于度数，五年而未得也。'老子曰：'子又恶乎求之哉？'曰：'吾求之于阴阳十有二年而未得也。'"

从《庄子·天运》中的这段话的最后一句，可以知道，孔子见老聃前十二年（38 岁时）就开始读《周易》（即：闻道求之于阴阳），但没读懂。在通过与老子的接触与交谈后，孔子才有所启发，对《易》有了新的理解，对《周易》开始有点入门。可见，即使是孔子这样聪明睿智的学者，要入《周易》的门也是很困难的，需要有高人的点拨。

历史记载，孔子曾多次面见老子，向老子请教礼教和学问上的问题。因此，这一段孔子见老子的历史是没有疑问的。见老子后，孔子知道了《周易》中包含的"天道"，这也是孔子总结自己一生时说出"五十而知天命"的最主要原因。在这之后，孔子开始攻读《周易》。但与老聃会面后的第二年，即孔子五十二岁的那年，孔子在鲁国从政、官至大司寇。之后孔子的政治主张不被采纳，在鲁国贵族季桓子的逼迫下，孔子再次离开鲁国，此时孔子五十四岁。

　　孔子五十四岁开始，在外漂泊，在各诸侯国国君间游说，但四处碰壁。此时的孔子，开始认真研读《周易》了。读《周易》的时候，由于反复翻阅、书不离手，时间久了，把穿竹简的牛皮绳都磨断过多次。可见从那时起《周易》对他的吸引力有多大。此段时间，也就是从孔子五十四岁开始，到六十八岁他回到鲁国，其间经历了十四年之久。1973 年长沙马王堆出土的帛书《系辞》记载："夫子老而好《易》，居则在席，行则在囊。"

　　孔子的努力，为后代留下了解读《周易》的《易传》，得到了后世的肯定。《汉书·艺文志》在记载《易经》完成的过程时是这样写的："……人更三圣，世历三古。"即《易经》历经上古的伏羲、中古的周文王、近古的孔子，这三位圣人，得以最终完成。孔子和他的《易传》在《易经》形成的历史上，获得了盛誉空前的地位。

　　应该承认，历史上的孔子，并不是最有天赋能够完成《周易大传》的人，但《易传》在他和他的弟子们的手里完成。孔子实际上没有读懂《周易》的天赋，从他三十八岁开始读《易》到五十一岁去见老聃向老聃请教，期间就花了十三年时间，他五十四岁开始在外漂泊到他六十八岁回到鲁国，这期间又经历了十四年"卷不释手"的苦读，孔子是用他孜孜以求、好学不倦的精神，完成了《周易》的研读。

　　我们再回到本节的话题，世界范围对《周易》智慧的追求，是在追求什么？应该说，易象，即卦象，才是《周易》最核心的智慧。是伏羲，首先发现了卦象系统与宇宙的关系，于是，寓道于象、寓义于象、寓几于象，作为伏羲到周文王两代圣人的智慧，就代表了中国文化源流最具代表性的大智慧。

　　六十四卦（重卦）的基础是八个经卦。八个经卦，即伏羲创建的八卦在《易》的大系统中的作用是最基础性的，没有它就没有《易》的思维模式。

　　经卦把易象（即卦象）的象征意义或者说具有表征性的东西（事物）拉进（或说是套进）八卦之中，用八个经卦代表宇宙的万事万物的八种分类。以此为基础，八个经卦重叠后形成了六十四个重卦。于是，六十四卦的大系统，就形成了一个可以预测宇宙和人世间大事的具有完备性的状态分类模式。

《周易》又进一步把象、阴阳、五行、三才、时、位、几、天道等学说和方法融入（或者说结合进了）《易》的大系统之中，使《周易》的系统具有了时、空、物、象的多方位的完备性。

而到了孔子作《易传》，其后的《周易》这个大系统的分类模式，就朝着由天道如何及于人事的思路前进了。《易传》往《周易》里融入了含道德警示的东西以及人事的伦理性教诲，在某些方面显得更加易懂和理性化，但对于六十四卦系统宇宙状态模式的关注则大为不足，占筮的功能也大为减弱。

孔子所做的工作，是在把《周易》哲理化、道德化，借之作为"王道"思想的传播教本。而行王道，追求社会趋于"太和"的状态，达到《乾卦·象传》中说的"保合太和"这个中国文化最高的价值理想，其实是孔子一生追求的理想。在儒家思想理论里，《乾》卦 的三横加上一竖，就变为"王"道，其理想状态就是能够贯通三才之道，将天、地、人三道合而为一，达到天人合一的目的，这就是儒家追求的"王道"。

孔子在结束了周游列国、颠沛流离的穷困生活后，在他的弟子子冉的帮助下回到鲁国安定下来，之后孔子开始潜心研究《周易》，并给他的弟子讲解《周易》，此时孔子已经六十八岁。这样，大约是在孔子七十岁的时候，他完全明白了《易》的道理，也就是他所说的，此时的他可以"从心所欲而不逾矩"。同时孔子回想往事，对他自己在五十岁后的十几年里过分执着的追求恢复礼教有所悔悟，才说出了"加我数年，五十以学易，可以无大过矣。"这句话。

这就可以解释的通，为什么之前只讲人道、只接受人文主义哲学、不谈"天"、不谈阴阳的孔子，在他所整理完成的《易传》里能够包容进如此大量的"天道"，即自然主义哲学的思想。其实，晚年的孔子，通过长时间研习《周易》，已接受了《周易》里的"易"道，其哲学思想、思维方式都已发生了巨大变化，理解并接受了"阴阳"哲学的宇宙观和方法论。晚年的孔子，他的价值观，他所追求的理想社会也都在《周易》思想的影响下有所改变。晚年的孔子已逐步转变为一个可以对中国传统文化的思想源流进行兼收并蓄的大学者、大思想家。

由于孔子作《易传》（即十翼），人们容易产生错觉，以为《周易》完成于儒家学者之手，是儒家学说的一部分。其实，这样的理解大错特错。这是因为，在《周易》之前伏羲的年代，最迟到神农炎帝的时代，上古的第一部历法"上元太初历"就已形成和使用了六十四卦作为计时单位。故，阴阳学说以及六十四卦，其形成的时间要远早于春秋战国时期儒、道学派的出现。我们只能说，儒、道两家都把《周易》作为他们学说体系的首选经典。

孔子开始编写《易传》的时候，他面对的、手里掌握的，有中古时代后期在各诸侯国流传的《周易》注释传文的各种版本文献，这是他多年周游列国时留心收集的图书文献。

《礼记·礼运》篇引用了一段孔子的话："我欲观殷道，是故之宋，而不足征。吾得《坤乾》焉。"孔子说到的《坤乾》就是以坤卦、乾卦为代表的典籍。这里孔子是说："我为了考察殷代制度，所以去了宋国（殷人后裔所立国），但找不到足够的根据，只得到了殷代流传下来的《坤乾》卦书。"

孔子多年到各诸侯国收集《易经》传本是有历史记载的。孔子的贡献，除了选择、发挥的十分得当，还在于他采用了"大一统"的思维模式来处理各种不同的学说，对不同的学说进行了取长补短的大结合，形成了"大一统"的整体观。特别是在处理自然主义与人文主义关系的时候，孔子采用了超越前人的自然主义与人文主义相结合的整体观，使这两种哲学观念实现了内在的有机结合，才使得"天人合一"的学说能得以完美表达。于是，在孔子及他的几代门生们的手里，终于写出了十篇极为出色的传世之作，把清晰的哲学思维带进了《周易》。

《易》是在儒家之前数千年就已存世的古老学说经典。儒家从孔子开始，经几代弟子的努力，终于把《周易》从天子和王室专用的工具改变为可以在知识界进行传播、传授的一门"君子"的学问。

从孔子在弟子中传授《周易》的过程，我们可以看到那时的孔子曾多次为研习《周易》是否会"降低君子在行事中以道义为行动依据"做辩解。孔子多次以"不占而已"的理由向他的弟子们做解释：他只想从《周易》中吸收正确的宇宙观和方法论。孔子最想让他的弟子们明白的就是：《周易》是儒家弟子必须从中吸收丰富的辩证法思想的智慧宝库。

　　《周易》是产生中国儒道哲学的源头活水。从春秋战国时代产生儒、道学说开始，儒家和道家都把《周易》所蕴含的思想吸收进自家的学说之中。《周易》影响儒、道两家思想之深刻，远超过人们之想象。

　　而反过来说，由于儒、道两家对《周易》的重视，在《易》的经文注释方面做工作，通过写"传文"和对《易》进行系统性的编排，改变了《周易》单纯的占筮功用，经文的原来内容和本义逐渐被注释者写"传文"带进的思想所遮盖。这种状况，使得今天很多人难以说清楚《周易》是不是原本就包含有哲学思维。但不可否认的是，《易经》的卦象代表的就是阴阳的变化，而"阴阳"本身就是哲学的范畴。

　　还有一点可以肯定，无论是我们今天见到的《周易》通行本里的《易传》，还是古汉墓出土的帛书《易传》，都证明了从西周起各种注释《周易》的《易传》都在谈"天人合一"的"道"，都在谈哲学，哲学话题是《易传》的最主要内容和核心思想。假如我们要今人和后人接受这样的观点，那就是：注释经的"传文"所谈论的"经"的核心思想（或全部内容），是"经"原本没有的东西；那我们不知道该怎样理解这样的逻辑。只能说，这样的逻辑是讲不通的。

　　因此，我们必须接受这样的观点：《周易》原本就包含天人合一的"道"，包含着"阴阳"哲学范畴。而在孔子及其门生们面对着大量包含有阴阳、儒、道哲学思想的、跨越中古时代到战国时期的各种注释《周易》的"传文"和文献时，他们在不断学习、领悟后，终于发出由衷的、源自内心的"赞美"，写出了充满"赞誉"的感叹之辞。此时《易传》的作者，已经处在修身的"坐忘"状态，把自身的儒家身份忘在脑后，写出了思想性极强的"系辞"。在此之后，《周易》的哲学思想被阐明，"诲人道理"的功能得以大大加强，而占筮的预测功能减弱。这应该就是最合理的解释了。

　　《周易》包含的天人合一的"道"，是中国古代哲学的起源。这种朴素的、自然主义与人文主义相结合的古代哲学，把大自然与人类的关系，即"天人之际"作为哲学的总问题。因此，《周易》包含了从上古时代至今的人类的自然生态的哲学思维。

今天，我们生活的星球，在经过世界工业化浪潮和经济全球化的过程后，生态环境发生的变化已经提醒所有生活在地球上的人们，必须以谦卑的态度对待大自然，对待环境和资源。这个道理在今天已经逐步成为人们的共识，似乎无需多讲。但出路在哪里？怎样建立起人与自然间的潜意识的一体观念？没有别的理论可以像《周易》那样的直接、明了。在《周易》中，天人合一的"道"，始终是"一以贯之"的"道"，天人合一的道理在所有场合、时空里，都被一而再、再而三的强调。"天人之际"作为哲学的总问题，在《周易》里得到最智慧、最完善的解答。

《周易·系辞》中说："易之为书也，广为悉备，有天道焉，有地道焉，有人道焉。兼三才而两之，故六。六者非它也，三才之道也。"天道、地道指的是自然法则，人道指的是社会法则。《周易》将大自然、人类社会看成是一个有机的整体。这就是《周易》天人合一观念的特征。

《周易》中还提出了人类的"主体能动性"的原则。这种"主体能动性"，在任何情况下都必须遵循天时而行，不违背天。并强调说，只有如此才能"无往不吉"。这一思想记载在《周易·乾文言》的一段话里："夫大人者，与天地合其德，与日月合其明，与四时合其序，与鬼神合其吉凶。先天而天弗违，后天而奉天时。"这里的"大人"指的是道德高尚、智慧超群并担当着社会重任的领导人。也就是说，无论走在天时的前面，还是走在天时的后面，都要遵循天道，不违背天。

《周易》把天人作为整体，并把天人整体看作是一个生生不已、变化日新的过程。《周易·系辞》中说："盛德大业至矣哉，富有之谓大业，日新之谓盛德，生生之谓易。"在这句话里，"富有之谓大业"是在说天道，"富有"是指天道让"万物化育"的"生生不息"状态出现，"万物化育"的状态就是天的"富有"。而支配这个过程的内在规律，归结为一阴一阳两股力量的相互推动，其生生不息可谓之"盛德"，其化育万物可谓之"大业"，这种天道与人类生存环境和价值理想是一致的。

《周易》的这种天人整体观，也是它最有价值的智慧。《周易·系辞》中说："天地之大德曰生"，天地之道与生命的化育、成长结合在一起，这是自然主义与人文主义的完美结合，融合而不相害，也是《周易》自然生态理论的大智慧。人类要合天地之道，就要效法天地之大德，给地球上其他物种以"生"的权利，让生态环境始终保持生生不息的良好状态，保护好多样化的自然生态。

总之，《周易》为人类提供的是"大一统"的系统思维模式。学了《易经》，就不会只站在自己现时的角度看人事的变化，会从对方的角度、旁人的角度看，也能从自己的过去和将来角度理解人事的变化，还会从变化所带来"损益"结局、"得失"的互补来看人事的变化。

人类从上古时代流传至今而不衰的典籍，唯有《易》，至中古时代起它被称为《周易》。应该说，它是全人类的思想财富、智慧宝库，并非仅仅属于中国。从全人类的角度，《周易》的天人哲学和"天人之际"的解决之道，可以让人类有足够的智慧在这个蓝色星球继续生存下去。

《周易》的智慧，它就在那里静静的躺着、放着，等待着我们去了解、去发掘。《周易》的智慧不会主动的找我们去接受它，而必须我们主动的走近它，去接触它、学习它、得到它。

第五节　六十四卦和宇宙、社会状态模式

六十四卦是由八经卦两两重叠而得到。重卦的产生，最早与历法的需要有关。远古时代，人们最关心的天道，就是四时的变化。我们基本上可以肯定，六十四卦与上古时代观测天文有关，特别是与用圭表测日影有关。"卦"字，左边是圭表的"圭"，右边是"卜"，说明卦象最早和圭表测日影联系在一起。用圭表测日影，定出夏至日或冬至日。再由某次测的夏至日（或冬至日）到下一个夏至日（或冬至日）得到一年的天数。再结合六十四卦，确定历法。

上古时代，使用时间较长、影响也较大的是上元太初历，形成于伏羲的年代，后下传到神农年代归入炎帝系，成为炎帝历法。神农对上元太初历进行了改

进，将春天的第一个月定为正月。这一改革在《历书》上有记载："古历者，谓黄帝调历以前有上元太初历等，皆以建寅为正，谓之孟春也。及颛顼、夏禹亦以建寅为正。唯黄帝及殷、周、鲁并建子为正。而秦正建亥，汉初因之。至武帝元封七年始改用太初历，仍以周正建子为十一月朔旦冬至，改元太初焉。"

伏羲的年代，历法就开始以六十四卦为计时单位，在六十四卦中取出四个卦不分配天数，即取出《离》、《乾》、《坎》、《坤》四个卦代表春、夏、秋、冬四季及东、南、西、北四方，其余六十个卦每卦代表六天，共计 360 天，剩下五天为过年，不计入卦中。这也是古代过年时"赶乱婚"的风俗由来。即在过年的五天里结婚，无需择吉日吉时。因此，六十四卦的产生，也就是重卦的出现，实际上早在伏羲的年代就已经使用在历法的纪年系统中了，至少可以追溯到神农炎帝的上元太初历。

接下来到西汉的年代，易学家提出"卦气说"，用卦气即阴阳的消长变化来解释一年里节气的推移。历法以《周易》卦象配四时、十二月、三百六十五天、二十四节气、七十二候。以《坎》、《离》、《震》、《兑》为正四卦，主一年四季。十二辟卦（亦称十二消息卦）主十二月。六十卦三百六十爻配一年的三百六十五又四分之一日，每月五卦，每卦主六日七分即六又八十分之七日，在天文学中为"六日七分法"。在《旧唐书》中就有记载，这六十卦从《中孚》卦起，至《颐》卦止，以一种特殊的次序排列，并按"始卦""中卦""终卦"的方式，分配在二十四节气、七十二候之中。以"公""辟""侯""大夫""卿"五种名目，不断地重复着。除了二十四节气外，七十二候也都有名称，这些名称记载在《礼记·月令》中。

到后来，天文学家通过天文观测得到气候节气形成的、真正的天体运行原因，对提倡"卦气说"的易学家提出了批评，并得到更准确的历法。但六十四卦系统与历法，仍然并行使用在不同的领域。

尽管"卦气说"的六十四卦系统在与二十四节气的联系中，始终想用坚实的天文观测做参照，但我们应该知道，这里面只是人为规定的对应，免不了在时间节点上出现很大误差。这里面，最大的差错出在"卦气说"以一个假设作为节气推移的依据，这个假设就是，它认为十二消息卦每两卦之间的时间间隔是均匀的，这样每卦主一个月就是合理的。但恰恰这个假设是错误的，从天文运行来计算，消息卦中《夬》、《乾》、《姤》这三个卦都是两卦间相差六天，同样的情况发生在《剥》、《坤》、《复》三卦，也是两卦间相差六天，这样就影响到其他消息卦，十二消息卦就不再有均匀的时间间隔。这样，用十二消息卦主十二个月就没有了了天文、数学的依据。

古代的阴阳学说，阳和阴都以"气"的状态或形式而存在，因此，在《周易》中，说到一个卦，凡阳爻去而阴爻来称"消"，凡阴爻去而阳爻来称"息"。故六十四卦中的消息卦，其"消"或"息"实为卦中"阴阳消长"变化之名。

而消息卦以《乾》《坤》两卦为基本，故《易纬·乾坤凿度》说："圣人因阴阳起消息立乾坤，以统天地。"也就是说，以《乾》《坤》两卦为本卦，阴阳卦气的"消""息"都从下至上，阴消《乾》阳，阳息《坤》阴。

十二消息卦也称为十二辟卦，"辟"是君主的意思，即"主宰"之义，依据"卦气说"，十二辟卦分主一年的十二个月，即：

《复》卦☳☷　一阳息阴，建子，十一月。

《临》卦☱☷　二阳息阴，建丑，十二月。

《泰》卦☰☷　三阳息阴，建寅，正月。

《大壮》卦☳☰　四阳息阴，建卯，二月。

《夬》卦☱☰　五阳息阴，建辰，三月。

《乾》卦☰☰　六阳息阴，建巳，四月。

《姤》卦☰☴　一阴消阳，建午，五月。

《遁》卦☰☶　二阴消阳，建未，六月。

《否》卦☰☷　三阴消阳，建申，七月。

《观》卦☴☷　四阴消阳，建酉，八月。

《剥》卦☶☷　五阴消阳，建戌，九月。

《坤》卦☷☷　六阴消阳，建亥，十月。

（以上月份为阴历。）

　　在以上十二消息卦中，凡三卦配一季，十二卦刚好配四季。因此，古人谓之曰："十二消息卦相变通而周于四时。"在十二消息卦中，《泰》《大壮》《夬》三卦配春季，《乾》《姤》《遁》三卦配夏季，《否》《观》《剥》三卦配秋季，《坤》《复》《临》三卦配冬季。

　　尽管在《易》的历史发展过程中，天文学的发展对《易》学的十二消息卦，提出了时空节点上必须修正的要求，但十二消息卦的知识内容，其本身所代表的思想都是正确的，对于有志于精通《周易》的学者来说，首先要对它有较为深入的了解，进而掌握其应用，因为十二消息卦作为《易》学理论，已经渗透到整个《周易》的解释之中。

　　《周易·系辞》说："易与天地准，故能弥纶天地之道。"这句话里，"易"即《周易》，"准"为对齐、贴合，"弥纶"为周普、完备的包罗。整句话，很明确的表明：《周易》六十四卦系统是一个完备、周普的宇宙系统，宇宙、社会的万事万物都能被这个系统所包罗，万事万物都能在六十四卦中找到对应。我们遇到的再复杂的事，都能通过《周易》的方法，在六十四卦中找到对应它的状态的卦象，再通过卦象看到其变化的方向，知事之几微而察其变。这种模拟，首先是对天地的模拟，能够反映天地的法则，据此法则"推天道以明人事"则事明。"易与天地准，"是《系辞》提出的基本观点，也体现了《周易》六十四卦代表宇宙、社会状态模式的基本思想。

　　《系辞》中又说："与天地相似，故不违；知周乎万物，而道济天下，故不过；旁行而不流，乐天知命，故不忧；安土敦乎仁，故能爱。"《系辞》的这段话是"易与天地准"的体用，十分深刻。不违背天地之道，顺应自然法则，这是人类得以生存在我们这个星球上的基本前提。道济天下，这是效法天的"生生"之德的体用，也是数千年来，各种文化思想中的普世精神，佛教故事流传很广的灵隐寺的道济和尚，"道济"二字即从这里而来。第三句里"旁行而不流"是说要独立、不受干扰的前行，而不流于世俗的贪、执之念，摆脱导致痛苦的心态，万事看得透、看得开、放得下，这样才能做到"乐天知命"，智者不忧。

　　从《周易》产生的起源看，卦所代表的最重要信息是"时"。六十四卦代表的就是六十四种不同的"时"，每一卦代表一种"时"。这种"时"，其含义要超出节气时令的概念，包含了与时令相关联的阴阳两大势力交织下的错综复杂的形势。也就是说，把"时"理解为"时势"更为贴切。我们说"时"，不是一个单纯的时间概念，而是要结合了解在每一卦的时间之下阴阳消长的动态过程及其形势的总判断。应该说，"时势"是总揽全局的，它从时间、地点、条件等方面制约人们的行动，蕴含着一种"时空条件"的必然的"运道"。古人常常爱说："时势造英雄"，即此意也。

而在《周易》中，"时势"的意义，被进一步拓展，并极为精炼的提取出在感悟宇宙时空状态继而归于人事的社会状态的"时义"，这种"时义"的概念，不仅是"时势"概念在宇宙时空的拓展，其本身在"归于人事"的社会时空里同样得到概念的拓展。

认识了"时义"，再结合进应用，就是"时用"的概念。"时义"决定主体的行动的正确方向及其方法，影响到对"时势"的判断和因势利导，会影响到事物最终可能出现的结局。故，顺时而动，必获吉利，逆时而动，必获灾难。因此，"时用"的意义，在用六十四卦指导我们做具体决策之时，显得特别重要，这是我们学习《周易》的要旨。

顺时而动，集中体现了"时用"。顺时，就是要"顺天"，在《兑》卦的《象》辞中就说："说以利贞，是以顺乎天而应乎人。"

在顺天的过程中，对"时"的应用可以理解有这样三个步骤：察、随、应。察，就是察天时，要注意观察天时的变化。《贲》卦的《象》曰："观乎天文，以察时变。"在察之后要有随，《随》卦的《象》辞说道："随。大亨贞，无咎，而天下随时，随时之义大矣乎！"而随的过程要根据时变不断的有应。《大有》卦的《象》曰："应乎天而时行，是以元亨。"《艮》卦的《象》说道："时止则止，时行则行，动静不失其时，其道光明。"察、随、应，是顺乎天而应乎人的"时用"的三步骤。

六十四卦代表六十四个不同的"时"的状态，但在六十四种不同的"时"中，最具代表性的有四种状态，即《泰》、《否》、《复》、《剥》四卦，这四卦所代表的四种状态是典型的"治、乱、兴、衰"四种类型的"时"，即"治时"、"乱时"、"中兴"、"衰世"四种时类。故，理解、掌握《周易》的"时义"，特别要对《泰》《否》《复》《剥》四卦的"时义"予以注意，其余六十个卦可以看作是这四个"卦时"的中间状态，用过度、渐变的观点来体悟其余六十卦的"卦时"。

忧患意识的建立对认识"时义"很重要，故而有易学家说，一个人有了丰富的人生经历才能理解《易》。

《周易》中充满着忧患意识，《周易·系辞》中说："《易》之兴也，其于中古乎？作《易》者，其有忧患乎？"《系辞》又说："子曰：危者，安其位者也，亡者，保其存者也，乱者，有其治者也，是故君子安而不忘危，存而不忘亡，治而不忘乱，是以身安而国家可保也。易曰：'其亡其亡，系于包桑'。"

学习《周易》，会提高国人建立忧患意识的主动性，对于我们这个从多灾多难的历史过程走过来的国家和民族来说，这样的教育在和平、安乐的年代里尤为重要。因此，《周易》的普及教育，对于当今社会、当今时代的新一代国民，应该说是意识教育的一件大事。其影响，将是极为深远的。

第二章 　《周易》导论（下）

第一节　读懂《周易》从哪里开始

　　读者翻开这本书，就是抱着想要读懂《周易》的目的而开始的。应该说，要读懂《周易》，就要弄明白《周易》是一本什么样的书，这从本章的第一节就开始了。而在读《周易》的过程中，不断的还有新的"开始"。这里我们要提醒读者的是，读《周易》的过程中，我们始终要解决《周易》的神秘性带来的问题，它绕不过去，只能正面去面对。

　　《周易》是中国古书里最具有神秘性的一部典籍，在"三玄"里排在第一位，可以说是玄而又玄，这也是因为《周易》这本书，是与宇宙中的"道"结合在一起的、旨在揭示未明朗的事物，它是占演未来的"卦象的体系"。

　　在《周易》中，象与数从立卦的开始就结合在一起，解卦的过程，时、位、比、应、爻辞也都与数有关联。还有阴阳五行、天干地支的"数"的生克关系，使得《周易》"象"的系统变得更加复杂和玄妙，正如老子《道德经》里说的："玄而又玄，众妙之门。"我们今天，首先要找到进入《周易》的门。

　　孔子作《十翼》，为我们指出了这扇门。后人之所以赞誉夫子对《周易》的贡献，也与此有关。孔子在《系辞》中写道："乾坤其易之门邪！乾，阳物也。坤，阴物也。阴阳合德而刚柔有体，以体天地之撰，以通神明之德。"这句话何等的明白，《易》的门就是《乾》《坤》二卦。

　　《系辞》说："一阴一阳之谓道"。又说："乾，阳物也。坤，阴物也。阴阳合德而刚柔有体，以体天地之撰，以通神明之德。"这里是说：乾天是最大的阳；坤地是最大的阴；阴阳合，然后才有刚柔的实体，以体现天地的创造和化育。万物依赖天地而生，这就是阴阳之道，乾坤之道。

《系辞》说："乾坤，其《易》之缊邪！乾坤成列，而《易》立乎其中矣。乾坤毁，则无以见易。《易》不可见，则乾坤或几乎息矣。"这里第一句"缊"为包蓄之意，也有衣裳包裹身体的含义。整段话的大意是说，乾坤犹如《易》的衣裳，而《易》就立在乾坤之中；没有天地，也就没有变化，也就没有《易》。反之，没有变化，天地也几乎要息灭了。

《系辞》又说："是故阖户谓之坤，辟户谓之乾，一阖一辟谓之变，往来不穷谓之通。"这句话里"阖户"就是关门，"辟户"就是开门，明白的告诉我们《乾》《坤》二卦是进入《易》的门。

"生生之谓易"，天地生成万物的道理在《易传》中被归纳为三方面，第一是阴阳之气的交流、感应，这就是"通"的观念，独阳不生，独阴也不生；第二是阴阳之气的对应，在对应中求得和谐，如老子说的"万物负阴而抱阳，冲气以为和"；第三是阴阳之气的变化，《系辞》说："易，穷则变，变则通，通则久。"总之，"生生"就是天地的大德，也是《乾》《坤》二卦的大德。

读懂《乾》《坤》二卦，就走进了《易》的大门。故而，在读《周易》时，要把《乾》《坤》两卦进行最深入、透彻的了解，不厌其烦，把其中内容熟记在心。要细读《乾》《坤》二卦，完整、深刻的体悟"天行健，君子以自强不息。""地势坤，君子以厚德载物。"这两句话所蕴含的中华文化的根本。在这一节里，为了不破坏章节内容的完整性和结构的平衡，《乾》《坤》两卦的具体内容留待后面再详细介绍。

有了这些认识，要读懂《周易》还要做一些基础知识的准备。对于《周易》，首先是对八个经卦的卦象含义要做一些"强记"的功夫，记住八经卦卦象的表象都代表些什么。如《易传·说卦》中对八经卦的卦象就有粗略的说明，其中一段如："坤为地，为母，为布，为釜，为吝啬，为均，为子母牛，为大舆，为文，为众，为柄，其于地也为黑。"要强记八卦卦象所代表的各种事物，慢慢积累，会越记越多。日积月累，不知不觉就记住了很多，这是个慢功夫。

有了对八经卦卦象的了解，接着就要进一步掌握重卦即六爻卦的卦象知识。对于如何从一个六爻卦的卦象里得到它蕴含的信息，要掌握正确的解象方法。在易学发展的历史过程，解读"象"历来受到易学家的重视，是易学的正统和主流，历代许多有名的易学家都有留下易学专著阐述"象数"。本书在本章第二节里也将专门用一节来介绍解"象"的知识。

在学《易》的过程中，解"象"知识掌握之后，就有必要加强六爻的知识。初学者需要强记六爻的知识里面属于规则的东西，因为六爻的知识里属于"规则"的东西就是《易》里不变的部分，约定后不能随意改变，以此保证《易》在预测中的准确性，这种"规则"就是《易传》里讲到的"不易"，是《易》的三大含义（即所谓变易、不易、简易三大含义）之一。爻的知识，需要强记的有很多，故本书把它集中放在本章的第三节里予以详细介绍。至于爻辞，则不属于强记的范围。

对于初读《周易》，最忌讳的是对某个问题的过度深究，对探索八卦的来源过于执着，对《易传》的某句话过于"坚信不疑"，认为经书说过的一定是真的。其实，经书流传到今天，难免夹杂进一些错误的观点。不必全信，要甄别。

《易传》中有这样一段话："是故天生神物，圣人则之，天地变化，圣人效之，天垂象，见吉凶，圣人象之，河出图，洛出书，圣人则之。"这段话里说到的"河出图，洛出书，"就是易学图书学派热衷探求河图、洛书的依据。其实，河图、洛书只是上古流传的神话故事，如此而已，不必认真。八卦的来源，绝对是很简单、朴素的，伏羲的贡献当然功不可没，但一定要依据神话穿凿附会出两张图来，却大可不必。对于初学者来说，《易》的神秘性越多，越会感到困难，因此对于河图、洛书的那段话，不信它，对读懂《周易》更为有利。

此外，对几代易学家有争议的《易传》中的话，如："是故易有太极，是生两仪，两仪生四象，四象生八卦。"其中的"四象"指的是什么，历代都有争议。对于初学者，相信其中的一种观点就可以了，不必深究。可以留待将来自己易学根基牢了、功力强了，再予以深究不迟。

《易传》中还有一些多余的赘言。初学者如果每句话都想得其精义要旨，不但没有收获，还会增添疑惑。如《易传·系辞》中说："阳卦多阴，阴卦多阳。其何故也，阳卦奇，阴卦偶。其德行何也，阳一君而二民，君子之道也，阴二君而一民，小人之道也。"这段话的最后，将八卦的卦德也分为君子和小人，实为赘言。这样的赘言，是《易传》作者尊阳、崇阳思维的表现。对于初学者，最为明智的做法就是，对"传文"中这一类论述不予深究，不去纠结这些论述中是否有什么深刻道理。

对于《易传》，把它作为一个导读的读本是可以的，有益的。但不要迷信它，特别是《易传·序卦》，其中的道理不是太令人信服，略有牵强之感。对于卦序，本章将专门拿出一节来予以阐明。

应该说，即使是卦名、卦辞，也有需要探究的地方。《周易》，毕竟从它产生之日起就与占筮紧紧联系在一起，卦名在很大程度上受到所占之事的影响，而作为可称之为宇宙状态模式的六十四卦，卦象蕴藏的"时"和"义"应该更为准确。从出土的《周易》竹简、帛书来看，卦名是有变化的，这更说明了这个道理。《周易》的卦名，它所要揭示的最重要信息是什么？值得我们深思。

第二节　卦象解析

卦象是《周易》的主体。从《周易》成书的历史看，《周易》与卦在几千年的历史中始终就是一个概念。六十四卦在早期没有卦辞和爻辞的解释，这点在殷墟考古发现的卦象中已得到证明。

因此，卦象就是六十四卦的根本。初学者要读懂《易》，离开卦象知识的学习，就不会有真正的收获。尽管孔子作"十翼"改变了《周易》的用途，《周易》从汉代开始被列为儒家必读的经典，注《易》的作用功不可没，但《周易》的本义并没有改变，还是卦象。在《周易》历经千年传到宋朝的时候，大儒朱熹仍然认为六十四卦的"本义"在"象"。朱熹认为，尽管《易传》使得《周易》转变成为可以教授学生学问的经典，对《周易》从王室专用转变为大众化的学问做出了特殊贡献，但《易传》的文字注释和意思的表达，只能说是"孔子之易"，而不是"文王之易"。要得到《周易》的本义，或者说要了解《周易》的本义，就要走近六十四卦的"象"，从"象"中去找它的本义。在朱熹同时代及其之后的学者，大都同意朱熹的这个观点。

《系辞》曰："圣人立象以尽意。"很明确，立"象"才可以尽意。如果用文字来表示就不能尽意。其实，《系辞》的作者也很明白，六十四卦的爻辞以及《易传》的十篇文辞，都无法"尽意"，只有"立象以尽意。"

《周易》形成于殷末周初的中古，完成于周文王。文王演《易》之时，不作爻辞，观象而推演，凭"象"解易。因此，包括朱熹在内的历代易学家，都确定"立象以尽意"所体现《周易》的本义，是文王之易。

明代著名易学家来知德认为《易》即象，有象则有《易》，无象则无《易》。来知德在他的《周易集注·序》中说："夫《易》者，象也；象也者，像也。"并说："有象，则大小远近粗细，千蹊万径之理咸寓其中，方可弥纶天地；无象，则所言者止一理而已，何可弥纶？"来知德的认识，与《系辞》"立象以尽意"的认识是一致的。

来知德还指出："不知其象，《易》不可注也。"进一步深刻、明了的道出注《易》必须看到"象"。对于六十四卦，不知其"象"，如何注释。因此，任何故意夸大《易传》的创造性，故意夸大注《易》者的高明及其对哲学的贡献，而忽视"象"的最基本功用，都是对基础事物视而不见的观点，是不可取、不正确的。

来知德根据他潜心研《易》的心得，提出了易象"有卦情之象，有卦画之象，有大象之象，有中爻之象，有错卦之象，有综卦之象，有爻变之象，有占中之象。"来知德的研究成果，为后来的学《易》者提供了方向和极有见地的方法。

明末清初，大儒黄宗羲在他著名的传世之作《易学象数论》一书里，道出了他潜心研究的观象、解象心得，并列举了：八卦之象，六爻之象，象形之象，爻位之象，方位之象，反对之象，互体之象，凡七种象。黄宗羲的观象、解象方法与来知德的方法、思路可以说是基本一致的，殊途而同归。

在本章的这一节里，结合明代易学家来知德和大儒黄宗羲的"象学"方法，根据作者的理解，将"易象"列为以下面七种：八卦之象，大象之象，半象之象，错卦之象，综卦之象，互体之象，中爻之象。

（一）八卦之象

这里，八卦是指八个经卦（三画卦）。六十四卦由八卦两两相重而成卦，这就是《系辞》中所说的"八卦相荡"。两卦相重而生"六画之象"，即产生六爻的卦象。故而，八经卦之象，是六十四卦卦象的基础，观六十四卦、解卦、断卦必须先从八经卦中采集信息。

正是因为八经卦的卦象信息对于重卦的卦象影响极大，故《周易》的《彖》辞对每一卦都会用精炼的语言把构成重卦的经卦在本卦中的影响做一个简略的解析。故，六十四卦的每个卦，都按照上卦、下卦的次序来读，如《复》卦☷，上卦坤为地，下卦震为雷，就读为："地雷复"。又如《大有》卦☰，上卦离为火，下卦乾为天，读为："火天大有"。

对于六十四卦的卦象，上卦称为外卦，下卦称为内卦。内卦作为初级发展阶段，也就是"小成"阶段，而把外卦作为未来阶段，也就是"大成"阶段。也有把内卦代表自己一方，外卦代表对手一方的特殊思维。据《左传》记载，春秋时代的人，把内卦也叫做"贞卦"，把外卦也叫做"悔卦"。

六十四卦是由八卦相重而生，故孔子作"十翼"，在《象传》里，将卦象之辞称为"大象"，这是《象传》对上卦、下卦本身及相重后的总体判断。在历代易学家对《周易》的注释过程中，用"八卦之象"即"易象"来解释爻辞的始终是主流的方法。

离开"易象"的帮助，绝大多数爻辞难以了解其真意，解卦也就成为空话。因此，"八卦之象"即"易象"，在解卦、断卦过程中，是贯穿始终的。从解卦、断卦的意义上说，时刻都离不开对"易象"的应用。故，在"八卦之象"的这一小节里，我们列出了解卦中常用的可以备查的"易象"如下：

乾☰

乾为天，乾为阳，乾为刚，乾为健，乾为上，乾为直，乾为行，乾为道，乾为父，乾为君王，乾为后，乾为龙马，乾为日，乾为大，乾为大人，乾为虎，乾为南，乾为上帝，乾为金，乾为德，乾为天福，乾为禄，乾为宗，乾为首，乾为果决，乾为功，乾为富有，乾为福佑，乾为西北，乾为赐，乾为衣，乾为大明，乾为君子，乾为江河海泽，乾为至德，乾为祖宗，乾为首，乾为广，乾为光荣，乾为施惠，乾为昼，乾为元，乾为帝，乾为龙，乾为马，乾为永，乾为信，乾为圆，乾为实，乾为隆，乾为岁，乾为赤，乾为盛茂，乾为光明，乾为惕，乾为进，乾为坚，乾为寒，乾为冰，乾为福祉，乾为资财，乾为肥，乾为精气，乾为人，乾为万年，乾为木果，乾为冬，乾为光。

坤☷

坤为地，坤为阴，坤为静，坤为载，坤为邦国，坤为母，坤为母马，坤为女，坤为妃后，坤为身，坤为腹，坤为民众，坤为江河，坤为沧海，坤为利，坤为聚，坤为人民，坤为牛，坤为府库，坤为仓廪，坤为心，坤为志，坤为邑，坤为厚，坤为黑，坤为夜，坤为安宁，坤为大舆，坤为牧养，坤为下，坤为雌，坤为鸾凤，坤为万国，坤为黄，坤为衣裳，坤为西南，坤为重，坤为忧，坤为思，坤为忧患，坤为祸害，坤为衰落，坤为户，坤为贱下，坤为水，坤为义，坤为礼，坤为贡赋，坤为积聚，坤为藏，坤为船，坤为舆，坤为多载重负，坤为丑，坤为圃，坤为失，坤为军，坤为兵，坤为死，坤为鬼，坤为怯，坤为亡失，坤为众庶，坤为虎狼，坤为恶，坤为殃咎，坤为病，坤为疾，坤为饥，坤为衰，坤为荒原，坤为暮，坤为昏暗，坤为雌，坤为虚，坤为门户，坤为文，坤为文饰，坤为茅茹，坤为天下，坤为收藏，坤为年岁，坤为劳，坤为牝牛，坤为渊。

震☳

震为雷，震为动，震为振奋，震为开，震为生，震为出，震为东，震为木，震为车，震为船，震为舆，震为载，震为龙，震为长男，震为帝，震为大君，震为足，震为春，震为言，震为声，震为告，震为呼号，震为趾，震为屏藩，震为卫，震为阻，震为伯，震为君，震为登，震为履，震为旦，震为走，震为宗，震为祖先，震为战，震为鼓，震为惊，震为卫士，震为人，震为武人，震为父兄，震为进，震为行，震为速，震为射，震为征伐，震为宾客，震为东北，震为鹜，震为鸟，震为飞，震为徙，震为丛木，震为山林，震为青，震为绿，震为岁，震为粮，震为禾稼，震为年谷，震为稷，震为步，震为主，震为征，震为刀兵，震为涉，震为骑，震为马，震为公，震为昌盛，震为兴，震为福。

巽☴

巽为风，巽为入，巽为进，巽为齐，巽为木，巽为木屋，巽为志，巽为鸡，巽为豕，巽为雌，巽为秋，巽为东南，巽为宾，巽为客，巽为顺，巽为命，巽为谦逊，巽为白，巽为市，巽为利，巽为长女，巽为妇，巽为陨落，巽为蛇，巽为虫，巽为带，巽为绳，巽为系，巽为牵手，巽为随，巽为门，巽为心，巽为忧，巽为茅，巽为草莽，巽为伏，巽为寇贼，巽为盗，巽为鱼，巽为妻，巽为商旅，巽为石，巽为陨石，巽为谷，巽为敏捷，巽为快速，巽为股，巽为股肱，巽为禾麦，巽为粮，巽为败坏，巽为臭腐，巽为约，巽为群，巽为床。

坎☵

坎为水，坎为月，坎为孤，坎为险，坎为困，坎为陷，坎为穴，坎为云，坎为水灾，坎为河，坎为患，坎为病，坎为思，坎为篓，坎为冬，坎为北，坎为恶，坎为寇贼，坎为盗，坎为祸，坎为兵戎，坎为隐伏，坎为弩，坎为机，坎为弓，坎为矢，坎为伏，坎为中男，坎为夫，坎为心，坎为忧，坎为泥滓，坎为沟渎，坎为忧恤，坎为愁苦，坎为木，坎为巢，坎为荆棘，坎为蒺藜，坎为牢，坎为藏，坎为车，坎为孚，坎为信，坎为鱼，坎为酒，坎为食，坎为饮，坎为豕，坎为猪，坎为惕，坎为凶，坎为血，坎为难，坎为阻，坎为忧惧，坎为怯，坎为阴暗，坎为耳，坎为听，坎为民，坎为西邻，坎为雨，坎为疾。

离☲

离为火，离为日，离为君王，离为光明，离为照，离为闪电，离为目，离为见，离为雉，离为牛，离为南，离为赤，离为夏，离为阳，离为暑，离为东，离为东邻，离为乌鹊，离为鸠，离为飞，离为鸟，离为巢，离为孚，离为空虚，离为网，离为鱼，离为光，离为明，离为文明，离为昼，离为阳光，离为腹，离为凤，离为朱雀，离为日中，离为旱灾，离为焦枯，离为有言，离为反目，离为干戈，离为兵戈，离为戟，离为兵患，离为不和，离为灾祸，离为虐乱，离为乖离，离为饥饿，离为烧，离为温暖，离为文，离为午，离为聪，离为昭，离为灯，离为豹，离为麒麟，离为观，离为明察，离为礼，离为敬。

艮 ☶

艮为山，艮为止，艮为盖，艮为鸟，艮为土，艮为静，艮为君子，艮为阻，艮为犬，艮为东北，艮为虎，艮为狐，艮为刚，艮为手，艮为拳，艮为庐，艮为府，艮为门，艮为庭，艮为背，艮为骨，艮为鼻，艮为身，艮为丈夫，艮为几案，艮为台，艮为床，艮为次舍，艮为房，艮为家，艮为居，艮为火，艮为观，艮为兵刃，艮为操练，艮为戟，艮为尊，艮为石，艮为金，艮为贝，艮为冠，艮为庙宇，艮为星，艮为牵，艮为牛，艮为戴，艮为光明，艮为辉光，艮为安，艮为定，艮为高贵，艮为贤，艮为藩，艮为郭，艮为位，艮为上，艮为首。

兑 ☱

兑为泽，兑为悦，兑为海，兑为羊，兑为口，兑为言，兑为喉舌，兑为金，兑为秋，兑为西，兑为穴，兑为井，兑为少女，兑为喜悦，兑为雨，兑为养，兑为哺，兑为恩泽，兑为快乐，兑为饮，兑为食，兑为吞咽，兑为收成，兑为谷，兑为月，兑为夜，兑为友，兑为媚，兑为耳，兑为听，兑为女，兑为暗昧，兑为少妻，兑为润，兑为幽昧，兑为昏，兑为斧，兑为害，兑为破，兑为毁折，兑为华，兑为豕，兑为祀，兑为巫，兑为祷，兑为祝，兑为膏，兑为鸡。

以上的八卦"易象"，收录了《周易》六十四卦释卦中出现的"易象"，故，记住上面这些"易象"基本上就足够了。对于想要真正学会《周易》的读者来说，记住这些八卦"易象"是轻而易举的事，不会觉得在这里花了过多的时间。在后面学习六十四卦的过程中，结合解卦来体会和掌握"易象"并不难，也就是几天的功夫就可以完全掌握。

（二）大象之象

大象之象有三义。一是《象传》解释卦名的彖辞中有涉及上卦下卦的大象；二是重卦本身也就是其整体所象征的基本构象；三是六爻卦象中任意几个爻的象形，看它像八卦中的哪个基本构象。

观象时，要观察一个六画卦整体的象，或部分的象，看它像什么。这可以从"象形"上看，比如《颐》卦☲☲，整体的"象形"就像张开的大口，于是可以联想到"吃"，联想到养老，而要让老人颐养天年，就要让老人有饭吃。整个象形又像一个大的《离》卦☲，是大《离》，大的光明，可以理解为"颐养"是人类崇尚孝道、走向文明的一步。

又比如《丰》卦☲☲，《彖辞》里说："丰，大也。明以动，故丰。"它的上卦、下卦的大象都是好的，但是卦象的中爻之象，即从二爻到五爻，却可以看做是一个大的《坎》卦，这个大《坎》之象在下卦《离》卦（代表光明）之上，于是，《丰》卦的二、三、四、五、上爻这几个爻的爻辞里，就出现了对黑暗的描述，特别是上六居大坎之上，故到上六就出现了不吉祥的凶辞。

可以记住一个规律：凡阳在上，都可以视为包含有《艮》☶的大象；凡阳在下，可以视为包含有《震》☳的大象；凡阴在上，可以视为包含有《兑》☱的大象；凡阴在下，可以视为包含有《巽》☴的大象；上下皆为阳，其大象为《离》☲；上下皆为阴，其大象为《坎》☵。

（三）半象之象

半象，是指某个卦的两条爻紧挨着，若把这两条紧挨的爻单独取出来看，它不是一个完整的经卦的象，故称之为"半象"。解卦、断卦之时，可以通过在这两条爻的上面或下面补上一条爻，补上后就凑足了三爻，就可以得到一个经卦的"象"的信息。补爻也有规定，不是随意的，规定如下：比如上阴下阳的两条爻，可以看作是《震》☳的半象，也可以看作是《兑》☱的半象。上阳下阴的两条爻，可以看作是《艮》☶的半象，也可以看作是《巽》☴的半象。两条阴爻，可以看作是《坤》☷的半象。两条阳爻，可以看作《乾》☰的半象。

（四）错卦之象

"错卦"，是两卦阴阳相错，互称"错卦"，即一个卦的六爻全部改变阴阳，即从初爻、二、三、四、五到上爻全部出现变爻，阴变阳，阳变阴。

任何一个卦，都可以把它对应的"错卦"作为隐象，把它的"隐象"或称为"影象"（显象的影子）作为分析的参考。这是明朝易学家来知德的创造性贡献，为解《易》增添了全新的思路。

汉、魏时期起，易学又称"错卦"为"旁通"或"旁通卦"。到唐朝，对于"错卦"，也称"变卦"。到了明朝，对于"错卦"，还有称之为"伏卦"的。与"伏"字对应的是"飞"，就是把"显象"叫"飞"、"隐象"叫"伏"。

明朝之后，易学家来知德提出的、从一个卦的"错卦"里去发现有用的隐藏信息的思路，被绝大多数人接受。易学家还把"错卦"的象作为"相因之象"来解释爻辞中所出现的看起来毫无联系之语言表述。

（五）综卦之象

这里采用的用语"综卦"，是明朝易学家来知德《周易集注》中的用语。这个用语的含义，与唐朝易学家孔颖达《周易正义》中的用语"覆卦"是相同的，它是指卦象颠倒得到的另一个卦象，这样得到的卦象是成对的，互为"覆卦"。如《屯》卦☷☳与《蒙》卦☶☵，《遁》卦☰☶与《大壮》卦☳☰，等等，都是相互为"覆卦"，或者说相互为"综卦"。由于孔颖达主持编写的《周易正义》是唐代官方的教科书，所以"覆卦"之说对后世影响很大。

易学家来知德认为"综卦"是学易者入门必备的知识。按他的定义，六十四卦中有五十六个卦、即二十八对是相互为"综卦"的。因此，来知德说道："故读《易》者不能悟文王序卦之妙，则《易》不得其门而入。"把"综卦"知识的地位提的如此之高，可见其中蕴含奥妙。

易学家尚秉和把综卦的概念推向"象"，提出"覆象"的概念，并用它解释爻辞。他指出八经卦的"艮象"与"震象"，"兑象"与"巽象"，都是相互为"覆象"。他用"覆象"解释了《周易》中诸多让人疑惑的爻辞，都很成功。

（六）互体之象

理解"互体之象"的要点，在于理解"互体"。重卦原来就有上卦、下卦作为本卦的经卦，这可以看做"明"的两经卦，而除此还有"暗"的两经卦。我们这样理解：明的两经卦，和暗的两经卦，合起来就是四个经卦，称为"四象"。从六爻看这"四象"：初、二、三是"明"内卦，二、三、四是"暗"内卦，三、四、五是"暗"外卦，四、五、上爻是"明"外卦。按照内卦与外卦相重叠组成重卦的原则，"四象"可以组成四个重卦。这就是互体之象的原理。

举一个具体的例子来说明互体之象。我们看《困》卦☲：

《困》卦☲的"明"外卦《兑》☱为泽，"明"内卦《坎》☵为水，"暗"外卦《巽》☴为风，"暗"内卦《离》☲为火。这样《困》卦☲的"四象"就是：《兑》☱（泽）、《巽》☴（风）、《离》☲（火）、《坎》☵（水），《困》卦的"四象"，按照内卦与外卦重叠组成重卦的原则，可以得到四个卦：泽水《困》☲，泽火《革》☲，风火《家人》☲，风水《涣》☲。这四个卦里，《困》卦是本卦，其余三个卦《革》、《家人》、《涣》是"互体"卦。遵守内卦只与外卦相重的原则得到的"互体"卦只有三个。而遵此规定得到的"互体"卦中，《革》、《涣》两卦对应通行本《周易》书中介绍的"互体"方法是"五连互"之法。《家人》卦对应的则是"四连互"之法。

假如"明"外卦与"暗"外卦相重，"暗"内卦与"明"内卦相重，那就又得到两个新的"互体"卦。同样用《困》卦䷮作为例子，用此方法得到的两个新"互体"卦是：火水《未济》䷿，泽风《大过》䷛。用此方法得到的"互体"卦，对应通行本《周易》书中介绍的"互体"方法，是"四连互"之法，读者可自行验证。

"五连互"和"四连互"，是各种通行本《周易》书中介绍"互体"卦普遍采用的用语，其方法可在任何有介绍"互体"之象的《周易》书中查到。考虑到本书采用的这种介绍"互体"之象的"四象"法更为简洁、明了，故本书就不对"五连互"和"四连互"再做详细介绍了。

（七）中爻之象

把初爻看作是事情尚未启动，把上爻看作是事情的结局，那二、三、四、五这中间的四个爻，就是事情的"中间过程"，故把二、三、四、五爻之象称为中爻之象。

按照上面介绍过的"互体"之象，中爻之象就是"暗"外卦和"暗"内卦，同时包括中爻的"互体"卦。从上面所举《困》卦䷮的例来看，《困》卦䷮的"暗"外卦《巽》☴为风，"暗"内卦《离》☲为火，离和巽之象就是《困》卦的中爻之象，同时以离为下卦、巽为上卦的《家人》卦也称为中爻之象。《困》卦所处的困境，"中爻之象"显示的就是解困的中间过程；由于《困》卦的中爻有《家人》的象，故历史上说文王解困得到家人的帮助，就有卦象的缘故。

中爻之象，是明朝易学家来知德提出来的一个创新思想。从二爻到五爻作为中爻，是大家很容易理解的，也许在"文王演八卦"之时，此法就被文王使用过，但把这个思想明确提出来并告诉世人的是来知德。

中爻之象把"中间过程"单独拿出来观察，是有道理的，因为初爻多数情况处在"潜龙勿用"的状态，未进入当事人之"位"，而上爻多数情况已居"归隐"的状态，退出了当事人之"位"。故，中间过程的"中爻之象"，作为"当位"之象，有其特别活跃的特点。这种思维，是一种创新思维。

对以上七种"象"，初学者要加深理解，做到熟练掌握，并结合八经卦多种象征含义的记忆，把它作为观象、解象、断象的基础功夫。这个功夫，是初学者进入《周易》大门的一把钥匙。

第三节　六爻玄机

（一）六爻总义

卦象的结构是由六行组成，每行或为"**一**"或为"**--**"，阳"**一**"的符号和阴"**--**"的符号分布在卦象的六行称为六爻。《系辞》说："八卦成列，象在其中矣；因而重之，爻在其中矣。"也就是说，爻的出现是在重卦产生之时。在重卦产生之前，三画卦不谈"爻"。

对于爻，《系辞》解释说："爻也者，效天下之动者也。""道有变动，故曰爻。""圣人设卦观象，系辞焉而明吉凶，刚柔相推而生变化。""六爻之动，三极之道也。""象者，言乎象者也；爻者，言乎变者也。""是故，列贵贱者，存乎位。齐大小者，存乎卦。辩吉凶者，存乎辞。"

《系辞》告诉我们的就是：世间万事万物，刚柔相推而生变化，而爻也者，效其动、言其变，探几索隐，将变动之道存乎爻辞，洞察几微，而系之于整体，"见天下之动，而观其会通。"，进而可"见微知著，而辩其吉凶。"

对于重卦，即六十四卦，卦象与爻辞的作用似乎是：既有分工又有合作，有区别又有联系。"卦象"更注重于总体系统，即形成六十四卦的宇宙状态模式，而"爻"及"爻辞"则为变动之道。

"卦象"管总的状态模式，"爻"管变化。"爻"的变化又是"卦变"（产生新卦）的直接原因。从《左传》记载的《周易》占筮的例来看，爻变进而产生"卦变"是解卦、断卦的基本应用方法。《左传》中把"爻变"导致"卦变"后的新卦称为"之卦"，语言表述为：某卦"之"某卦。只要对比两卦的爻，就可以知道爻变是发生在第几爻，解卦就以变爻的爻辞为主。爻变与卦变的联系，把几微变化的观察与整体性思维联系在一起，就是观几察微的变易思维与系统论的整体思维相结合的辩证方法，包含着古人极高的智慧。

"爻"与"卦象"还有一个很重要的分工，是"爻"主"位"，而"卦象"主"时"。六十四卦作为宇宙状态模式来说，每个卦象所代表的"时义"以及在把握"时势"方面的"时用"，是《周易》六十四卦系统的精髓思想，其重要性很容易理解。而"爻"主"位"，其蕴含的信息以及释放出的信息又是什么呢？下面就来介绍。

（二）六爻的"位"及"中位"

八卦相重后生成六爻，之后才有爻辞，故八卦相重也决定了"爻"的"位"。重卦的上卦为外卦，下卦为内卦。爻位的次序是从内到外，从下到上。最下面的第一画为初爻，往上依次为二、三、四、五爻，最上面的第六画为上爻。

古人以奇数为阳，偶数为阴。六爻的顺序从下而上，初、三、五爻位是奇数，故称之为阳爻位；二、四、上爻位是偶数，故称之为阴爻位。

《系辞》说："《易》之为书也，广大悉备。有天道焉，有人道焉，有地道焉。兼三才而两之，故六。六者非它也，三才之道也。道有变动，故曰爻。"在这里，先哲们把最上方的两画作为天道，中间两画作为人道，最下方的两画作为地道。即：初爻、二爻为地道，三爻、四爻为人道，五爻、上爻为天道。

对爻位的影响，上面所说的三才之道的六个爻位的划分，即：初爻、二爻为地道，三爻、四爻为人道，五爻、上爻为天道，这个划分更多的是象征三才的意义，而与中位无关。因为，假如按这样的"位"的规定，三爻、四爻应该代表"中"位，而在实际的应用中，三爻、四爻从来没有被作为过"中"位，六爻的"中"位从来不以六画的中间两画为"中"。而下卦的中位（即六爻中的二爻）和上卦的中位（即六爻中的五爻）在六条爻中才是真正代表"中"位的爻。

二爻和五爻，作为下卦和上卦的"中"位，其影响很大。几乎在所有六十四卦的解卦分析中，都重视下卦和上卦的"中"位，即二爻和五爻。

《系辞》说："《易》之为书也，原始要终，以为质也。六爻相杂，唯其时物也。其初难知，其上易知，本末也。初辞拟之，卒成之终。若夫杂物撰德，辩是与非，则非其中爻不备。"又说："二与四，同功而异位，其善不用，二多誉，四多惧，近也。柔之为道，不利远者，其要无咎，其用柔中也。三与五，同功而异位，三多凶，五多功，贵贱之等也。其柔危，其刚胜耶？"

《系辞》的这两段话，告诉我们一个道理，由于六十四卦是由八卦重叠生成的，因此重卦六个爻的爻位决定了《易经》六十四卦的卦爻有一个特性通例，叫做："初难知，上易知；二多誉，五多功；三多凶，四多惧。"

也就是说，六个爻的爻位特性决定了：

初爻，难以知道将来会怎么样；

二爻，多半是赞美的辞，它是内卦居"中"的爻位；

三爻，多凶险，迫近上卦了；

四爻，生出恐惧，迫近上卦的"中"位了，上卦"中"位是君王的位置，伴君如伴虎，故四多惧；

五爻，是君王的位置，所有人都会把功劳推给君王，故五多功；

上爻，走到最后了，这辈子有什么成就都清清楚楚了，故上易知。

二爻和五爻，作为下卦和上卦的"中"位，在系之以爻辞时，二多誉，五多功，都是好的。在《周易》六十四卦系统中，对下卦和上卦的"中"位是极为重视的。

（三）爻的阴阳及其数字标注

六十四卦中每一个卦的卦画都以六行组成，每一行叫一爻。每一行或为阳爻"—"，或为阴爻"--"。

凡阳爻都以九标明，古人以奇数为阳，九是阳数的最高数，故以九代表阳，第一爻位的阳爻标明为"初九"，往上依次为：九二、九三、九四、九五、上九。

凡阴爻都以六标明，古人以偶数为阴，六是二、四、六、八、十的中间数，故用六代表阴。凡阴爻都称之为六，第一爻位的阴爻标明为"初六"，往上依次为：六二、六三、六四、六五、上六。

我们举一个例子来说明：如《益》䷩卦，最下面的一行是阳爻，往上，第二行阴爻，第三行阴爻，第四行阴爻，第五行阳爻，第六行阳爻。阳爻称"九"，阴爻称"六"。故《益》卦的六条爻，按从下到上的爻位，顺次读出为：初九、六二、六三、六四、九五、上九。

（四）爻的当位与失位

阳爻在阳位，阴爻在阴位，称为"当位"或"得正"。而阳爻在阴位，阴爻在阳位，称为"失位"或"不正"。

在六十四卦中，只有《既济》卦六爻都"当位"，但《既济》卦却并非六爻皆吉，其上六爻的爻辞为："濡其首，厉。"卦辞为："初吉终乱。"

一般情况下，"当位"多为吉辞，"失位"多为凶辞。但"当位"有时则会"刚者过刚，柔者过柔，"过犹不及，得悔吝之辞。而"失位"有时则会"刚位用柔，柔位用刚，"得以调节，得无咎之辞。

（五）爻的应、比、承、乘、据

（1）上卦、下卦的爻位对应

下卦的初爻、二爻、三爻，与上卦的四爻、五爻、上爻，是上下卦相对应的三对爻。初爻和四爻是一对，二爻和五爻是一对，三爻和上爻是一对，每一对的两个爻之间存在着强烈的对应关系。

当初爻与四爻、二爻与五爻、三爻与上爻分别为阴阳爻时，即阳遇阴，或阴遇阳时，则为有"应"，或谓之"相应"；有"应"是异性相吸，相互不会排斥。若阳遇阳，或阴遇阴，则为无"应"；无"应"是同性相斥。有应，可视为上卦和下卦之间相互有"援兵"，为吉。无应，可视为外部无"援兵"，为凶。

（2）、相邻两爻的比、承、乘、据

比、承、乘、据，是相邻两爻的四种关系用语。

比，是指任何相邻两爻的相邻关系，它们都为"比"。唐诗里有一句"天涯若比邻。"，"比邻"就是邻居的意思。

在"比"的关系中，阴遇阳，或阳遇阴，称"有比"，异性相吸，阴阳搭配，是好的相邻关系，也称为"亲比"。

若阴遇阴，或阳遇阳，同性相斥，为"不亲比"的关系，也称为无"比"，或称为"敌比"。

承，字面上就是承载之意，专门指阴爻对它上面一条阳爻的服从关系。也就是说，阳爻在阴爻之上，在下的阴爻要有"承上道"的顺从，这就是"承"。。

乘，字面上就是"凌驾"之意，专门指阴爻凌驾于阳爻之上的情况。此种状态下，对于阳爻来说，阴爻就是对阳爻的"乘"。

据，专指阳爻所处的一种状态，即阳爻在阴爻之上，称为阳据阴。它又分为相邻的"据"和整体卦象中的"据"两种。相邻的"据"，如二爻的阳爻"据"于初爻的阴爻之上，称为"二据初"。整体卦象中的"据"，如《豫》卦☷，九四为阳爻，位置在卦中是"中偏上"之位，九四"据"三条阴爻之上，故在大卦象中呈现"据"，于是《豫》卦中的九四对于其他五条阴爻皆为"据"。

（六）何为"一爻为主"

爻的作用就是提供信息。在某种情况下，能以卦中的一根爻作为确定吉凶的唯一依据时，这根唯一能提供吉凶信息的爻，就是"一爻为主"的爻。

凡"五阴一阳"的卦，卦中唯一的一根阳爻就是"一爻为主"的爻。

凡"五阳一阴"的卦，卦中唯一的一根阴爻就是"一爻为主"的爻。

（七）何为"卦主"

与"一爻为主"的概念很接近，"卦主"就是"一爻为主"里面那根唯一能提供吉凶信息的爻。这根爻就是卦主。

在其他的情况下，据"中"位的爻最有可能成为卦主。二爻和五爻经常是一个卦的卦主。在一个卦中，一般情况下"卦主"只有一个。

以上介绍了七个方面关于"爻"的知识，这些基础知识对于初学者来说，要熟记在心。这样，逐渐的就能对所断之卦的"爻"中包含的各种信息提取自如，对解卦、断卦能力的提高绝对是大有裨益的。

第四节　学《易》三问

这一节里，我们把学习《周易》过程中容易产生疑惑的三个问题提出来，并给出一个初步的解答。这三个问题是初学者学《易》首先会遇到的困惑，是继续学习的敌人。因此，这一节里把问题提出来并给予解答，对于初学者来说，应该是有帮助的。

（一）"乾坤生六子"之说合理吗？

《易》即天道而归于人事，八经卦《乾》《坤》《震》《巽》《坎》《离》《艮》《兑》原来代表的天、地、雷、风、水、火、山、泽，在有了解释社会关系的需要之后，乾、坤就代表了父母，震、巽就代表了长男和长女，坎、离代表了中男和中女，艮、兑代表了少男和少女。

《周易·说卦传》说道："乾，天也，故称乎父。坤，地也，故称乎母。震一索而得男，故谓之长男；巽一索而得女，故谓之长女。坎再索而得男，故谓之中男；离再索而得女，故谓之中女。艮三索而得男，故谓之少男；兑三索而得女，故谓之少女。"这就是乾坤生六子的由来。

但很多初学者都有疑惑，坎为中男，为阳。但坎为水，为月，水和月（太阴）在阴阳理论里都属阴，属于"柔"，这样的常识在人们心里已经扎根，《坎》怎么就被《说卦传》规定为阳？确实难以理解。

同样的情况，就是离，离为中女，为阴。但离为火，为日，火和日（太阳）在阴阳理论里都属阳，《离》怎么就被《说卦传》规定为阴？太阳怎么就成了中女了呢？再从古代的方位之说来看，在伏羲"先天八卦"方位里，《乾》为南；而文王的"后天八卦"方位里，《离》为南。故而，从春秋战国时代起，占筮记载的文中就经常留有"同复为父"这样的文字，它就包含有"同为君父"之意，显然从中古时代一直到战国时代的先秦时期，《离》都与《乾》同为君父、为阳无疑。直到孔子作《易传》后，规定《离》为中女，代表太阳的《离》卦就变为阴卦了。

"乾坤生六子"之说，留下《坎》《离》两卦阴阳错乱的情况，是《易》从天道而归于人事的转变过程中一个偶然的差错吗？它的由来是孔子作《系辞》中一段话带来的结果，《系辞》说："阳卦多阴，阴卦多阳。其故何也，阳卦奇，阴卦偶。"这句话就带给《说卦传》只能规定：《坎》为阳卦，《离》为阴卦。因此，作者认为，能回避使用中男、中女，就尽量回避，要尽量少用中男、中女来解释卦的含义，除此也没有更好的办法。《十翼》里的《说卦传》已经留下了这个问题，其中的不合理，是很显然的。

（二）"太极"与"四象"要如何理解？

"太极"与"四象"的真正含义，已成为二千五百年的公案，各种解释都有，无法定论。但我们却可以看看它的由来，心中就自有一说，疑惑自消。

孔子作"十翼"，在《系辞》里说道："是故，易有太极，是生两仪，两仪生四象，四象生八卦。"

但在这段话的前面，还有一段话，是这样说的："是以明于天之道，而察于民之故，是兴神物以前民用，圣人以此斋戒，以神明其德夫。"前面的这段话，显然是在说占筮。话中所说的"神物"是占筮的方法和活动，并说圣人在进行这样的活动前要"斋戒"，就是最后说的"圣人以此斋戒，以神明其德夫"。因此，"是故，易有太极，是生两仪，两仪生四象，四象生八卦。"这句话就很有可能是介绍占筮的过程，说明爻和卦是怎么出来的，就是起卦的过程。

后世学习《周易》的人们，则更多的想弄明白："太极"的含义，"两仪"的含义，"四象"的含义。

"太极"是宇宙的一种状态，是哲学的范畴。人们争论的首要问题是：太极是"无"的状态还是"有"的状态。宇宙产生之前，是"无"的状态，而到物质产生、宇宙生成了，"两仪"马上就出现了，就是阴阳的物质。那么《系辞》说"易有太极"时，是说作为两仪的阴阳出现之前的"太极"呢？还是说宇宙物质产生后的"太极"呢？这在哲学里是有区别的、完全不同的概念。"太极"作为中国人发明的哲学概念，传播到世界范围后，留给哲学界一个大课题。《系辞》里说的"太极"是指的"道"吗？是说"易道"呢？还是说宇宙产生之前就存在的"道"，也就是老子《道德经》里所说的在宇宙之先就存在的"道"呢？

作者认为，哲学的一个问题的争论，可以花去很多人一辈子的时间精力，故而，学习《周易》的明智态度，就是对于"太极"的哲学问题，知道了就可以了，到此为止，不必深究下去了。

太极图，是学《易》者理解"太极"的一个归属。太极图很直观，很形象，可以尽意，可以发挥想象空间。故而，理解"太极"可以多体会太极图的含义，阴阳相含，互推互动，存在于一个整体之中，大而无外，小而无内，包容宇宙及万物，宇宙就是一个太极，宇宙产生之前也是太极，宇宙中有太极，既有大太极，又有小太极，万事万物皆有太极、皆是太极。

"两仪生四象"，两仪是阴阳，那"四象"是指什么？从"象"来看，它是二画的"象"，还是三画的"象"？两种说法都有。大多数《周易》的书中，都介绍说是二画的"象"。但二画的象在占筮历史上从没有被使用过，故这种没有具体应用的、只能以"半象"状态存在的二画的"四象"是虚构的。三画卦就是八卦，故它作为"四象"是现实的。在古代，太阳（或老阳）在八卦里早就以《乾》《离》两卦为人所接受，太阴（或老阴）也是早就以《坤》《坎》两卦为人所接受。最大的阳是天，太阳是日；而最大的阴是地，太阴是月亮，这些都是人们都接受的。汉代著名易学家荀爽在他的《周易集解》里注释《彖·乾》"大明终始，六位时成"一句时说："乾起于坎而终于离，坤起于离而终于坎，坎离者，乾坤之家，而阴阳之府。"《九家易》里注《同人》卦时亦曰："乾舍于离，同而为日。"荀爽《周易集解》在注释这句话时说："乾舍于离，相与同居。""乾舍于离"里的"舍"解释为"住在府中"也就是"住在《离》的府中"的意思。从以上看，春秋时期到汉代的《周易》注释里，都明确说到八卦方位的思想，并明确《乾》与《离》同居一府，《坤》与《坎》同居一府。《乾》《离》同为太阳，为君父。《坤》《坎》同为太阴，为万物之母。太阳有两卦，太阴也有两卦。同样的，少阳也有两卦即《震》与《艮》，少阴也有两卦即《巽》与《兑》。老阳、老阴、少阳、少阴都各为两卦，是平衡的。在《周易》的历史过程中，把"四象"的四个象各配两个卦，也是历史客观的事实过程，没有太多疑问。

（三）占，还是不占？

对于这个问题，肯定会有不同的回答，所谓"仁者见仁，智者见智"。我们只是想看看，孔子作《十翼》，在他编写的《易传》中，是怎么说的。

在《易传》的《系辞》中出现诸多"子曰"的文字，显然是孔子在谈他的观点。关于"占"的观点，还有占筮的方法，孔子都没有回避。

《系辞》中说："是故，君子所居而安者，《易》之序也。所乐而玩者，爻之辞也。是故，君子居则观其象而玩其辞；动则观其变而玩其占。是以自天祐之，吉无不利。"这段话，再明白不过了。玩《易》，玩"占"，是古代君子高雅的休闲活动，可得到"道"的启示。顺乎天道，则自得天道而知进退，有如神祐。显然，这段话是主张闲暇之时可以玩"占"，乐其身又有利于事。

《系辞》中说："'《易》有圣人之道四焉：以言者尚其辞，以动者尚其变，以制器者尚其象，以卜筮者尚其占。'是以君子将有为也，将有行也，问焉而以言，其受命也如响。无有远近幽深，遂知来物。非天下之至精，其孰能与于此。"这段话，则是把"占"归入圣人之道。其中"问焉而以言，其受命也如响。"这句话中的"问"即"问占"，"如响"是说就好像听到动物走近之时发出嚎叫声，于是知道来物。在最后，《系辞》作者对《易》占的"至精"发出感叹。

《系辞》又说："是故法象莫大乎天地；变通莫大乎四时；县象著明莫大乎日月；崇高莫大乎富贵；备物致用，立其器以为天下利，莫大乎圣人；探赜索隐，钩深致远，以定天下之吉凶，成天下之亹亹者，莫大乎蓍龟。"

《系辞》的这段话，高度评价《易》占，认为"探赜索隐，钩深致远，以定天下之吉凶，成天下之亹亹者，莫大乎蓍龟。"占筮可以做到"探赜索隐，钩深致远，以定天下之吉凶，"并能推进天下向前，文中"亹亹"是向前推进之意。显然，《系辞》对《易》占是认可的，评价很高。

"占"是预测，有疑则占。《系辞》说："子曰：'夫《易》何为者也？夫《易》开物成务，冒天下之道，如斯而已者也。'是故，圣人以通天下之志，以定天下之业，以断天下之疑。是故，蓍之德圆而神，卦之德方以知，六爻之义易以贡。"这段话里，明确了以"断天下之疑"作为"占"的功用。文中"蓍之德圆而神"，圆的意思是"变化"，神的意思是"莫测"，《系辞》对蓍草的神奇、神圣是很肯定的，对于"占"是认同的，这与前面一段《系辞》讲到"占"是圣人之道，是一致的。

而实际上，占，还是不占，与每一个人的具体情况还有关系。占，不是那么简单。占，需要心的宁静状态，需要心的真诚，需要对《易》的理解，从起卦到解卦、断卦，都需要对《周易》的理解，这可以通过一段时间的学习和提高修养来做到。会占之后，就会有乐趣，对《易》的理解也会进一步加深。

占筮必须有正确的目的。古人说："《易》不可以占险。"其意思就是说占筮的目的要善良，要正当。历史上就留下有这方面的案例记录，作为告诫人们，要以正当的目的去占筮的思想。

《左传》昭公十二年记载，鲁国的南蒯打算叛变，占得《坤》卦六五爻辞："黄裳，元吉。"认为大吉大利。但是子服惠伯却作出了完全相反的解释，认为"《易》不可以占险"，只有具备善良品德的人用来占问忠信之事，才会有灵验。否则，即使占筮之辞吉祥，得到吉兆，也一定会失败。鲁国南蒯的叛变最终归于失败，验证了子服惠伯的判断。历史就是一面镜子，它告诫人们要善良，要忠信，目的要正当，然后才可以"占"。

《易》为君子谋，不为小人谋。故学《易》之始，就要自觉培养君子之人格。《系辞》说："知几其神乎！君子上交不谄，下交不渎，其知几乎？几者，动之微，吉凶之先见者也。君子见几而作，不俟终日。""君子知微知彰，知柔知刚，万夫之望。"又说："君子安其身而后动，易其心而后语，定其交而后求。君子修此三者，故全也。危以动，则民不与也；惧以语，则民不应也；无交而求，则民不与也；莫之与，则伤之者至矣。"我们学《周易》，自觉培养君子之人格，做事先做人，难道就不会影响到做事的难易、影响到吉凶吗？与人交往，不巴结权贵，不趾高气昂的对待部下，观察到危乱将要发生的微小信号，马上就有动作、应对，不拖延终日。君子知止而后定，知安而后动，静心、易心而后语，与人有交而后求，这样做事才不会有风险，才容易成事。

要成为君子，就要注意自身的言行举止，言行是君子之德的外在体现，是很重要的。《系辞》中说："'鸣鹤在阴，其子和之。我有好爵，吾与尔靡之。'子曰：'君子居其室，出其言善，则千里之外应之，况其迩者乎？居其室，出其言不善，则千里之外违之，况其迩者乎？言出乎身，加乎民；行发乎迩，见乎远。言行，君子之枢机。枢机之发，荣辱之主也。言行，君子之所以动天地也，可不慎乎？'"这段话就是在说君子的言行。对于君子，其言行从某种程度上决定了荣辱成败。

第五节 六十四卦的卦序排列

我们今天所见到的《周易》，是孔子作"十翼"后，流行至今的正统传本。历代儒家学者注《易》，都对"十翼"中的《序卦传》充满褒意的写注辞，认为正统传本的卦序排列是不可变动的、极为高妙的顺序安排。但从我们对通行本的卦序研究来看，在孔子的"十翼"中，《序卦传》写的最差，问题最多。

从近年出土的其他《易》的传本看，卦序排列确实可以有不同的安排，并且已经存在有别的安排。事实上，只要有某种需要，并弄明白其中的道理，卦序重新安排同样可以做到很连贯顺畅。因此，现今《易》学界已经得出的结论就是：古代就已经有了别的、不同于正统传本的卦序，并不存在唯一正确的卦序。

孔子作"十翼"，以他对《周易》经文的辞、义的理解，编排出了今本的卦序，并托之以文王。它更多的是从义理的角度来阐述，并加以连贯顺畅的编排。客观的说，我们在今本《周易》的卦序里看到更多的是不连贯、不顺畅。

特别是对于《周易》的《经》的部分，六十四卦分为上、下两篇，孔子对中古圣人把六十四卦分上、下篇的解释，断为上篇讲天道即宇宙模式，下篇讲人道即社会模式。这种判断延续了二千五百多年，一直得到赞誉。而这个判断，其实存在很大谬误。《周易》的"经上篇"为三十卦，下篇为三十四卦的安排并没有太多的道理可讲，更不能把上、下篇截然划分为天道与人道，下篇同样是天道及于人事，《易》的六十四卦是一个完整的体系。

破除对今本《周易》卦序的盲目崇拜，理性的看待卦序，对我们更好的学习《周易》是十分必要的。本节里，我们对中古时代至今出现过的各种卦序排列，先简单的做个介绍，以达到帮助初学者理解卦序原理的目的。

史载"文王演周易"为六十四卦排序，但那只是史料的记载，没有保存下来的、可以作为实证的经文典籍或出土文物。我们现在见到的今本卦序，托名文王，但实际为孔子的《序卦传》所排之序。

故，大儒朱熹很明白的指出"孔子之易"非"文王之易"，这不仅仅是指在《周易大传》（即"十翼"）传文的文字表达不能"尽意"，与"文王之易"的本义有出入，还在于卦序的排列也是孔子为六十四卦所作的排序，而不是"文王之易"的排序。在古汉墓出土帛书《周易》后，帛书《周易》的排序与通行本的不同得以证实，人们更加相信大儒朱熹的观点是对的。比孔子编写《易传》更为古老的文献的出现，从某种角度说明了在战国时期就已经有不同卦序排列流传于各诸侯国，"文王之易"的排序不会是现今通行本卦序排列的那样。

下面先把通行本《周易》卦序列为方图如下：

通行本《周易》卦序方图

乾	坤	屯	蒙	需	讼	师	比
小畜	履	泰	否	同人	大有	谦	豫
随	蛊	临	观	噬嗑	贲	剥	复
无妄	大畜	颐	大过	坎	离	咸	恒
遁	大壮	晋	明夷	家人	睽	蹇	解
损	益	夬	姤	萃	升	困	井
革	鼎	震	艮	渐	归妹	丰	旅
巽	兑	涣	节	中孚	小过	既济	未济

通行本的卦序，始于《乾》而终于《未济》，从全书的整体看，相邻两卦都出现了"两两相耦"的规律，要么就是一对"综卦"（或称"覆卦"），要么是一对"错卦"（或称"变卦"，即六爻皆变）。唐代易学家孔颖达在《周易正义》里将之归纳为："二二相耦，非覆即变。"

显然，《易传·序卦传》的作者是要把这种排序作为更容易说明"义理"的安排，通过颠倒过来看一个卦，从中得到"进"与"退"的辩证关系，六十四卦中相互为"综卦"（即"覆卦"）的有五十六个，共二十八对。

通行本卦序，以《乾》《坤》置于首，表示天地生成万物，代表"生生之谓易"的《周易》思想。以《未济》置于末，表示万事万物都未终结，诸多的事物都处于需要重头再来的状态，需要"重头再来"是宇宙的规律。

　　孔子编排的卦序，在反复、细细的揣摩之后，可以得出一个结论，这套卦象体系是以内卦为主的体系。阳的力量在内卦居于强盛时，如《泰》卦，就是吉祥的，系辞中"吉"的辞就多。这是通行本《周易》重"内卦"的表现，这种强烈的重"内卦"、以内卦为主的思想，也大量出现在其他卦的吉凶判辞里。

　　从春秋到汉代，卦序方法有传承和发展，各种《易》的思想，包括"卦变"学说，都在尝试着占筮的应用，以求占筮的准确性。故，各种学说也在卦序排列上做出了新的尝试。汉朝开始出现的"八宫"卦序排列，是汉朝流行的"卦变"说引发的新排序，由其代表人物京房提出。

　　汉代易学家的代表人物京房，其所作的"京房卦变八宫卦次图"以八个纯卦为"本宫"，本宫的八宫顺序为：《坤》《乾》《兑》《艮》《离》《坎》《巽》《震》，共八个纯卦（重卦），称为"本宫"卦。下接七卦，由初爻"变"起，自下而上以次受"变"。其初爻变，称"一世"卦；初、二爻同时变，为"二世"卦；初、二、三爻同时变，为"三世"卦，依次类推，自下而上五爻皆变，则称"五世"卦；上爻始终不变，第六卦从"五世"卦把第四爻变回本宫的卦爻，称为"游魂"卦。第七卦，则是在"游魂"卦的基础上，把内卦三根爻都变回本宫卦爻，谓之"归魂"卦。

　　京房所排的"八宫卦变卦次图"如下：

京房卦变八宫卦次图

本宫：	坤	乾	兑	艮	离	坎	巽	震
一世：	复	姤	困	贲	旅	节	小畜	豫
二世：	临	遁	萃	大畜	鼎	屯	家人	解
三世：	泰	否	咸	损	未济	既济	益	恒
四世：	大壮	观	蹇	睽	蒙	革	无妄	升
五世：	夬	剥	谦	履	涣	丰	噬嗑	井
游魂：	需	晋	小过	中孚	讼	明夷	颐	大过
归魂：	比	大有	归妹	渐	同人	师	蛊	随

　　京房八宫卦次，横向的八组卦，每行都是由四对互"变"的卦组成。假如将这些互"变"的卦放到帛书《周易》卦序里，就会发现它们分别有三种卦序差数，每一对的两卦之间，在卦序数上，或是相差三十二卦，或是相差三十一卦，或是相差三十三卦。

　　而马王堆汉墓出土文物帛书《周易》的出现，则解开了诸多《周易》之谜。其中，帛书《周易》在卦序上与今天通行本的不同，就在实证上提供了自清朝往前的二千多年里人们对《周易》卦序的不同认识的客观证明，说明了这样一个事实的存在，是卦序不同编排"完全可以立的住脚"的最古老实证。

　　帛书《周易》里的卦名，也有很多与今本《周易》不同的名称。为了方便阅读和对比，将帛书《周易》卦序方图里的卦名统一为今本的卦名。

　　帛书《周易》卦序列为方图如下：

帛书《周易》卦序方图

乾	否	遁	履	讼	同人	无妄	姤
艮	大畜	剥	损	蒙	贲	颐	蛊
坎	需	比	蹇	节	既济	屯	井
震	大壮	豫	小过	归妹	解	丰	恒
坤	泰	谦	临	师	明夷	复	升
兑	夬	萃	咸	困	革	随	大过
离	大有	晋	旅	暌	未济	噬嗑	鼎
巽	小畜	观	渐	中孚	涣	家人	益

　　帛书《周易》体现出与今本《周易》完全不同的思想，它是以外卦为主的体系，至少在卦序排列上如此。

　　在卦序排列上，帛书《周易》表现出极有规律的排列格式。其上卦排列次序是：乾、艮、坎、震、坤、兑、离、巽。这八个上卦，在与相同位置的八经卦重叠后得到六十四卦中的八个纯卦。每个纯卦后面跟七个别卦，成为八个卦为一组的八组排列。跟在纯卦后面的七个别卦，其下卦的排列次序是：乾、坤、艮、兑、坎、离、震、巽（八个中包括纯卦的那个经卦），并注意把纯卦在八个一组中排在最前。从上卦为《乾》开始，依次与下卦的八个经卦相重，就得到八组卦，就是我们在上面看到的帛书《周易》卦序方图。

帛书《周易》里的卦名有很多与今本《周易》不同的卦名，现将帛《易》里不同于今本的卦名做一个简单介绍。帛书《周易》里：乾写为健，坤写为川（读顺），否写为妇，遁写为掾，履写为礼，姤写为狗，无妄写为无孟，艮写为根，大蓄写为泰蓄，贲写为繁，蛊写为箇，坎写为赣，需写为襦，震写为辰，大壮写为泰壮，豫写为余，小过写为少过，谦写为嗛，临写为林，升写为登，兑写为夺，萃写为卒，咸写为钦，革写为勒，随写为隋，大过写为泰过，离写为罗，晋写为溍，睽写为乖，巽写为筭。这些比今本《周易》更早的、古老、原始的卦名，解开了很多千年之谜。

帛书《周易》的出现，让我们看到了一种以上卦为主的卦序排列，和它极有规律的排列格式，这让一些易学家想到一个问题。那就是，如果保留它极有规律的排列格式，但改变它以上卦为主的思想，把它改变为以下卦为主的卦序排列，那就是另外的一种卦序。这样的卦序虽然还没有出土的文物作为实证，但它完全可能存在过。而且，如果我们愿意，现在就可以把它排出来，并不困难。

实际上，下卦为主的卦序排列，体现的主要是四季的分明，阴阳力量走向的趋势，而这些在今本《周易》中都没有得到强调，甚至没有得到任何的提示，而这两点其实就是以下卦为主的卦序排列的优点所在。

上卦为主的排列格式，极有规律，但缺失了四季节气运行的顺次规律，无法体现出伏羲先天八卦在阴阳消长方面的规律，这个缺陷也许就是帛书《周易》在汉代以后就不再流行的主要原因。

伏羲先天八卦，一直是人们公认的、体现宇宙自然规律的八卦排列，故它的出现是必然的，只是时间的问题，它不会被易学家一直忽略。到宋代，蕴含伏羲先天八卦原理的六十四卦卦序就出现于世，这应该是很自然的，因为从二进制的数学原理来看，它的排序一点也不难。把二进制的数学原理及其规律提取出来，应用到六十四卦的卦序排列，就会得到反应四季时间变化的六十四卦卦序，它是一种具有很重要应用价值的时空排序，这种卦序排列在宋代出现了。

宋代易学家邵雍，依据阴阳消长的规律，排列出了六十四卦卦序方圆图，并托名于伏羲。它的展现形式是伏羲卦序，即乾一、兑二、离三、震四、巽五、坎六、艮七、坤八，而重卦中的这八个纯卦在六十四卦方图中正好排在对角线上，这是邵雍的很巧妙的安排。

邵雍的"伏羲六十四卦卦序方图"如下：

伏羲六十四卦卦序方图

坤	剥	比	观	豫	晋	萃	否
谦	艮	蹇	渐	小过	旅	咸	遁
师	蒙	坎	涣	解	未济	困	讼
升	蛊	井	巽	恒	鼎	大过	姤
复	颐	屯	益	震	噬嗑	随	无妄
明夷	贲	既济	家人	丰	离	革	同人
临	损	节	中孚	归妹	暌	兑	履
泰	大畜	需	小畜	大壮	大有	夬	乾

此方图的卦序排列，它所反应出来的是：四季时间推移的六十四卦时空顺次。这个时空的顺次，对于解答、挖掘宇宙、社会状态模式的本义，有着极为重要的参考和启发作用，是易学爱好者必须理解、掌握的一种卦序，也是卦序知识中最重要的基础知识之一。

假如我们用心的把帛书《周易》卦序方图，与伏羲六十四卦卦序方图进行对照，就会发现：帛书《周易》卦序方图（以下简称"帛《易》方图"）第一行的八个卦正是伏羲六十四卦卦序方图（以下简称"伏羲《易》方图"）第八列的八个卦。帛《易》方图第二行的八个卦，正是伏羲《易》方图第二列的八个卦。帛《易》方图第三行的八个卦，正是伏羲《易》方图第三列的八个卦。帛《易》方图第四行的八个卦，正是伏羲《易》方图第五列的八个卦。帛《易》方图第五行的八个卦，正是伏羲《易》方图第一列的八个卦。帛《易》方图第六行的八个卦，正是伏羲《易》方图第七列的八个卦。帛《易》方图第七行的八个卦，正是伏羲《易》方图第六列的八个卦。帛《易》方图第八行的八个卦，正是伏羲《易》方图第四列的八个卦。这种对应，绝不是偶然的。这里面反应的是一个规律。

从帛书《周易》卦序方图与伏羲六十四卦方图之间，行、列对应的关系看，其明显反应出来的是：宇宙时空阴阳交替"周而复始"的规律。提取出这个规律，我们就掌握了一种新的排序方法，按照这个方法，我们就可以排出一个符合宇宙时空四时节气变化顺序的时空模式序列。

也就是说，我们只要对宋代邵雍排列的伏羲六十四卦方图进行调整，就可以完成一个完全符合宇宙时空四季节气变化顺序的时空序列，我们现在就来把宋代邵雍排列的方图重排一下：

我们把宋代邵雍排列的伏羲六十四卦方图从第一行到第八行一分为二，前面四行和后面四行各为三十二卦。把方图第五行的首卦，即伏羲六十四卦方图中的第三十三卦作为新卦序的起始卦，也就是一年的开端从《复》卦开始。从第五行到第八行，采用"顺"的数字顺序，把第三十三卦到第六十四卦，即把《复》到《乾》卦排进新卦序的前三十二卦（新方图的前四行）；然后再接伏羲六十四卦方图第四行末尾的《姤》卦，作为新卦序方图第五行开始的第三十三卦，从《姤》卦开始，往"逆"的数字方向一直"倒推"到伏羲六十四卦方图里第一行的首卦《坤》。这样就完成了六十四卦的全新的卦序排列。

在这个全新的卦序排列中：

《复》卦代表"冬至"；

《临》卦代表"春风"；

《泰》卦代表"立夏"；

《姤》卦代表"夏至"；

《遁》卦代表"秋分"；

《否》卦代表"立冬"；

而《坤》卦则是"大雪"节气之后、"冬至"再次到来的前几天，新的一年将在回到冬至日那天重新开始。从"冬至"走过"春风""夏至""秋分"最后到达《坤》，这就是新的卦序。我们把这个卦序称为"宇宙时空四时卦序"。

宇宙时空四时卦序方图

复	颐	屯	益	震	噬嗑	随	无妄
明夷	贲	既济	家人	丰	离	革	同人
临	损	节	中孚	归妹	睽	兑	履
泰	大畜	需	小畜	大壮	大有	夬	乾
姤	大过	鼎	恒	巽	井	蛊	升
讼	困	未济	解	涣	坎	蒙	师
遁	咸	旅	小过	渐	蹇	艮	谦
否	萃	晋	豫	观	比	剥	坤

把这个卦序排成圆图，对比宋朝邵雍所排伏羲六十四卦圆图，这个卦序的圆图就是宋朝邵雍所排伏羲六十四卦圆图的"倒 S"形的变化，伏羲六十四卦圆图从《复》卦起始，先"顺"行半圈，到达《乾》卦，从《乾》卦画一条横线到半圆另一面的《姤》卦，再从《姤》卦起"逆"行半圈，走出一个"倒 S"形，到达《坤》卦，就出现以上的这个卦序。

这个卦序是以下卦为主，阴阳交替的趋势主要显现在下方，下方阴阳力量的变化发展决定宇宙时空的变化趋势，也决定四时节气的变化方向。因此这个时空体系的卦序，充分体现宇宙四时的循环。

这个卦序，很容易联想到《坤乾》易，这个卦序是否与已失传的《坤乾》易有规律上的联系呢？我们试着把上图第六十四位置的《坤》卦放到《复》卦之前，卦序就明显的呈现出《坤乾》卦书的特点。这也许就是古代《坤乾》易的卦序，或者是一个很接近《坤乾》易的卦序排列。我们就暂且先把它称为"《坤乾》卦序（参考）方图"。方图如下：

《坤乾》卦序（参考）方图

坤	复	颐	屯	益	震	噬嗑	随
无妄	明夷	贲	既济	家人	丰	离	革
同人	临	损	节	中孚	归妹	睽	兑
履	泰	大畜	需	小畜	大壮	大有	夬
乾	姤	大过	鼎	恒	巽	井	蛊
升	讼	困	未济	解	涣	坎	蒙
师	遁	咸	旅	小过	渐	蹇	艮
谦	否	萃	晋	豫	观	比	剥

在《坤乾》卦序（参考）方图中可以看到，六十四卦中的十二消息卦：《坤》与《乾》、《复》与《姤》、《临》与《遁》、《泰》与《否》、《大壮》与《观》、《夬》与《剥》，其在《归藏》方图中都有相同的卦序差数，每一对的两卦之间都相差三十二卦。其余二十六对卦也都有这个规律，每对互"变"的卦也都是两卦卦序差数为三十二卦。

《周礼·大卜》记载："大卜……掌三易之法，一曰《连山》，二曰《归藏》，三曰《周易》。其经卦皆八，其别皆六十有四。"从作者的理解，三易之法，在用途上有区别，但一定在三者之间存在着联系和传承，《周易》的卦序，特别是"文王六十四卦"的卦序，一定对《坤乾》易有着某种传承。

根据周文王演八卦的基本思想，结合《周易》对《坤乾》卦书的传承，我们排出了一个从思想方法上接近周文王六十四卦的卦序方图。"文王六十四卦卦序方图"如下：

文王六十四卦卦序方图

乾 ䷀	坤 ䷁	复 ䷗	姤 ䷫	颐 ䷚	大过 ䷛	屯 ䷂	鼎 ䷱
益 ䷩	恒 ䷟	震 ䷲	巽 ䷸	噬嗑 ䷔	井 ䷯	随 ䷐	蛊 ䷑
无妄 ䷘	升 ䷭	明夷 ䷣	讼 ䷅	贲 ䷕	困 ䷮	既济 ䷾	未济 ䷿
家人 ䷤	解 ䷧	丰 ䷶	涣 ䷺	离 ䷝	坎 ䷜	泰 ䷊	否 ䷋
革 ䷰	蒙 ䷃	同人 ䷌	师 ䷆	临 ䷒	遁 ䷠	损 ䷨	咸 ䷞
节 ䷻	旅 ䷷	中孚 ䷼	小过 ䷽	归妹 ䷵	渐 ䷴	暌 ䷥	蹇 ䷦
兑 ䷹	艮 ䷳	履 ䷉	谦 ䷙	大畜 ䷙	萃 ䷬	需 ䷄	晋 ䷢
小畜 ䷈	豫 ䷏	大壮 ䷡	观 ䷓	大有 ䷍	比 ䷇	夬 ䷪	剥 ䷖

在本书中，将采用我们排出的这个卦序，对六十四卦进行讲解，这是一个全新的尝试。文王六十四卦卦序，也同样分成"上经"和"下经"两部分，不同的是，与通行本《周易》相比较，"周易上经"从《乾》《坤》两卦开始，紧跟《坤》卦的是《复》卦，不再是《屯》卦，"上经"结束于《离》《坎》；"周易下经"，从《泰》《否》两卦开始，到《夬》《剥》两卦结束。

以上，介绍了多种卦序排列思想和方法，也证明了孔子在《周易·序卦传》中排出的卦序，仅仅是可以接受的一种以内卦为主的排序。对于学《易》来说，对于卦序的理解和研究，应该是深层次的知识了解，对于学《易》者提高《易》学的水平是大有裨益的。

本书把"文王六十四卦卦序"推荐给读者，以代替通行本孔子《序卦传》的卦序。读者认真思考之，可大大提高《易》学的水平。

文王六十四卦卦序，与孔子作《序卦传》所排卦序的最重要区别有三：

第一，"周易上经"在《乾》《坤》之后，本书选用的第一卦是《复》卦，而不是《屯》卦。孔子作《序卦传》太突出《屯》卦，《序卦传》说："有天地，然后万物生焉，盈天地之间者，唯万物；故受之以屯。屯者盈也，屯者物之始生也。"在《序卦传》里，从《屯》卦开始，用"故受之以"这种语气连续推出其余的卦。这种方式所给出的规律，实有勉强的感觉，故本书不再采用。而且，《复》卦在六十四卦中的地位，仅次于《乾》《坤》，被称为"天地之心"，故万物之始生，本就应当从《复》卦的阳气重回大地开始，而不是从《屯》卦开始。

第二，"周易上经"止于《离》《坎》，为三十卦，"周易下经"起始于《泰》《否》，用《泰》《否》的地位代替《咸》《恒》，不去突出《恒》卦。这里面的道理，很容易理解。从宇宙、天地永恒的运行规律来看，《泰》《否》两卦里面蕴含的道理比较《恒》卦而言，更具"时义"的代表性。天地永恒的运行规律，反应在宇宙和社会，都是"泰"与"否"的极致状态的转换，而不是《恒》卦所代表的恒道，《易》以"变"为永恒。

第三，六十四卦不以《未济》卦作为结束，而代之以《剥》卦，这样，更为合理。六十四卦代表六十四个不同的"时"，在不同的"时"中，最具代表性的是四种状态，即"治时"、"乱时"、"中兴"、"衰世"四种"时"，对应着《泰》《否》《复》《剥》四卦。其余六十个卦可以看作是"治、乱、兴、衰"四种"卦时"的中间状态。我们把《复》选为第一卦紧跟在《乾》《坤》之后，《泰》《否》放在"周易下经"的起始卦位置，《否》卦的位置居六十四卦正中。而《剥》卦就作为六十四卦的结束，代表宇宙天地间，阳气被"剥"尽，而后就到达《坤》卦，紧接着就是"一阳来复"的《复》，这是最符合我们对四季感受的安排，是"冬去春来"大自然的安排，充满"希望"的感觉，是大自然规律的体现，与《复》卦作为起始的安排紧紧相扣，有首尾相连的感觉，与《泰》《否》两卦的安排也有呼应，是卦序安排的新思路。

卷二

周易上经

第三章　乾、坤

《乾》为天 ䷀（卦序号：1）

　　《乾》卦是纯阳卦，其上卦、下卦皆为经卦的乾，上乾下乾，卦体为天，也就是说《乾》代表天。

　　"乾"的字义，是日出的阳气舒展的形态，并含有"健"的意思。"健"，是动力充沛、永不停息的意思。在构成宇宙的阴阳的基本物质中，"阳"具备创造性。故，六爻皆为阳的《乾》卦，在六十四卦中具有统领的地位。

　　《乾》卦，作为"周易上经"的起始卦，地位特别。

　　先看《乾》卦的卦辞，及现代文注释：

乾：元亨利贞。

现代文注释：

　　乾，是卦名。《乾》卦代表天的功能，是阳气的开端，万物创始的伟大根源。"元"为始，乾元的开始，宇宙间的一切就从这里产生。大哉乾元！带有创造性的乾元！万物得以繁茂，亨通无阻，祥和有利，无所不正。

孔子《易传·彖》对《乾》卦的卦辞，是这样裁断的：

《彖》曰：大哉乾"元"，万物资始，乃统天。云行雨施，品物流形。大明始终，六位时成，时乘六龙以御天。乾道变化，各正性命，保合太和，乃"利贞"。首出庶物，万国咸宁。

现代文注释：

《彖》辞说：伟大啊！乾元！万物都从这里产生、开始，繁茂而亨通，乾元的运行统帅着宇宙。乾元的动力，驱使大自然的水和气循环运行，通过行云和降雨，将天的生气流布四方，形成天下万物的多样化。从始到终，乾元的大光明健动着，从下而上在六个阶段的时位发挥着功用，而六爻的发动，其变化作用就将万事万物的变化都包含其中了，依时势的不同而呈现不同阶段的成就，通过时空的分布，有如乘着六条龙，统御着不同时空的天道。乾道是天道。它依时的变化，赋予万物不同性质的生命，万物各得其所，正其生命的天然禀赋，以保证宇宙和自然的大和谐，使宇宙间阴阳的和合之气得以保全，万物各有其利，正固持久的成长。乾天的阳气是万物之本原，有它的统领，万国都得到安宁、康和。

☰ 《乾》卦的卦象，是两个经卦乾的重叠。
孔子《易传·象》对《乾》卦的卦象特点，做了如下表述：

《象》曰：天行健，君子以自强不息。

现代文注释：

《象》辞说：天的运行，刚劲而强健，君子效法天的精神，因而发愤自强，永不停息的学习、奋斗，不懈的努力，造福天下。

从《乾》卦的卦辞，再到《彖》《象》，让我们领悟到了《乾》卦的卦象所对应的时义，那就是"天行健，君子以自强不息。"

以下是《乾》卦六爻的爻辞，及其注释。对于《乾》卦，六爻特点是：乾卦六爻皆为阳，根据爻位的不同位置，从下到上，作为君子人生的不同发展阶段，乾为天，天在上，故《乾》卦的上卦地位更高；初九在地的下位，代表水下的深渊，九二为地面，九三、九四为人位，九五、上九为天位；对于《乾》卦，六爻之外增加了"用九"，代表六爻皆变。现在我们就进入爻辞：

☰ 初九：潜龙勿用。

现代文注释：

初九，六爻的最低位，按天、地、人三才的位置来看，初九、九二皆为地，而初九在地的下位，是低于地面的深渊，故可以比作潜伏在深渊下的龙。初九，阳气初生，暂不发挥作用，这是爻位的初始阶段所决定的特点。但"潜龙勿用"绝不那么简单，这是"待时"的勿用。

生命的成长，包括其作为，都有阶段性，也有其"追求"。"勿用"是不求急用，而求其大用，并与时势有关。孔子极为重视《乾》卦中的"潜龙"，故在《乾文言》中写道：初九曰："潜龙勿用。"何谓也？子曰："龙德而隐者也。不易乎世，不成乎名，遁世而无闷，不见是而无闷；乐则行之，忧则违之，确乎其不可拔，潜龙也。"

孔子的这段话翻译成现代文，是说："有德行而未被世所用的君子，就如同有德行而隐藏的龙；作为君子，他的意志和心情不会因世俗的观点看法而轻易改变，也不会为了虚名而躁动；君子虽默默无闻，几乎被世界忘记了，但他不因此而烦闷忧愁；君子做他自己喜欢做的、正确的事，做能让他快乐的事，感到忧虑、违心的事坚决不做；世俗的追求和看法也都不会动摇他的心志，这就是真君子。这种君子的德性，不被俗世的成见和看法夺其内心志向，宁静且快乐，正是潜龙的德性。"

对生命有更美好追求、有潜龙德性的真君子，都会在事业的时机尚未到来之时，选择"潜龙勿用"。潜伏时，养气、蕴德，等待着符合他志向的机会出现。君子不会因此而烦闷忧愁，也不会为名利而躁动，心中有志向让君子在"潜龙"阶段能守之而无忧，宁静且快乐。

☰ 九二：见龙在田，利见大人。

现代文注释：

九二，也为地，但在"地"的上位，故曰"在田"。龙出现在田间，有利于大德大才之人出现。龙显现了，贤人的理想可以推行了，大德大才的伟大人物可以显见了。

九二，阳刚居中位，具备"刚中"之德，品格修养已经成熟；故，居此位的龙可以浮出水面，走在田间，显露才华，不必再躲藏掩饰。君子到了这一阶段，其品德、才干被人们所认识，是崭露头角的最好时机。此时，利于"见"的环境出现了。君子，等待符合他志向的机会，等待利于"见"的社会环境，现在，实现理想的时间节点到了，去显见自己的才华吧！

生命的成长，到了有大作为的人生阶段，"显见"的大好时机和良好的社会环境都出现了，此时不作为更待何时！孔子十分重视《乾》卦中"见"的阶段，故他在《乾文言》中写道：九二曰："见龙在田，利见大人。"何谓也？子曰："龙德而中正者也。庸言之信，庸行之谨，闲邪存其诚，善世而不伐，德博而化，《易》曰：'见龙在田，利见大人。'君德也。"

孔子的这段话翻译成现代文，是说："九二，是有'龙德'的君子，进而修得'中正'之道了。他的言语之出，都以体现中正、无偏无邪的话语进行表达，让人感受到他的诚实和可信；他的行为，都以体现中正的行动和对待事物的中正态度来进行，让人感受到他的公正和严谨。即使处在闲暇、无人监督的环境之中，他也把诚实始终存放在心中，让心中纯净无邪的道德虔诚来陪伴自己、监督自己，从而能在一言一行中做到诚信、严谨，抵御不正的心魔的错误引导，以确保句句话语和事事所为都对得起自己的良心，因而敢对天上神明说，自己从无"欺心"的妄为。为世人做善事，其言行利于世界走向善良，让世人受益而无任何的加害。德行博大，而又让民众易于理解和接受，教化百姓于无形，这样的渗透出大德的言行，就是君子具备成熟修养后的德行。《易》曰：'见龙在田，利见大人。'说的就是九二已经具备可以成为君王的道德啊！"

对生命有道德升华的追求，对社会有责任感，以天下为己任的大德大才之人，会选择"见龙在田，利见大人。"君子在显见之时，要有其伟大志向，其"行正"在于他的"心正"。他的作为，和他行为的出发点和归属，就要像老子《道德经》最后一句所说的那样："天之道，利而不害。圣人之道，为而不争。"上文中，孔子说的"善世而不伐"，其意思就是老子说的"利而不害"。

☰ 九三：君子终日乾乾，夕惕若，厉无咎。

现代文注释：

九三，位置在六爻的天、地、人三才里，居于"人"的位置，是"上不在天，下不在田"的阳刚之位，处在上乾与下乾的相重之地，自身又不居中位，无地位可言，故着重谈"人"的努力。

九三，君子终日勤奋工作，努力不懈，到夜间，心还总是放不下，还在思虑白天的工作有无差错、疏漏；始终努力、谨慎的坚持，随时反省检讨，并保持着成功前的高度警惕，故尽管处在危险的处境，却可以做到没有咎害。

孔子重视君子的个人努力和修为，故在《乾文言》中写道：九三曰："君子终日乾乾，夕惕若，厉无咎。"何谓也？子曰："君子进德修业，忠信，所以进德也，修辞立其诚，所以居业也，知至至之，可与言几也，知终终之，可与存义也。是故居上位而不骄，在下位而不忧，故，乾乾因其时而惕，虽危无咎矣。"

"子曰："的这段话，翻译成现代文，是说："君子能够学好谋生谋职的学问，又同时提高了德行的修为，这就是他的根基。他讲求忠和信，就能得到给他职位的上司在德行上的赞许和信任。他说话、做事讲求用诚实、纯洁的心来表达和尽力，那他就有更多的机会。一个好的时机到了，他应该全力以赴，致力达到成功。时势不对或不能继续按照符合君子的做事原则来做事了，那就果断终止，保全道义和清誉；知道可以有作为就作为，知道不可以有为就停止，这样就能保存内心的'真义'，保存一个真我的存在状态。这样即使不能进，也不至于处在危险和不利的境地；君子处事应'察时而动，见势而退'。是故，君子居上位而不骄纵自己，处下位也没有地位低下的卑忧；故而，勤奋不息，并时刻观察着时势的变化，保持警惕，虽然处在险境，也可以无咎。"九三，君子乾乾，观时变而惕，又有何咎？

▤ 九四：或跃在渊，无咎。

现代文注释：

九四，进入上卦，逼近九五尊位，故多惧，九四仍居于全卦的"人"位，是经九三"进德修业"的努力，进入到下一个阶段，即奋身一跃的阶段，身下是深渊，要从深渊中直接跃出升空，所需要的能量就要更大。故，勇气、准备、时机三者都不可或缺，君子从初九的潜龙到九四的"跃"，是很自然的升进。九四试图"跃"出深渊，飞上九天，成功就成为"飞龙"，不成功就毅然返身于深渊，继续安身在渊中做"潜龙"。渊者，龙潭也，本来就是龙的居所，故无咎。

九四这一跃，或跃起，或再潜入深渊，均无过错。对于九四，是何意义呢？孔子重视因"时"而决定进退，故在《乾文言》中写道：九四曰："或跃在渊，无咎。"何谓也？子曰："上下无常，非为邪也。进退无恒，非离群也。君子进德修业，欲及时也，故无咎。"

孔子的这段话，是说："九四的爻位，已经离开下卦进入上卦，处在危疑多惧之地，处在这种位置的君子，知道此时"或上或下"已经没有规律可循，此时决定'跃'上，绝不是为了某种不正而偏激的念头，进或退，也已不必遵循所谓恒定而不变的原则，能顺进，则一跃成功无需再犹豫，跃而不顺，则同样无需犹豫而即刻返回龙潭，此时，不需要考虑与其他群龙的协同。君子提高德行修为和学习建功立业的本领，就是想赶上好的时机。故而，在此阶段的龙，可以从心所欲，上下有据，来去自由，可进可退，可以拼搏后做飞龙，也可以不成功继续做潜龙，均无过错。"

☰九五：飞龙在天，利见大人。

现代文注释：

九五，居三才的天位，故"飞龙在天"。与九二一样，都有"利见大人"的爻辞，利于"见"的环境是一样的，只是九五已居君王的尊位，阳刚的九五，居中又得正，有德又有地位，故九五是乾动的生命最为完美、自由的状态，在天的龙，正如孔子所说的"从心所欲而不逾矩"，刚健而自由。

孔子十分重视已居君王之位的飞龙的上治，故在《乾文言》中写道：九五曰："飞龙在天，利见大人。"何谓也？子曰："同声相应，同气相求，水流湿，火就燥。云从龙，风从虎。圣人作而万物睹。本乎天者亲上，本乎地者亲下，则各从其类也。"

"子曰"的这段话，孔子是说："九五与九二，皆曰'利见大人'，这是同声相应，同气相求的缘故，九五与九二，其'道'同也，故可归结为同道相应，同道相求，相互的亲附，共谋"平天下"之大业。九五为登上尊位的'大人'，得到九二潜龙出世的'大人'的辅佐，会完成很好的上治，自如的居上位而治下，乾上乾下相应相求，得辅而终成。"

九五刚健而自由的完美生命状态，只有得到在下的贤人的辅佐，才会更加的完美，懂得"用贤"之道，特别是使用"大贤"之道，创造最有利的"利见大人"的环境，让"大贤"出世而得大用，这才是九五"飞龙在天，利见大人"的真正意义，让治世大才能得其用，就是飞龙的成功。

☰ 上九：亢龙有悔。

现代文注释：

上九，自我膨胀的龙，骄傲的龙，为了自我的满足而亢奋，走向迷乱、狂乱的状态。物极必反，亢奋的龙，最终有悔。亢，只知进，不知退的意思。而只有那些心怀大局、关怀万民、有爱心、能站在别人的立场、主动为别人着想的天龙，才不会成为亢龙。过去的进，已成为过去；现在的退，才是正道。应当知时变、位变而决定自身的进退，不该动时就不动，不给现在的当位者增添麻烦。

生命的成长，盈则不可持久，特别是自盈自满的狂悖，怎能持久？孔子重视居上位者必须具备的仁爱、无私、大度、节制的品德，故他在《乾文言》中写道：上九曰："亢龙有悔。"何谓也？子曰："贵而无位，高而无民，贤人在下位而无辅，是以动而有悔也。"

"子曰"的这段话，孔子是说："上九，尊贵而已无执政的地位，高贵而无民众的聚附，在下位的贤人也不再依附上九，这样情况下的上九，如若轻举妄动，做一些与他已退位的身份不相符的事，就会自取其辱，得不到在下的尊重。已离开君王之位，退居太上皇的闲位，应该想到此时此刻其实已处在穷极之地，君子处在穷极之地，就需'穷则思变'，若不思改变，仍然有行动，追求行动的满足，轻则自取其辱，重则招致灾难。故曰'动而有悔也'。"

☰ 用九：见群龙无首，吉。

现代文注释：

用九，出现一群龙，都不以首领自居，吉祥。

用九，是占筮得到六个数都是"九"，六爻皆变。用九，是在六爻之外另加的一个爻辞。《周易》六十四卦中，唯有《乾》和《坤》，六爻之外另加"用九"和"用六"两爻，以表示《乾》《坤》两卦六爻皆变的特殊情况。

用九的"见群龙无首"，是谦逊、和顺的嘉美状态，这种嘉美的状态，群龙配合默契，无誉无功，善为而无争，故吉祥。

以上，介绍完了《乾》卦，这是六十四卦中受到特别重视的一个卦，对《乾》卦的理解，会影响到对其他卦象的正确领会。

《乾》卦的六爻，是君子人生的六个阶段，如此明确以君子人生阶段来表述六爻的，在《周易》六十四卦里只有乾卦；故，对乾卦，更应该透彻领会此卦的时义。在前面，已经说过，《乾》卦的时义，就是"天行健，君子以自强不息。"对于这句话，我们还可以理解为"开天辟地，君子迎接未来"。

《坤》为地 ䷁（卦序号：2）

《周易》有对"归藏易"的继承，故卦象排序，《坤》卦的地位与《乾》卦并列，从古到今，无论是《乾坤》易（乾卦为首卦），还是《坤乾》易（坤卦为首卦），都被认为是伏羲、神农、黄帝传下来的正统的《易》学，坤与乾，哪个排在前并无定论。

因为《坤》卦是"冬至"之前的最后一卦，《坤》之后就是"冬至"的《复》卦，而从《复》卦开始，一阳来复，新的一年开始了。而在此之前，秋天收获后的"归藏"则是旧的一年结束之前最重要的安排。故"归藏"作为《坤》的时空概念，是学习《周易》的重要一课。这与是否要恢复已经失传的《归藏》易，其实没有太直接的关系，故，读者无需多做联想。就把"归藏"作为一个概念，它就是秋收后粮食的"收藏"。

先看《坤》卦的卦辞，及现代文注释：

坤：元亨，利牝马之贞。君子有攸往，先迷，后得主，利。西南得朋，东北丧朋。安贞吉。

现代文注释：

坤，是卦名。《坤》卦以大地为象，卦德为顺。其"元亨"之德者，乃特指：坤元必配合乾元，与乾合德而育万物，才能开创化生万物，而使之亨通。元亨，是说万物始生便繁茂亨通，为大亨通，纯净无邪的亨通。"利牝马之贞"是说：乾为马，坤为牝马，利牝马贞正之道，即"阴顺阳"的大道。坤阴主静，取牝马以喻坤道之静怡至极。坤以顺为贞正，坤的正道就是顺从乾，配合乾元的乾动，这就有利于固守正道，故曰"利牝马之贞"。

攸，所也。"君子有攸往"，是说具有坤德的君子，其前进，必有所作为。"先迷，后得主，利。"是说：坤若脱离乾、领先于乾，则必迷失，故"先迷"；阴以阳为主，当从后跟随而顺之，视乾为主人，故"后得主"；坤跟随乾之后，才能有所得，才会有"利"；故曰"君子有攸往，先迷，后得主，利。"

"西南得朋，东北丧朋"，是说坤为阴，阴遇阴为得朋，阴遇阳为失朋。但对于坤道而言，安于顺则吉，安柔、静怡则吉，因之，得朋、失朋皆吉。易学家李士鉁曰："坤丧阴朋而从乎阳，犹臣去朋党以事君，妇舍所亲以事夫。道之正，阴之利也。"易学家张浚曰："得朋者臣之机，丧朋者臣之心。立事建业，以得朋为利。绝类忘私，以丧朋为利。"易学家马振彪曰："丧朋者，丧其小朋以成大朋，丧其私朋，以成天下之公朋。故得朋为吉，而丧朋亦为吉也。"

西南和东北的方位，有"暗喻"于其中。六十四卦的卦辞，历史上基本确定为周文王所写，周文王在《坤》卦中写"西南得朋，东北丧朋"，《蹇》卦中写"利西南，不利东北"，《解》卦中写"利西南"；西南是指周文王所在西岐的西南方，背对殷商的方向，周文王向西南方拓展势力，兼并小的方国和部落，在西南先行局部统一。而东北是指周文王所在西岐的东北方，这是西岐面对殷商都城方向的中间地带，周文王若在东北方向拓展，就会惊动殷商的统治者。

从周文王制定"剪商"战略来看，"西南得朋"是指周文王在西岐的西南方的战略联盟，这个联盟在武王即位九年之时在孟津集结军队，史称"观兵孟津"，演习并盟誓后退兵，孟津退兵后的几年里积蓄了足够的力量，又重新集结大军，实施"武王伐纣"的灭商行动。

安贞，意思是安守正道，顺承乾道，乾之所至，坤亦所至，此乃坤之至德，是"坤德"中最大的德，守之可得吉祥，故曰"安贞吉"。

《坤》卦强调顺从，暗喻西南联盟对西岐的忠诚，在周武王再次起兵伐纣时，兵锋所向，联盟的军队服从指挥，如同一个国家训练有素的军队。

在《坤》卦中，处处都有"暗喻"周文王欲为天下剪除殷商暴政的语言，只是都以隐晦的语言加以掩饰，故，三千多年来，这些隐秘的信息就藏在《坤》卦中，很少有人知晓。

孔子《易传·象》对《坤》卦的卦辞，是这样裁断的：

《象》曰：至哉坤"元"，万物资生，乃顺承天，坤厚载物，德合无疆。含弘光大，品物咸"亨"。"牝马"地类，行地无疆，柔顺"利贞"，"君子"攸行，"先迷"失道，"后"顺"得"常。"西南得朋"，乃与类行。"东北丧朋"，乃终有庆。"安贞"之"吉"，应地无疆。

现代文注释：

《象》辞说：至极广大的玄妙啊！坤元！万物从这里孕育而生，它顺从、承接乾元的动力和创造力，成就乾元进达坤元的玄妙，完成坤道承接天道的使命，静匿无声的化育万物。坤地的至厚，承载着天下的万物，有地才有物，无地岂能有物，故坤德与乾德之合，方能成就万物，从而弘扬天道之伟大，广大而辉光。坤德的广大，无边无际，化生的万物具万种形态，并皆繁茂、亨达、畅意，"亨"藏于物中，有物方可言"亨"，无物岂能言"亨"。坤德之为物，如同牝马奔跑在大地，跟随着领头的公马，可达至远之地，无处不达，无边无际。坤的至柔至顺，利于固守正道，也是君子所向往的正道，前往必有所得。坤若脱离乾，先行于乾，则必迷失，迷而失道。应当从后跟随乾而顺从之，视乾为主人，而后才能有所得，才会有利，才能得到天地间的常理。西南得朋，乃与同类结伴而行，聚结联盟的力量，以谋天下之大事。而在东北方向失去一些朋友，最终也会有吉庆。安于正道，不论往西南还是东北，都会吉利，没有地域的限制。

"至哉坤元"，还表明了坤亦可言"元"，"元"不专属于乾。"元"者元气也，坤顺承天，乾元已达坤元，故万物可资"坤元"以生。"乾"是日光阳气的舒展形象；相对的，"坤"是地气舒展的形象。"乾"是创始万物的天的功能，"坤"则是顺承天而化生万物的工具，天的创造力要靠"坤"来具体完成。坤至厚而载物，其完成化育之功的德行，是为天地"生生之德"的具体实现者。

坤卦六爻都是阴爻，体现阴的形象，而阴的形象中最大的是地，故命名"坤"为地。将两个经卦"坤"重叠，仍然称作"坤"，这是因为重叠的坤为纯粹的坤，无需再想别的名称，重叠的坤，至阴，至柔，至顺，有至极广大的玄妙，故得到赞美的感叹"至哉坤元"。

易学家刘沅曰："至，极也。乾道大矣，而坤承之，乾之所至，坤亦至之，故赞其德之至。坤之元亦乾之元，非元不能成其坤，盖地统于天，地德亦天德也。"《九家易》云："乾气至坤，万物资受以生。"历代易学家都认为，"坤元"为"乾元"之所达，合天德以化生万物，坤元亦为天德。

☰☰ 《坤》卦的卦象，是两个经卦坤的重叠。

孔子《易传·象》对《坤》卦的卦象特点，做了如下表述：

《象》曰：地势坤，君子以厚德载物。

现代文注释：

《象》辞说：大地之势广大舒展，顺承天道。君子观此卦象，要取法于地，学习大地宏大、宽厚的德行来承载万物，承担重大的社会责任。

坤，其"极厚"，方可无所不载。易学家林希元曰："君子以一身而任天下之责，群黎百姓倚以为安，鸟兽昆虫草木倚以为命。唯厚德，能承载天下之物，不厚何济？"学习《坤》卦，理解其卦德：顺德承天，厚德载物，承载万物，化育万物，这种精神是君子所应该具备的。

从《坤》卦的卦辞，再到《彖》《象》，让我们领悟到了《坤》卦卦象时空所对应的时义，那就是"厚德载物"，亦可理解为"承合天道，顺而生物。"

以下是《坤》卦六爻的爻辞，及其注释。对于《坤》卦，六爻特点是：《坤》卦六爻皆为阴，坤为地，故坤卦与乾卦相反，重视下卦的地位，故六二爻的地位很突出，在重视下卦后，《坤》卦六爻在天、地、人三才不同位置的重要性得到平衡。下面我们就进入爻辞：

☷ 初六：履霜，坚冰至。

现代文注释：

　　初六，坤的最下方，踏在深秋的寒霜之上，能感觉到严冬的坚冰即将到来。"履霜，坚冰至"，这是严寒的预告吗？《坤》卦初爻的这五个字，给我们展现了孕育生命的艰辛。严冬的考验，是地球上所有的生命都必须面对的，尽管有时在深秋的时节，大自然的美丽会迷惑我们，不会很自觉的去做"归藏"的工作，以应对严冬的到来。

　　《坤》卦的初爻，是我们认识《坤》卦的第一课。"履霜，坚冰至"，寒冬即将到来，在寒冬之前的准备，是对生存环境四时变化认识的重要一课，在过冬的物资准备上，中国北方的百姓都不会忽视，包括粮食、蔬菜、取暖的燃料、牲畜的草料，等等。

　　《坤》卦初六的爻辞，其真意是指在《坤》之后《复》卦要到来。"坚冰"从"易象"上是指乾阳，乾为冰，为坚，故"履霜，坚冰至"是指《坤》的初六将会爻变为初九；而初六变为初九，《坤》卦就变为《复》卦。故，这句话预示着《坤》卦之后紧跟着的就是《复》卦。

　　易学家尚秉和，解释《坤》初爻阴变为阳，是这么说的："阴微，故以霜为喻。乾为冰，为坚。坤行至上，与乾相遇，故'坚冰'。"

　　《坤》卦之后的一阳来复，是宇宙天地运行的规律，此时太阳运行轨道的移动发生了根本性的变化，在地球南北回归线的上空，太阳的运行轨道停止南行，开始北移了。光照发生的根本性变化，启发智慧的古代圣人，"阳息阴"开始了，"阳息阴"首先就是"一阳来复"，因此，在《坤》之后，紧跟的是《复》卦，这也是卦序的必然。

☷ 六二：直方大，不习无不利。

现代文注释：

六二，爻位居中得正，坤为地，为下，故"坤"以下为主，六二是下卦的主位，因此也是《坤》卦的主位，为卦主，故六二爻要充分表达坤德。"直"，其意为正行，不偏不邪，是表里如一的纯粹的道，是"刚"的外在体现。在易象中，乾为直，而坤德顺而承天，有谦卑之德，柔顺正固，故"坤元"为"乾元"之所达，"坤元"中含有"乾元"，《坤文言》曰"坤至柔而动也刚，至静而德方，"；坤德合于天德，故，坤亦为直；"方"是整齐、有规矩的意思，是原则性，坤之德"至静而德方"，是说坤德守静且与乾德合德而并齐，故"坤与天德合"要归入其原则之中，"大"，是说坤德广大，无处不至。故曰"直方大"。

六二之位，为《坤》之主位，故而统言坤道，以"直方大"形容其德用。有如此德用，故云：不习无不利。只要顺其自然，就已有利。象曰："至哉坤元"，坤之德之广大，无处不至，已达极致，无需再加进别的什么，就无往而不利，故曰"不习无不利"。

六二为《坤》的卦主，要充分表达坤德，《坤文言》里，也已说的很明白："坤至柔而动也刚，至静而德方，"坤德包含乾"至动"的德，同时包含坤自身"至静"的德，故"直方大，不习无不利"里面的"不习"即为"至静"之坤德，坤有"静"德，即"不习"。坤的静德"无往不利"，故曰"不习无不利"。

六二的爻辞，尽管难懂，但它集中说出了"坤"德的特点，就是合于天德，并有自身"至静"之德，而天德就是"乾"之德。

在六二爻辞中，隐喻周文王尽管此时为殷商之臣，守持坤德，但坤德合天德，故臣道要合于君道，坤的"动也刚"暗喻臣德的"动也刚"。文王的臣德在"动"，合天德而后转化为君德。六二的爻辞，为"武王伐纣"后登上君位，臣德最终转为君德，做理论合理性的准备。

☷六三：含章可贞。或从王事，无成有终。

现代文注释：

六三，阴爻居阳位，力量有限，处下卦之极位，迫近上卦而多凶，"含章"为内含章美，蕴含美德，"可贞"为守持正道，这就是周文王的"含晦"之道。六三之位，必须恪守臣道，守职以终王事，"含藏"而不争功，故可"无成"，可以无"可赞美之善"，而后必能"有终"。

周文王在灭商之前，施行"含晦"之道，恪守臣道，守职以终其王事，在这上面可谓"无成"，不能丝毫改变商纣王的暴政。但，周文王用"含晦"之道，保全了自己，同时含晦西岐的章美，在韬光养晦中固守正道，故有其善终，终于等来了有足够力量伐纣的那一天。故曰"无成有终"。

☷六四，括囊，无咎，无誉。

现代文注释：

六四，为接近六五君位的爻，为"多惧"之位，有"誉"则可致"君疑"而招祸。括囊，即扎紧囊口而不露出也。对"誉"，会有过度之名，而招君王之忌，故"括囊口"而不露，闭口不言，深藏不露，亦是"含晦"之道，可得"无咎"。君子处乱世，唯有谨慎而不炫其才智，如括囊口，方可得"无咎"。而此时君子的心须安于"无誉"，不为"贤名"所累，不在乎其"贤名"的失去，不图虚名，安其"无用"，方可安其"无誉"。

☷六五：黄裳，元吉。

现代文注释：

六五，居尊位，在卦位里常为君王之位，然而《坤》卦为至柔之卦，为臣道，故，坤卦之六五，居者仍为臣，只是臣之极贵者而已，如同封建制度里的诸侯王，相对天子而言，诸侯王为臣，这里六五以"中和"之德居臣子之职。黄，中色也，裳，下饰也。六五，阴居尊位，为中顺之德。其占，为大善之吉。元，大而善也。黄裳，亦为元吉，同义也，故云"黄裳，元吉"。

六五，尊贵而有节制，这是重视忠信之德的缘故，重"忠信"方可不越位，方能谦卑为人，只有忠信之人，方可得"黄裳元吉"。读此爻辞，更明了《坤》卦之"至德"，至哉坤元！

▤▤ **上六：龙战于野，其血玄黄。**

现代文注释：

上六，坤道之极位。"龙"，指乾。"战"，乃阴阳之消息，阳息阴，阴消阳，阴阳消长，乃自然规律的运行。"野"，开阔之地，寓意天穹之下的大地，大地即为"坤"，故"龙战于野"其意即为"乾战于坤"。"战"为阴阳消息，阴阳之间有长、消之道，推动着四时循环，并无"两败俱伤"的阴阳之战。"其血玄黄"，言其"色"，可理解为天地"其色玄黄"。

▤▤ **用六：利永贞。**

现代文注释：

用六，利于永远固守贞正。用六，这是占筮得到六个数都是"六"，六爻皆变的情况。在《周易》六十四卦中，唯有《乾》卦和《坤》卦，在六爻之外另加"用九"和"用六"两爻，以表示《乾》《坤》两卦六爻皆变的特殊情况。

用六的"利永贞"，是贞正、和顺的嘉美状态，这种嘉美的状态，众臣配合默契，无誉无争，故吉祥。

以上，介绍完了《坤》卦，这是六十四卦中受到特别重视的一个卦，对《坤》卦的理解，会影响到对其他卦象的正确领会。

准确注释完《坤》卦六爻的爻辞和"用六",利于更透彻的理解《坤》卦的时义。《坤》卦时空所对应的时义,就是"厚德载物",亦可理解为"承合天道,顺而生物。"《坤》是宇宙大自然生生之道的承载者。

第四章　复、姤

　　在《乾》《坤》两卦之后，《复》卦作为起始的第一卦，是因为遵从宇宙时空的规律，古代的中国人虽然并不知道中国在北半球的地理位置影响，但却知道冬至日太阳运行轨道的北移开始了，日照出现了转折性的变化，这一天就被作为阳气重回的时空节点，定为《复》卦的时空，阳息阴开始了，阳开始走向强盛。而《姤》卦作为夏至日的时空，也一样是通过天文观测得到准确的时空点。因此，《复》《姤》两卦在六十四卦中有其特别的意义。

地雷《复》☷☳（卦序号：3）

　　在《坤》卦初六的爻辞里，已经明白的告诉我们，在坤之时，乾阳的进入已经是必然的，而且《坤》卦还明确了阳气是从初爻进入，这就明确了《坤》卦之后紧跟的就是一阳来复。故《复》卦紧跟《坤》卦之后，是卦序的必然。

　　先看《复》卦的卦辞，及现代文注释：

复：亨。出入无疾，朋来无咎。反复其道，七日来复，利有攸往。

现代文注释：

　　复，是卦名。《复》卦，是亨通的。在纯阴的《坤》卦之后，到了《复》

卦，阳气又在下方发生。阳刚的再次返回，再度生机勃勃，万物即将开始进入亨通的繁盛期，故曰"亨"。

从《剥》卦最上方一根阳爻被剥尽，到《复》卦一阳在下方发生，太阳运行的变化让阳气出现"穷上反下"的突变。阳气从上方出，又从下方入，这不是出了什么问题，而是宇宙自然规律使然，故曰"出入无疾"。志同道合的朋友来了，共同做一番事业，也不会有灾难，故曰"朋来无咎"，朋友是指阳爻。

从消息卦来看，从一阴发生的《姤》卦开始，阴气消阳，直至阳气被消尽而成为纯阴的《坤》卦，再到一阳复始的《复》卦，天地运行的规律就是如此，这就是阴阳消长的"反复其道"啊！从《姤》走到《复》，从《姤》《遁》《否》《观》《剥》《坤》到《复》走过七个卦，可理解为"阴阳反复"的自然之道要经过七个阶段，故称之为"七日来复"。《复》卦来了，从《复》卦开始，阳刚之气又开始生长，阳气前进，必有所作为，这是有利于行动的时节。

孔子《易传·彖》对《复》卦的卦辞，是这样裁断的：

《彖》曰：复"亨"，刚反，动而以顺行，是以"出入无疾，朋来无咎"。"反复其道，七日来复"，天行也。"利有攸往"，刚长也。复，其见天地之心乎？

现代文注释：

彖辞说：复卦是亨通的，这是由于阳刚的再次返回，再度生机勃勃。又因为，内卦"震"是动，而外卦"坤"是顺，阳的发动顺从自然的规律从下方进入，遇到"坤"的至顺，故而没有阻碍的进入了，在《坤》之前，《剥》卦最上方阳爻的退出也是一样，阳气的出和入都没有妨碍，朋友来参与共同行动也无咎。

阴阳反复，有周期性的规律。古人发现地球上与阴性的孕育有关的生命周期皆为七日的倍数，故"七日来复"的寓意很深，有蕴含生命周期的必然之义，也提醒人们：要经得起来来回回的周折，要有坚韧不拔的精神。从《坤》走到《复》，走过七个爻，象征七个阶段！故而，即使走在顺利行进的过程中，也要有七次反复探索的心理准备，按此而行，即"天行"之道。《易》为君子谋，"刚长"即君子之道长，在《易》中，阳刚为君子，君子所向往，前行必有所得。《复》卦，体现出的是：阳刚之气又开始生长，阳气前行，必有所作为，有利于所向往目标的实现。《复》卦，它体现出的就是"天地之心"吗？象辞以自问的形式问道：《复》卦的道理，是否体现的就是"天地之心"呢？是"生生之谓易"的天地之道吗？它是否就是《复》卦的卦德，是其最重要的核心含义吗？

《系辞传》中已明确："天地之大德曰生。"《复》卦，被称为天地之心，这里的意思，就是说"化生万物"是为"天地之心"。当《剥》之时，一阳残存将被消尽，这残存之阳被消尽后就进入《坤》，然而大自然不会让生机停止，《坤》之后一阳来复，万物在此后又将是生机勃勃，可见天地的本心是使万物生生不息，永无毁灭之时。宋代易学的一代宗师张载，就对"天地之心"为生，说过这样的话："天地之心唯是生物。"他用了一个"唯"字，更突出了"使万物生生不息"是天地之心的唯一本心。

　　☳　《复》卦的卦象，是经卦坤和震的重叠，上卦坤，下卦震。
孔子《易传·象》对《复》卦的卦象特点，做了如下表述：

《象》曰：雷在地中，复。先王以至日闭关，商旅不行，后不省方。

现代文注释：
　　《象》说，上卦坤为地，下卦震为雷，故曰"雷在地中"，这就是《复》卦的卦象。雷在地中，有尚未发动、处在潜藏状态的意味。"先王以至日闭关，商旅不行，后不省方。"古代，"冬至"日到来之时，过年就开始了，此时君王就宣布"闭关"，停止商旅的外出，君王也不外出巡视。

从《复》卦的卦辞，再到《彖》《象》，让我们领悟到《复》卦卦象的宇宙时空所对应的时义，那就是：一阳来复，阳气复盛，万物生生不息。

以下是《复》卦的六爻，及其注释。对于《复》卦，六爻的特点是：初九是《复》卦唯一的一根阳爻，故初九是《复》卦的卦主；初阳之上为坤阴，阳遇阴而通，故通达，为亨通之象，卦象吉祥。下面我们就进入爻辞：

▤▤ 初九：不远复，无祗悔，元吉。

现代文注释：

初九，是复卦唯一的一根阳爻。故而，一爻为主，初九就是复卦的卦主。这一爻的含义对于整个卦来说，关系很重大。爻辞的最后，是"元吉"，就是从一开始就繁茂亨通的"吉"，是很有力量、不可抗拒的"大吉"。

"不远复，无祗悔"，"不远"即"近"，其意就是："走近复，不会后悔。"这是初九卦主的提醒：不远离"复"之阳，不远离君子之道，走近"复"。

时令已到，阳的成长已不可抗拒，故而"近复"就会有不可抗拒的、元亨的"大吉"结果，不会有后悔，是大吉。

初九，作为卦主的爻辞，其定下的基调就是：近复，要行动，不疑虑。吴子兵法说："疑"为行动之"贼"也。一阳初始，力量弱小，但无须顾虑，开始吧！

复者，将曾失去的美好恢复起来，其意十分明显。阳气曾失，今阳返，来复，记忆中的"善"与"仁"，其念犹存。既有复，"近复"而守之，不可再失。明代大儒王阳明，就以"守仁"为志向，王守仁其名讳，阳明、守仁的一生即《复》卦矣！王阳明的"心学"，其本意就在《复》卦的初九爻。

《复》卦的阳气来复，有正气来复的含义。纠正错误，重新树立正气、弘扬正气，这对于个人是修身之道，而对于组织，影响生存发展的一切事物，皆需要立正道。故而，要"近复"，不犹豫，不迟疑，不会后悔，是为"元吉"。

"复"之为念，不改初衷，就是《复》的卦德。故《复》之所以为《复》，全在初爻。犹如仁人志士，不改仁义之初念，有以杀身而成仁，无舍义而偷生。《复》之"初念"之大，也是《复》卦"时义"之大矣！历史上，戊戌六君子的谭嗣同，其信念和影响，就充分体现《复》卦伟大的"时义"。谭嗣同坚持用他的死来明了《复》卦的"时用"，其后中国的历史就证明了这一切。

《复》卦，是警示君子要走正道、复回正道的极重要的一个卦。卦义明确，卦德正大。复卦的初九爻辞，卦主的爻辞，更是明确"近复"元吉。君子占到此卦，已不必再言吉凶、失与得，而必须如圣贤所教导的：仁人者，正其义，不谋其利，明其道，不计其功。

䷗六二：休复，吉。

现代文注释：

六二，居中得正，与初九为亲比，接近无障碍，故，"走近复"是六二的愿望和行动。休，是指美好的事物。"休复"之意，即让美好的事物回到身边，特别是指道德的回归。复归"善良"与"仁"的美德于己身，故是吉祥的。要努力接近"仁"，近仁者吉。

大儒朱熹读到此爻辞时，深思其义，把他的感受记载在《朱子语类》中，《朱子语类》云：学莫便于近乎仁，既得仁者而亲之，资其善以自益，则力不劳而学美矣，故曰"休复，吉"。

美好的"复"，其"复"的力量会始终那么弱小吗？近仁者吉！"休复"会让幼小的树苗成长为参天大树。

䷗六三：频复，厉无咎。

现代文注释：

六三，阴居刚位，不得正，故其特点就是力量柔弱，意志不坚定，"频"，通"颦"，颦为皱眉的样子，愁眉苦脸的，很勉强并且有多次的反复，也会不断传来其"复"的成绩，但心志不定，频繁的改变。这是一位志向不坚定者，求复过程摇摆不定，这样的状况有"厉"，即有危厉，但这不会受到怪罪，毕竟不是危害他人的过错，可得"无咎"，故曰"厉无咎"。

䷗ 六四：中行独复。

现代文注释：

六四，居四爻之位，居群阴之中，上下都有两根阴爻，当此情势，六四尚能独自与初九的阳爻应与，这是六四与众同行，而不畏惧众意的坚强，是六四独能从善、亲仁之易象。《复》卦，一阳从下发生，当此之时可谓阳气微弱，还不足以说在不久的将来就必有作为，六四爻中行独复，可谓仁者无惧。

古代之贤士，谓此爻之义最宜玩味，有"慎独"之义，唯有内心的憬然自觉，才能使之如此。故，唯有仁义之士，方能守其志，而独行此道矣。

䷗ 六五：敦复，无悔。

现代文注释：

六五，居上卦坤的中位，有坤德，敦，为厚，故曰"敦复"。六五，虽在《复》卦中不为卦主，不能给初阳最大的支援，但六五守持中道，厚道之至，亦可无悔。敦，在古文里还有巡视、督查和催促的意思，在上卦的主位，包含这层意思应该是有的，六五对上六的督查，会使上六走入中正之道。六五与六二无应，但六五的"敦复"与六二的"休复"却似有呼应，六五的"敦复"，厚德载物，其结果必然会使"美好的复"盛大起来、强大起来。

☷ 上六：迷复，凶，有灾眚。用行师，终有大败，以其国君凶，至于十年不克征。

现代文注释：

　　上六，已到复卦的极位，也是上而无位的状态，在《复》卦里，上六是指那些对自己无严格道德要求的散漫之人。《复》，一阳生于下，君子之道长，小人之道消也。"迷失"，是"心"的迷失，心窍为鬼所迷，是真正意义的"迷"，"复"也没有了居所，故曰"迷复"。而心的迷失来自内心，是己过，是自作孽，故"凶"，会有人祸发生。上六的爻辞中出现"国君"，"国君"亦即"天君"，古代称呼"心"为天君，"心"就是自己的国，这里很明确是在说"心"的迷失所带来的严重后果，会有很大的灾祸。《复》为君子之道，要近复，而不远离复，更不能"迷失"复。"心"迷失"复"之后，还勉强出征用兵，以至于十年时间都无法恢复国力，已没有力量再赢得一场征伐。

　　迷则不复，不迷才能复。上六的"迷复"，其道理是很明了的。故，《复》卦的实现，要洗心，把堵塞了的心窍重新开启，明心见性，才能有所作为。作为君子，抛开心念羁绊，不去做力所不及的事，而是把心志的明了作为新的追求，这样他的事业和人生就会更绚烂多彩。

　　以上对《复》卦的卦辞、彖、象、爻辞，做了现代文的注释。

　　《复》卦作为在《乾》《坤》之后的第一卦，作为一年重新开始之第一卦，其含义极为深刻。作为一位君子，无论他有没有占到《复》卦，都应该认真的读一读《复》卦，了解《复》卦中蕴含的精深的道理，《复》卦中藏有宇宙、天地间最大的"道"！

　　六十四卦系统，其应用功能是由天道及于人事，故，其每一卦所代表的宇宙时空是否确定并唯一，且能反应此时间节点的阴阳特性及其发展趋势，就是卦象系统应用在解卦上能否准确的关键。而《复》卦，卦象的"一阳来复"，与天象中太阳运行在地球南北回归线上空的规律是可以准确对应的，明确定在冬至日，就是白昼最短、中午日影最长的冬至日。冬至日后，太阳在地球南北回归线上空运行轨道的移动发生了根本性的变化，停止了南行，开始北移了。古代天文学家用日圭测出这一天后，《复》卦的时空也就确定了。故，《复》卦在六十四卦系统里，是宇宙时空的"金钉子"。六十四卦中，除《姤》卦也由天文观测独立测定外，其他六十二个卦的时空节点位置，都以《复》卦为参考时点而确定。

把卦序的安排与"金钉子"的系统思想联系在一起，这样，《复》卦时间节点的准确，就决定了整个六十四卦系统时空的准确。故而，在这种思想的规定下，《复》卦就是标准时空点，这也是《复》卦在卦象系统中地位独特的缘故。

理解《复》卦时空的时义，要把握《复》卦的"其见天地之心"的时空含义，阳的力量开始生长，生机勃勃，其势不可阻挡，尽管力量尚且单薄、弱小，但已呈现出不可逆转的成长总趋势。阳的力量的增长，体现"天地之心"的生生之道，化育万物。这是《复》卦最大的"时义"。

天风《姤》☰☴（卦序号：4）

本书以《周易》的"本义"，区别于孔子及其弟子们编撰的《易经》，故，卦序的编排也不同于通行本的卦序。在本书中，从《乾》《坤》两卦开始，相邻两卦全部以相互的错卦出现，规律统一。

通行本中，从卦序的整体看，相邻两卦都出现了"两两相耦"的规律，要么就是一对"综卦"（或称"覆卦"），要么是一对"错卦"（或称"变卦"，即六爻皆变）。唐代易学家孔颖达在《周易正义》里将之归纳为："二二相耦，非覆即变。"显然，《易传•序卦传》的作者，是要把这种排序，作为更容易说明"义理"的安排，通过颠倒过来看一个卦，从中得到"进"与"退"的辩证关系，六十四卦中相互为"综卦"（即"履卦"）的有五十六个，共二十八对。

《姤》卦与《复》卦是一对错卦，而且《姤》卦的标准时空点，也同样是由天文观测独立测定的。《姤》卦，卦象的"一阴从下而入"，与天象中太阳运行在地球南北回归线上空的规律可以准确对应，明确对应在夏至日，是白昼最长、中午日影最短的夏至日。古代天文学家用日圭测出这一天后，《姤》卦的时空也就确定了。因此，在宇宙时空中，《姤》卦的到来，就是"夏至"的到来，夏至日之后，太阳在地球南北回归线上空运行轨道的移动发生了根本性的变化，停止了北行，开始南移了。阴阳力量的发展趋势也从这一天发生了根本性的变化，从"阳决阴"的《夬》卦，阳能决胜阴，到了《姤》卦就是阴开始"消"阳。

《姤》卦的卦象，是在纯阳的《乾》卦之后，阴气从最下方进入消减阳气，这是阴气开始剥蚀阳气的卦象，这种"阴剥阳"的总趋势一旦开始，就会一直持续到《剥》卦，阳气被剥尽，而到达《坤》卦，这与《复》卦的"一阳来复"最终到达《乾》卦，刚好是两条路线的会合，或者说是两个半圈的会合。

从《姤》卦开始，阴转盛而阳转衰。一阴从下方发生，阴气就会继续进入，阴开始消阳的规律不会受到阻碍，直到阴把阳消尽，成为纯阴的《坤》卦。《姤》卦在古代更久远的年代，记为"狗"卦，汉墓出土的帛书《易》就记为"狗"，这和太阳移动发生了根本性变化有关，在此影响下风向会有变化，狗能感觉到风的变化，故在这个节气会出现狗的狂吠。《姤》卦卦象为"入而健"，既指《乾》之后的女壮，阴转盛，又指卦义的"遇"，遇就会有相处，就会有阴阳频繁、强健的交合，《姤》卦，用男女之事作为探讨的基本问题，但这不影响我们记住《姤》卦是"阴消阳"的开始，它与《复》卦在"宇宙时空四时卦序"大圆图上刚好是相差三十二卦的错卦。

故，《姤》卦的正确时义，是阴盛阳衰的开始，是四季转换的新起点。读者学习本书的"文王六十四卦卦序"之时，请记住，在《复》《姤》两卦的后面，也都是两两互为错卦的卦，一直到最后的《夬》《剥》两卦，若把每一对的错卦都分开，排成两条路线，这两条路线就分别到达《乾》与《坤》。这就是本书的卦序安排。

先看《姤》卦的卦辞，及现代文注释：

姤：女壮，勿用取女。

现代文注释：

姤，是卦名。《姤》卦，警示阴从下方进入的强势，提醒：女子过分强壮，不宜娶作妻室。"姤"，象征阴阳的遇合，这里是说，阴从下方进入，很强势，故不要与之结合的太紧密，以免受其控制。

孔子《易传·彖》对《姤》卦的卦辞，是这样裁断的：

《彖》曰：姤，遇也，柔遇刚也。"勿用取女"，不可与长也。天地相遇，品物咸章也。刚遇中正，天下大行也。姤之时义，大矣哉。

现代文注释：

彖辞说，"姤"为卦名，是不期而遇之意。柔爻从下方进入，遇五刚爻。故不宜娶这样的女子为妻，这是因为不可与她长久相处，长久则会出现反客为主，为其控制的局面。天地阴阳相互遇合，这又是大自然的规律，阳光普照、雨露滋润，万物皆因天地阴阳的交感而章显出茂盛的生机。刚爻遇阴，从未来的趋势而言，阴将要成为主导的力量，会出现阴盛阳衰的局面；但就目前而言，五根刚爻居上，并非弱势，而是强势，能够控制住"阴"的一方。本卦的九五，阳刚居中得正，其德因其位而更为章显，九五的卦主地位仍然控制着卦义的"遇"，始终主导着"遇"的时义。阴从下方进入，下卦变为巽，巽为风，象征君王刚中之德的迅速传播，如风行天下，无所不达。姤卦的时义，真的很大啊！

　　☰　《姤》卦的卦象，是经卦乾和巽的重叠，上卦乾，下卦巽。
　　孔子《易传·象》对《姤》卦的卦象特点，做了如下表述：

**　　《象》曰：天下有风，姤。后以施命诰四方。**

现代文注释：
　　《象》说，上卦乾为天，下卦巽为风，故曰"天下有风"，这就是《姤》卦的卦象，君王效法《姤》卦的精神，将要施行的政令传告四方。

　　从《姤》卦的卦辞，再到《彖》《象》，让我们领悟到《姤》卦卦象的宇宙时空所对应的时义；《姤》卦的时义，是遇合。天地之间的遇合之道，符合天地的"生生之道"。

　　以下是《姤》卦的六爻，及其注释。对于《姤》卦，六爻的特点是：初六是《姤》卦唯一的阴爻，故初六与九五同为《姤》卦的卦主；而九二与初六的爻位关系为"阳据阴"，故居中位的九二有控制初六的能力；作为卦主的九五，遵循天道规律而接受与初六的遇合。下面我们就进入爻辞：

☷ **初六：繫于金柅，贞吉；有攸往，见凶，羸豕孚蹢躅。**

现代文注释：

初六，阴爻从下方进入，与五阳相遇，从形势上看，未来必然会出现阴继续进入而不断消阳的趋势。但从目前来说，阳的力量并不弱，足以控制住一根阴爻。故，初六要约束自己，不要随便行动，就如同牵引车闸控制车辆，固守正道才会吉利。初六与九四有应，故"有攸往"，但前往相会，有可预见的"凶"，知道有"凶"，但内心在挣扎而不能自己，初六被约束而没有前往，如同一只被绳子捆绑住的猪，在焦躁的不停挣扎。

☴ **九二：包有鱼，无咎；不利宾。**

现代文注释：

九二，刚居中位，地位、家境不错，厨房有鱼，九二居巽体之中，巽为鱼，和初六的"繫于金柅"相联系，控制初六的就是九二，故曰"包有鱼"，"包"为控制之意，阴爻被控制，故，无咎害。但，爻辞仍然强调九二的控制不能放松，九二与初六的遇合只利于居主导的控制，而不利于宾服于壮女，与壮女的邂逅要有节制，故曰"不利宾"，这里的"宾"为宾服之意，而不是指宾客。

☴ **九三：臀无肤，其行次且，厉，无大咎。**

现代文注释：

九三，为了与壮女邂逅，结局有点惨，屁股的皮都打破，走路一瘸一拐，这是阳刚过盛"得敌"之故，过于阳刚的九三与其他刚爻有冲突，这种状况危险啊！在《姤》卦里，初六的"一爻为主"的地位，决定了所有其他阳爻与它或遇或离，不是遇合就是分离，九三为九二所阻隔，不能降下与初六遇合，故也起不到牵制初六的作用，而是处于与初六的隔离状态，没有大的咎害。

☰ 九四：包无鱼，起凶。

现代文注释：

　　九四，进入上卦，离开巽，巽为鱼，故曰"包无鱼"，九四与初六有应而被阳隔，阴为鱼，亦即"包无鱼"。这里"无鱼"有诸多的寓意，在经济条件上指的没有鱼吃，在男女关系上指的没有鱼水之欢或没有女人，在政务权力上指君子失去了地位，君王失其民，这样的情况凶险起也，故曰"起凶"。

☰ 九五：以杞包瓜，含章，有陨自天。

现代文注释：

　　九五，"杞"是杞柳，九五阳刚居中得正，"以杞包瓜，含章，"是说用杞柳做的筐盛放甜瓜，含藏香气，寓意君王与贤人的遇合，是与九二无应而志合，君王重视贤人的美德，美德相互吸引而走到一起。与此同时，阳刚的君王守持中正之道，既能抑制阴爻，又遵守天地之常道，接受与初六的遇合，如象辞中所说的"天地相遇，品物咸章"，九五接受阴爻初六在下方进入的天命规律，而初六就如同自天而降的陨石，从"天位"降下到初六的地位，这里，寓意《姤》卦的阴爻初六就是《夬》卦上六的那根阴爻从上方出，而后自天而下，到达初位，这是从天而降的遇合，且初六居下卦巽之初，巽为陨，故曰"有陨自天"。

☰ 上九：姤其角，吝，无咎。

现代文注释：

　　上九，隐士在荒远的边角之地，居穷极之位而无法遇合，有所遗憾，但隐士已与世无争，故无咎。

　　以上对《姤》卦的卦辞、彖、象、爻辞，做了现代文的注释。

准确注释完六爻的爻辞后，可以进一步理解《姤》卦所在宇宙时空所对应的时义，《姤》卦的时义，是遇合；天地之间的遇合之道，符合天地的"生生之道"，故，姤卦的时义，十分广大。

君子占到《姤》卦，要理解《姤》卦中蕴含的时义，"遇合"符合天地的生生之道，故君子要以"生"物作为己任，既要把握和控制大局，又要以成就万物的繁茂生长为己任，不违背天道中"遇合"的道理，对阴阳的另一面，不搞绝对的排斥，用其有用，保持"和合"的状态，得其中道的平衡。

第五章　颐、大过、屯、鼎

在这一章里，解析《颐》、《大过》、《屯》、《鼎》四个卦，在这四个卦里，《颐》、《屯》两卦是紧跟在《复》卦之后的"阳息阴"的卦，下卦皆为震，卦序号皆为奇数；而《大过》、《鼎》两卦是紧跟在《姤》卦之后的"阴消阳"的卦，下卦皆为巽，卦序号皆为偶数。

山雷《颐》☶☳（卦序号：5）

从孔子为六十四卦做"系辞"、"说卦传"及"序卦传"等篇传文来看，《颐》卦是在周易上经的第二十七卦。后人再注孔子的《易传》时，都认定"周易上经"讲天道，从《乾》《坤》开始，到《坎》《离》结束；"周易下经"则讲人伦，从《咸》《恒》开始，先讲男女交感、夫妻之道。

此次我们建立文王卦序系统，不是简单的调整卦序，而是要贴近《周易》的本义，故而，在歧义特别多的《颐》卦，必须把通行本《周易》对卦辞、爻辞的注释所存在的问题大胆暴露一下，做些新的解析，以求圆满。

《颐》卦，按通行本的注释，被定为讲颐养之道。但，这里面有很大的问题，应该说这种注释离开了文王的本义，也与卦象所含有的信息不符合。

通行本传下来的注释，都把《颐》卦的卦辞，判断为是一次看面相的记录。但假如此判断是对的，那接下去的六条爻辞要有对应的卦义相配合，但《颐》卦的爻辞里六条都是"凶"或"厉"，与卦辞里核心的两个字"贞吉"没有对应。

卦辞里出现的"自求口实",假如仅仅是前来看面相之人的供养状况,那从一个普通自食其力的劳动者身上,怎么能得到各阶层、各种类别的人的供养状况?又怎么能从他身上得到颐养的天道呢?

先看《颐》卦的卦辞,及现代文注释:

颐:贞吉。观颐,自求口实。

现代文注释:

颐,是卦名。《颐》卦,固守正道,就会得到吉祥。占筮得吉兆,观察来占筮的人的面腮相貌,是一位自食其力的劳动者。

以上,就是传统的解释,卦辞使用这样的解释,把它作为一次看面相的记录,把"观颐"解释为观察来者的面腮,但其实有问题,《周易》六十四卦的卦辞,可以确认是周文王写的,故,遇到不好解释的时候,就说"是一次看面相的记录",这是说不过去的。

故,按照文王的本义,重新注释如下:

颐,是卦名。《颐》卦,固守正道,吉祥。饥荒到来之年,要观察天下苍生的颐养状况,做好安排和指导,提倡自养,提倡勤劳,自力更生才能足食。

孔子《易传·彖》对《颐》卦的卦辞,是这样裁断的:

《彖》曰:颐"贞吉",养正则吉也。"观颐",观其所养也。"自求口实",观其自养也。天地养万物,圣人养贤以及万民。颐之时,大矣哉!

现代文注释:

彖辞说:颐,占得吉兆,这是供养得其正道的缘故啊!供养得其正道就会得到吉祥。观察前来占筮之人的面相,是为了判断他的供养情况。他是自食其力的类型，这位劳动者，辛劳的痕迹都刻画在面腮上，很容易判断他是自食其力者。自食其力，也是天地之道啊！天地养万物，无为而治，让天下自食其力者，都能适得其所。这和圣人养天下贤人以及养万民的道理是一样的。《颐》的"时义"确实很伟大啊！

这一整段的彖辞，也就是断卦之辞，并没有让人听明白，夫子想告诉我们的是什么？是要告诉我们，自食其力是供养的正道吗？在最后，夫子发出感叹，说《颐》的"时义"确实很伟大，但没讲明白"伟大"所指的是哪一方面。

彖辞是用于裁断卦辞的，那卦辞的本义是什么呢？

周文王留下这段《颐》卦的卦辞给后世，其本义是警示：在饥荒的艰难岁月里，生存是大事，守正道吉祥，要观察天下苍生的颐养状况，在困难之年，做好应对，提倡自养，提倡勤劳，不怕颠簸劳碌，自力更生才能足食。

　　　　《颐》卦的卦象，是经卦艮和震的重叠，上卦艮，下卦震。

孔子《易传·象》对《颐》卦的卦象特点，做了如下表述：

《象》曰：山下有雷，颐。君子以慎言语，节饮食。

现代文注释：

《象》说，上卦艮为山，下卦震为雷，故曰"山下有雷"，这就是《颐》卦的卦象。春雷在山下震动，山上草木生长，象征天道的养育，君子效法这种精神，要言语谨慎，以修德行，节制饮食，以遵从养生之道。

从《颐》卦的宇宙时空节点来看，它是每年阳历十二月二十八日至下一年阳历一月三日这六天时间，这六天已靠近节气"小寒"，寒冬到了。在这六天里，是听不到雷声的。此时春雷尚未发动，夫子观象系辞，略显粗心，说山下有雷，有些随口而出。

夫子又讲到慎言语，而君子"慎言之德"与天道化生万物的精神之间，似乎无法联系上。节制饮食之议论，又与春雷发动、万物得天道养育之间，扯不上关系。总之，整段话让人听的迷迷糊糊，《颐》卦的象，是不应该这样解释的。

　　《颐》卦在宇宙时空上，紧跟《复》卦，而在《颐》之后有：《屯》、《益》、《震》、《噬嗑》、《随》、《无妄》六个卦，这八个卦的下卦都是"震"，但前四个卦《复》《颐》《屯》《益》的宇宙时空里都不会有"雷"的发动，这四个卦的时空约二十四天里不会有雷声，雷声的出现要到《震》卦之后的时空，在正常年份要到其后《丰》卦的时空。

　　因此，理解《颐》卦的内卦，不要往"雷声"上去想，要理解为阳的"动"，这是鼓励民众辛勤劳作。"动"的目标，在《颐》卦时空里，只能是养家糊口，解决百姓填饱肚子的问题。遇到饥荒的年岁，能生存下去就是胜利。《颐》卦，其卦象是张开的口，口中无食。到《噬嗑》卦，卦象是口中有物，有东西吃了；到《丰》卦，满山豆荚成熟了，日子就好过了。

　　从《颐》卦的卦辞，再到《彖》《象》，让我们领悟到了《颐》卦卦象时空所对应的时义，《颐》卦的时义，就是应对饥荒的年岁，固守正道。

　　以下是《颐》卦的六爻，及其注释。对于《颐》卦，六爻的特点是：初爻为震主，主"动"而不能动，口中无物；中爻皆为阴，无富可言；上爻艮主，主止，能克制自己，下据群阴，自得且通达。下面我们就进入爻辞：

☰☰ 初九：舍尔灵龟，观我朵颐，凶。

现代文注释：

　　初九，居下位的人士，劳动强度大，食欲旺盛，贪吃嘴馋，故舍弃了灵明的态度，流着口水看着我大快朵颐。初九口中无物，主"动"而不能动，只能张着嘴看别人的嘴在动；初九位虽居正，而不能守正，这是食欲太强，失去了尊贵。但对于吃不饱饭的下层人民，这又有什么办法呢？这是农业年景不好之时下层百姓的行为体现；而占为凶，是指农业欠收这种情况若持续多年，有凶。

☳ 六二：颠颐，拂经于丘颐，征凶。

现代文注释：

六二，阴爻得正居中，"颠"，是颠簸，勤劳、奔波的意思，来回上下奔波于丘陵山坡，是为了到山丘上开荒，填饱肚子，这是守持正道。六二居下卦震的中位，震为动，为征伐。此时六二的"动"是奔波于山坡上辛勤开荒种地、颠簸劳碌呢？还是去征伐邻国、抢夺邻国的收成呢？爻辞警示：征有凶。

☳ 六三：拂颐，贞凶。十年勿用，无攸利。

现代文注释：

六三，人位，三公大臣和封疆大吏，"拂"，这里是拂袖的意思，即意不合而离去，结盟的邻邦不能互助，反而争吵，争吵后不欢而散，互助之事没有结果，不能得到协调，占为凶。六三居坤中，坤数十，故曰"十年勿用"，这种状况，大家都不会有所得，都不会在交往中得到利益。

☳ 六四：颠颐，吉。虎视眈眈，其欲逐逐，无咎。

现代文注释：

六四，与初九有应，帮助下层人民度过艰难，上下互帮互助，填饱肚子，吉祥。尽管相互还有介意，在分粮食时因其强烈的欲望而"虎视眈眈"，也不断有"其欲逐逐"的相互计较，但互助是总的原则，故无咎。

☳ 六五：拂经，居贞吉。不可涉大川。

现代文注释：

六五，君王鼓励大家勤劳养家，开荒种地；六五、上九为反震，不宜动，不动为居，故曰"居贞吉"，国力虚弱时，不可涉大川，即不可对外有大动作。

☲☶ 上九：由颐，厉吉。利涉大川。

现代文注释：

上九，其地位可以得到较好的供养条件，但上九是世事通达的老人和贤人，处艮的主爻之位，得艮的"止"之道，能克制自己；"由"，自得、随缘。人生随缘，万事"由"它自来，"由"它自去，颐养在饥荒的年岁也要自得、随缘，这样的境界，通达的上九才会具备。自得、随缘的颐养，就是"由颐"，特别是在艰难岁月里，不求多给长辈照顾，才能保证儿孙不会饿死。虽然这样会有危险，但度过艰难就有吉祥。有仁爱、宽容的心和克己的态度，有利于涉过大川，这里的大川指饥荒年景的粮食困难。

从卦辞和六条爻辞来看，在周文王的时代，西岐和它周边的西南联盟，诸多方国、部落，经历过农业年景极为不好的一段艰难岁月，就是饥荒的年岁，此时联盟内部如果不能统一思想，就会出现邻邦之间相互抢夺收割对方庄稼的冲突，联盟将面临崩溃，《颐》卦记录下了这段艰难岁月的历史以及如何应对的总体思想，只是语言记录极为隐晦。

从《颐》卦的卦象，可以看到农业年景不好的易象，下卦震为年谷，即收成年景，六二往下半象为兑，兑为毁折，六二往上为坤象，坤为衰弱，易象上可以看到农业年景不好，故，卦辞的"观颐"是对进一步观察生计艰难的警示，明确提出要落实"自求口实"的自力更生，鼓励勤劳，度过难关。

以上对《颐》卦的卦辞、彖、象、爻辞，重新做了解析。让它更靠近文王演《周易》时的本义。

《颐》卦，在六十四卦中，从孔子的注解，到后人对孔子注解的再注，歧义太多，是最让读者不知所云、不知其义的一个卦。本书把问题提出来并给予解答，以求能按其"本义"在解卦中得到正确的应用。

　　《颐》卦的时义，是应对饥荒年岁，固守正道。

　　占到《颐》卦的人，也许日子已经不艰难，不存在填饱肚子的问题。在这种情况下，无妨安静思考一下家中老人颐养天年的问题。还有，就是从《颐》卦的易象来看，上卦是山，山的"象"最上面的刚爻为庐，在《颐》卦里就是屋舍的顶盖，安居之象，它象征着安居乐业，老百姓安居乐业，社会才能如"山"般的安定。对百姓而言，安定他们的居所是必要的善举；适当的安居计划，对于社会的长久安定是有帮助的，也是百姓和执政者的共同心愿。"得人心者得天下"，《颐》卦的时义，有包含这一层意思，故，《颐》的时义确实很伟大。

泽风《大过》 ䷛（卦序号：6）

　　《大过》卦，是紧跟在《姤》卦之后的"阴消阳"的卦。从《大过》卦整体的大象来看，《大过》是一个大大的坎卦，象征水灾的到来。《姤》卦，阴从下而入；到《大过》卦，阴开始从上进入，希望尽快消除夏至的暑气，却带来大水的冲刷，大水冲走家具、木材、牲畜和家中的财产。从《大过》卦的大象联想，是水灾来了；阴气过盛的消暑，从一开始，就通过《大过》卦给人们留下水患的印象。孔子在《彖》辞里解释"大过"，就是阳刚的力量仍然强大，在阴的力量过度的举动之后，又在阳刚力量的作用下恰好回到中位，这就是"大过"的道理。下卦巽的木道，利涉大川，上卦兑为悦，愉快的前行，可以有勇气前往解决问题，有利前往，故占到《大过》卦的人，可得亨通。

　　先看《大过》卦的卦辞，及现代文注释：

大过：栋桡，利有攸往，亨。

现代文注释：

　　大过，是卦名。房屋的栋梁弯曲了，梁的弯曲表现出了不正常，这种不正常需要解决，"大"，在《周易》中指阳，故"大过"是阳刚的过失，但，刚爻仍然居中，且下卦巽为谦逊而上卦兑为喜悦，如此状态的行动，有利前往，故要有勇气前往解决问题，这就是"大过"，它是亨通的卦。

　　孔子《易传·彖》对《大过》卦的卦辞，是这样裁断的：

　　《彖》曰：大过，大者过也。"栋桡"，本末弱也。刚过而中，巽而说行，"利有攸往"，乃"亨"。大过之时，大矣哉！

现代文注释：

象辞说，此卦的卦名为"大过"，房屋的栋梁弯曲了，底部和上部虚弱。这是大的举动，过了；但阳刚的力量强大，在阴的力量过度的举动之后，又在阳刚力量的作用下恰好回到中位，这就是"大过"的道理。有下卦巽的木道，利于涉过大江大河，又有上卦兑的愉悦前行，可以有勇气前往解决问题，有利前往，故它是亨通的。"大过"，是阳刚的过失，是君子的过失，这就如孔子对他的弟子说的："君子之过失，有如日食月缺，人人都可以看到；君子改正了错误，人人都会景仰他。"《大过》的时义，真的很大啊！

　　　　《大过》卦的卦象，是经卦兑和巽的重叠，上卦兑，下卦巽。
孔子《易传·象》对《大过》卦的卦象特点，做了如下表述：

《象》曰：泽灭木，大过，君子以独立不惧，遁世无闷。

现代文注释：

《象》说，上卦兑为泽，下卦巽为木，大水不断的淹没巽木，这就是《大过》卦的卦象。君子观察《大过》卦，效法它，能够独自的处于此种境况而不恐惧，不为世所用也不会烦闷忧愁。

从《大过》卦的卦辞，再到《彖》《象》，让我们领悟到了《大过》卦卦象时空所对应的时义，《大过》卦的时义，就是君子处于阴阳失衡的阶段，且有过，但它是君子之过。

以下是《大过》卦的六爻，及其注释。对于《大过》卦，六爻的特点是：初爻阴居最下，上承阳，得通达；九二有初六的上承，得阴阳的遇合，有利；中爻为大坎的坎中，坎以中爻为"栋"，《大过》以三、四爻为栋，爻辞会有"栋"的描述；九五在下无应，故与上六阴阳遇合。下面我们就进入爻辞：

☰ 初六：藉用白茅，无咎。

现代文注释：

初六，上承四根刚爻，故有"慎"之状，"藉"，其意为垫，《大过》下卦为巽，巽为白，为茅，故初六就是"藉用白茅"中的白茅；恭敬的祭祀，铺上清洁的白茅，寓意行动前的慎重，是极为重视的态度。古人祭祀时有一项重要内容就是用酒浇地，此时在地上铺垫上白茅，把酒浇在地上的白茅之上，充分表达对天地和祖宗的尊敬，怀着如此虔诚而谨慎的心，必然会慎始慎终，故无论将来结果如何，皆为无咎。

☰ 九二：枯杨生稊，老夫得其女妻，无不利。

现代文注释：

九二，是盛大居中的阳刚，其伏象为震，震为老夫，九二在上卦与九五无应，故与初六的亲近会有结果，阴阳遇合，无不利，故曰"老夫得其女妻，无不利"。寓意：生繁华于枯萎；故曰"枯杨生稊"。君子始终不放弃的努力坚持，就会有生机出现；这样的生机，尽管存在着不够理想的地方，但毕竟足以济难。

☰ 九三：栋桡，凶。

现代文注释：

九三，阳爻居阳位，虽得位而过于阳刚，从卦象看，刚爻集中在中爻，九三为其代表，阳刚控制了整个中间过程，对于阴的控制是很有力量的，阴爻居本末之位，而中间过程阳的力量过盛；九三居大坎之坎中，与九四皆为"栋"，此时栋梁已经不堪重负，栋梁弯曲，故曰"栋桡"。本末的虚弱，中间栋梁弯曲，危险即将发生，故凶。九三太过阳刚，又有九四、九五合而为乾，排斥了阴的应与，得不到底部和上部的辅助，故陷入困境，有凶。

☰☰ 九四：栋隆，吉，有它吝。

现代文注释：

　　九四，阳居阴位，得到居阴位的用柔之道，使得九四不同于九三的一味用刚，对阴爻的排斥得以缓解，得到本末两端的支持，栋梁向上隆起而恢复平直，吉利。但栋梁的支撑如果有其他变故出现，刚恢复的平衡还会被打破，这是"有它"的字面含义；但其爻位的含义，是指九四靠近九五，有辅佐九五君王的重大责任，若九四有其他的志向，比如前往应初六，那就会有遗憾。

☰☰ 九五：枯杨生华，老妇得其士夫，无咎无誉。

现代文注释：

　　九五，阳刚居中得正，与九二无应，故与上六的亲近会有结果，九五是健壮男子，即"士夫"，上六是"老妇"，故有"枯杨生华，老妇得其士夫"的爻辞，此结果虽然不理想，无誉可言，但阴阳得以匹配，当然也是"无咎"的。中爻得乾乾之象，其过程已体现了自强不息的精神，已经做过努力了，故不必再强求，对俗世的看法更不必在意，阴阳遇合的结果，可能是有花无果，但不管是生出花朵还是长出小树，都无咎无誉。

☰☰ 上六：过涉灭顶，凶。无咎。

现代文注释：

　　上六，阴爻虽得正，但一阴凌乘群阳，受到阳刚的逼斥，为居险之象，老妇有过河、涉过大川的勇气和行动，故，即使水淹过了头顶，有危险，也没有咎错，因为这是形势使然，这样的努力没有过错。上六爻揭示的道理就是，刚爻的力量过盛，会导致产生"灭阴"的趋向，故有凶；阴爻没有过失，故无咎。

以上对《大过》卦的卦辞、彖、象、爻辞，做了现代文的注释。

准确注释完六爻的爻辞后，可以进一步理解《大过》卦所在宇宙时空所对应的时义。《大过》卦的时义，是处于阴阳失衡的阶段，君子处在这样的阶段，要独立不惧，遁世无闷，要有勇气前往，始终不放弃；这又是一个很有希望的时空，下卦代表顺道的巽，是利涉大川的木道，上卦代表愉悦的兑，愉悦的前行，整体代表希望、美好。

君子占到《大过》卦，应当效法《大过》的精神，独立不惧，勇敢前行，慎始慎终，自强不息。在做事的起始阶段，就要知其难而勇进，怀着虔诚而谨慎的心，对待所要进入的行业。记住《大过》的卦象，就是"入而悦"。

水雷《屯》䷂（卦序号：7）

《屯》卦，是紧跟在《颐》卦之后的"阳息阴"的卦，"阳"进一步壮大，但力量仍然有限，必须"屯"之以待。"屯"，有等待的意思，同时有积蓄、储备的意思。《屯》卦，其下卦为阳气之始动，而上卦之坎，被寓意为天地交合后生命在坤体内的孕育；故，通行本《周易》中，"屯"被认为是天地结合而生物的开始。

先看《屯》卦的卦辞，及现代文注释：

屯：元亨，利贞，勿用有攸往，利建侯。

现代文注释：

屯，是卦名。《屯》卦，下卦震为春，上卦坎为冬，从春到冬，四时毕备，春夏"元亨"，秋冬"利贞"；"屯"，既充满生机，又相当的艰难，出生在寒冬，一阳来复，意志坚定的走向春天，起始的亨通就包含了纯正无邪的方向，这利于固守贞正。等待时机，不求急用，而求成长后的大用，故不可轻举妄动；卦主为震主，震为君王，可奠定公侯基业，故曰"利建侯"。

孔子《易传·彖》对《屯》卦的卦辞，是这样裁断的：

《彖》曰：屯，刚柔始交而难生，动乎险中，大"亨贞"。雷雨之动满盈，天造草昧，宜"建侯"而不宁。

现代文注释：

彖辞说，屯卦，阳刚始入阴柔的体内而有了坤体内的怀育，刚陷坎中而难出，故曰"难生"；阳的动，遇坎险，是又有艰难生成的阶段，阳气动于艰险的环境，不动就不能出险，故"阳"动则有大亨通，是正道。云雷的阴阳二气充盈天宇，创建大事业的开始，如同天地造物的开始，充满艰难和草莽荒野的气息，其状态不能与和平繁荣的年代相提并论。虽然具备创建公侯基业的自身条件，但同时又有不安宁的外部环境需要面对。

☳ 《屯》卦的卦象，是经卦坎和震的重叠，上卦坎，下卦震。

孔子《易传·象》对《屯》卦的卦象特点，做了如下表述：

《象》曰：云雷，屯。君子以经纶。

现代文注释：

《象》说，上卦坎为云，下卦震为雷，故曰"云雷"，这就是《屯》卦的卦象。君子观察此卦象，得到启示，初创阶段的艰难，只能坦然的面对；必须努力于经营治理，负起策划长久成长、经营和积蓄力量的责任。

从《屯》卦的卦辞，再到《彖》《象》，让我们领悟到了《屯》卦卦象时空所对应的时义，《屯》卦的时义，是君子处在事业的初创阶段，需要等待和继续积蓄力量。

以下是《屯》卦的六爻，及其注释。对于《屯》卦，六爻的特点是：初九为屯卦的卦主，阳刚处下，有君王的志向，利建侯；六二与九五为正应，但其正应受到六二之上三根阴爻的阻隔；六三柔弱，不具备入险再出险的条件，故得到提醒不宜逞强而涉险；六四与初九有应，其往吉；九五是上卦卦主，但所居中位为坎中，水在上为云，不能化雨而润下，占为凶。下面我们就进入爻辞：

☳ 初九：磐桓，利居贞，利建侯。

现代文注释：

　　初九，一阳处于群阴之下，是这一卦的卦主。志向纯正，又能以贵居下，礼贤下士，大得民心。坎险在前，不能直通向前，故"磐桓"，初九耐心的多磐桓几日，不是浪费时间，是"居正"守正道的表现，有利于建立王侯的基业。

☳ 六二：屯如邅如，乘马班如。匪寇，婚媾，女子贞不字，十年乃字。

现代文注释：

　　六二，居中得正，与九五有应，本应前往，但九五居坎中，六二阴爻无能力入险再出险，又为其上二阴爻所阻，阴遇阴则止，故彷徨不前，欲前行而又止，故曰"屯如邅如，乘马班如"；前方坎中之九五，对于六二，不是寇盗，是婚媾，六二柔爻守其贞正，等待着有一天能和九五一起出坎险，六二之上为互坤，坤数为十，在"屯"之时空，六二往应九五被阻隔了十年，但无论如何，六二与九五的正应，最终能得以实现，故曰"女子贞不字，十年乃字"。

☳ 六三：即鹿无虞，惟入于林中，君子几不如舍，往吝。

现代文注释：

　　六三，阴爻居阳位，柔弱性格的人也参加勇敢者的训练活动。训练骑射，安排打猎，追逐野鹿进入了山林，鹿钻进了密林，看不清密林里面的情况，此时向导和林官都不在，六三面临选择，是进入密林，还是停下来，有远大志向追求的君子，此时明智的决定就是："几不如舍"，停止追逐。如果太蛮撞冒失而进入密林，会有危险，前往有吝。

☵☳ 六四：乘马班如，求婚媾，往吉，无不利。

现代文注释：

六四，其位得正，有初九的正应，但其下方也有两阴爻的阻隔，其应也不顺利，欲前又止，故曰"乘马班如"；初九乘马而来，是求婚媾，故六四前往迎接初九，前往大吉，无不利。

☵☳ 九五：屯其膏，小贞吉，大贞凶。

现代文注释：

九五，虽得正居中，但所居为坎中，故九五所谋的事，首先就是出坎险，而不能有大的作为，坎在上为云，而不为雨，故不能施恩泽于下民，故曰"屯其膏"。屯其"膏泽"而不施，实为"无民"；故九五爻提醒：密云不雨，无膏泽施予下民，这对九五不利，有凶。九五与六二皆为正中，为正应，皆称"贞"；"小"，指阴爻，"小贞"为臣道，指六二，六二的"臣道"守正是吉祥的；"大"，指阳爻，"大贞"为君王之道，说的是九五，九五的"君道"因下无民，虚有其位，膏泽无处可施，只能"屯其膏"，为凶，故曰"小贞吉，大贞凶"。

☵☳ 上六：乘马班如，泣血涟如。

现代文注释：

上六，物极必反，太过随意的求婚媾，必然有被拒之门外，哭着回来的场面，这种事也不稀奇。《屯》卦，最上的这一爻与前面有呼应，上六与六三无正应，故骑在马上盘旋，不知该往何处，六四爻求婚媾成功，到了上六，求婚媾的结局就变为不成功，这就是有笑也就有哭的自然规律。上六，居坎之上爻，下无应，"泣血"暗喻此时的坎会成为血卦，有难，凶险。

以上对《屯》卦的卦辞、彖、象、爻辞，做了现代文的解释。

《屯》卦的宇宙时空，与《颐》卦，仅相差六天。其"时义"的差别，在于上方的阳爻向内移动了，阳的力量略有增强，故君子谋求大的事业，其大战略从《颐》的"养活自己，生存下去"，要调整到"扩大生存空间，提高能力，等待时机"。《屯》卦的时义，是君子处在事业的初创阶段，在这个时空节点，需要等待和继续积蓄力量。

对于已发展很好的人士，《屯》卦的六三爻里说的"君子几不如舍"，可以提醒决策者学会放弃，机会虽然出现，但放弃它就会规避某些风险。

火风《鼎》䷱（卦序号：8）

《鼎》卦，是紧跟在《大过》卦之后的"阴消阳"的卦。阴进一步深入，调和暑气，治理水患也获得成功，出现新的气象；从卦象看，上卦光明普照，下卦和风吹拂，是理想的治世的气象。《鼎》卦，有"问鼎"之意，故，很明确是心怀"平天下"之志，要做成一番大事业的卦象。但要实现伟大的志向，绝不简单，故，在《鼎》卦，从初爻的推陈出新开始，九二、九三、九四代表鼎腹的三根阳爻都出现带有警示的爻辞，这是君子要实现大志向的警示。《鼎》卦，象征更新，是新时代开启的象征，故，吉祥，亨通。

先看《鼎》卦的卦辞，及现代文注释：

鼎：元吉，亨。

现代文注释：

鼎，是卦名。《鼎》卦，象征庄严和更新，从黄帝铸鼎开始，到禹铸九鼎，鼎代表的"国之重器"的特殊含义越来越明确，改朝换代都会铸鼎以象征新时代的开始，并附上吉祥、亨通的祝愿。故，《鼎》卦的"元吉"，象征从始至终的吉，纯正而盛大的吉；《鼎》卦，是大亨通的卦。

孔子《易传·彖》对《鼎》卦的卦辞，是这样裁断的：

《彖》曰：鼎，象也。以木巽火，烹饪也。圣人亨以享上帝，而大亨以养圣贤。巽而耳目聪明，柔进而上行，得中而应乎刚，是以"元亨"。

现代文注释：

彖辞说，鼎卦，其象如鼎，初爻像鼎足，往上像鼎腹，六五爻像鼎耳，上九像鼎杠。其象，下卦巽为木，上卦离为火，象征燃薪煮鼎，为烹饪之器的形象。圣王制器祭享宗庙和天帝，也用以养享圣贤。下卦巽象为耳，上卦离象为明为视觉，故联想为"耳目聪明"。下卦巽柔顺而上行，上卦六五得中而应九二的阳刚，这是元亨之象，故鼎卦元吉、亨通。

　　☲ 　《鼎》卦的卦象，是经卦离和巽的重叠，上卦离，下卦巽。

　　孔子《易传•象》对《鼎》卦的卦象特点，做了如下表述：

《象》曰：木上有火，鼎。君子以正位凝命。

现代文注释：

　　《象》说，上卦离为火，下卦巽为木，故曰"木上有火"，这就是《鼎》卦的卦象。君子观察《鼎》的卦象，要效法《鼎》卦的精神，应当"正位凝命"，才能享受《鼎》卦的丰盛。

　　"正位"是明正其位，告知天下其得位的光明正大，"凝命"是生命的忘我"神凝"状态，如佛教的"涅槃寂静"，这里是指君子做事极为"专注"的状态。《鼎》卦有"问鼎"之意，寓意君子要实现大志向，要做成一番大事业。故，做事的心要"正"且"专"，正大光明，并专注于事业；故，心底无私，心无旁骛，这两点都是首先必须做到的。

　　从《鼎》卦的卦辞，再到《彖》《象》，让我们领悟到了《鼎》卦卦象时空所对应的时义，《鼎》卦的时义，是"正位凝命"，推陈出新；君子要有使命感来做事，创建全新的时代。

　　以下是《鼎》卦的六爻，及其注释。对于《鼎》卦，六爻的特点是：初爻到四爻，为一阴三阳，是鼎足和鼎腹，主叙鼎的功用及其人事的启示；六五为鼎耳，配以黄耳则象征鼎的高贵；上九为鼎铉，在鼎的主体之外，配以玉铉则寓意鼎功的告成，功成致用。下面我们就进入爻辞：

☰ 初六：鼎颠趾，利出否，得妾以其子，无咎。

现代文注释：

初六，鼎足朝上，这是有利于倒出鼎中的陈旧食物，故口"颠趾"；为了延绵子嗣而得到了一个称心的妾室，也没有咎害。这里的倒出陈旧食物，以及得到一个称心的妾室，都是寓意君王会得到新的贤臣，象征王朝的兴旺，推陈出新，不断有新的气象。

☰ 九二：鼎有实，我仇有疾，不我能即，吉。

现代文注释：

九二，通过初六倒出陈旧食物后，进入"鼎有实"的阶段；九二阳刚居中，具刚中之德，有真才实学，能发挥作用。有人对我有妒害之意，但却不能靠近我、亲近我，又能奈我何！吉祥。这里"仇"是"相对应的人物"，"疾"是"妒害"的意思，连起来"我仇有疾"就是对我有妒害之心的、相对应的人物，而要做到不为其所妒害，就不能给他靠近自己、亲近自己的机会。故，"我仇有疾，不我能即，"寓意很深，君子应做到不让小人接近，不接受贿赂、不接受奉承，不让小人有可趁之机，所谓"无欲则刚"，小人又能奈我何！

☰ 九三：鼎耳革，其行塞，雉膏不食，方雨亏悔，终吉。

现代文注释：

九三，居人位的下者，阳刚之才，做事有点粗心鲁莽，鼎耳掉了，道路堵塞不通，事先都不知道；导致鼎不能搬动到就餐的地点，美食没能派上用场，天上又正下着雨，其悔能少吗？好在最终结果还不错，得到教训，改正后认真做事，终为吉祥。

☰ **九四：鼎折足，覆公餗，其形渥，凶。**

现代文注释：

　　九四，居人位的上者，已经得到了地位，但他的能力与地位不相匹配，这种情况同样也不行。鼎足折了，为王公做的美食撒了一地，其形象会好看吗？所任非人，凶。

☰ **六五：鼎黄耳，金铉，利贞。**

现代文注释：

　　六五为鼎耳，黄色为中色，是吉祥的色，铉为抬鼎之器物，为鼎做了如此华美的黄色鼎耳和金铉，是对鼎的重视，利于固守正道。

☰ **上九：鼎玉铉，大吉，无不利。**

现代文注释：

　　上九，居于柔位。鼎也配了玉铉，玉代表柔美的品德，上九是刚柔相济的人才，鼎外有铉，铉为鼎杠，可杠起巨鼎，爻辞以鼎外配的玉铉来比喻上九，寓意：鼎功已告成，到了鼎"功成致用"的状态了。故大吉，无所不利。

　　以上对《鼎》卦的卦辞、彖、象、爻辞，做了现代文的解释。

　　准确注释完六爻的爻辞后，可以更透彻理解《鼎》卦所在宇宙时空所对应的时义。《鼎》卦的时义，是"正位凝命"，推陈出新；君子要有使命感来认真做事，创造全新的时代和功绩。

　　有心做大事业的人，占到《鼎》卦，应当效法《鼎》卦的精神，做一个正人君子，远离小人，不接受小人的好处，不同流合污，无欲则刚，不让小人有可趁之机；同时重视任贤，避免所任非人，而导致"主卑国危"的境地。观察《鼎》

卦，效法其精神，君子就可以创造出《鼎》卦相应的环境，让贤人得其位，固守正道，得享《鼎》卦的元吉、亨通。

第六章　益、恒、震、巽

在这一章里，解析《益》、《恒》、《震》、《巽》四个卦，在这四个卦里，《益》、《震》两卦是紧跟在《屯》卦之后的"阳息阴"的卦，下卦皆为震，卦序号皆为奇数，是《复》卦之后"阳息阴"一条路线上的卦；而《恒》、《巽》两卦是紧跟在《鼎》卦之后的"阴消阳"的卦，下卦皆为巽，卦序号皆为偶数，是《姤》卦之后"阴消阳"一条路线上的卦。

风雷《益》☳☴（卦序号：9）

在《周易》六十四卦中，除了乾、坤二卦历来受到特别的重视之外，历史上的哲人对于损、益二卦中蕴含的道理也是给予了特别的思考，寄予特别的情怀。史载，孔子传授《周易》给几位特别选出的弟子，其中一位叫子夏，他留下了迄今所能见到最早的注易书籍《子夏易传》。在《孔子家书》中，说到孔子与子夏对坐讲"易"，在读至损、益二卦时，孔子喟然而叹，子夏避席而问。孔子与子夏，在其后的对答中，会有很多讨论的心得，这些心得也许并不准确，但我们从现有已得到的信息中，就已得到了启发。

本章就要从《益》卦开始了，对于《益》卦，它的卦辞以及彖、象、爻辞，全都由卦象而来，故其辞义晦涩难懂，这在六十四卦中并不多见；读者可以跟着解说前行，减少一些理解的困难。对于《益》卦的理解，除了对照《损》卦进行比较来感悟之外，还要读一读《泰》卦，这是因为《益》卦中的君王的志向，与走向《泰》卦有关。

先看《益》卦的卦辞，及现代文注释：

益：利有攸往，利涉大川。

现代文注释：

益，是卦名。卦辞说，《益》卦"利有攸往"，即利于君子前往，必能有所作为，指九五和上九，九五爻在本卦得到"正中"之位，且为卦主，在卦主大君之命下，上九会与九五同往应六三和六二，阳为大，因此这就是"大来而益下"，体现了《益》卦里"益"的主旨。"大来而益下"之后，变为《泰》卦，这就是君子的"有所作为"和"利有攸往"。"利涉大川"指初九爻。《益》卦中，大川之象即二、三、四这三根阴爻，"坤"之象为大川，而初九的"震"之象为舟，为木。初阳遇阴而通，故曰："利涉大川"。

孔子《易传·彖》对《益》卦的卦辞，是这样裁断的：

《彖》曰：益，损上益下，民说无疆，自上下下，其道大光。"利有攸往"，中正有庆。"利涉大川"，木道乃行。益动而巽，日进无疆，天施地生，其益无方。凡益之道，与时偕行。

现代文注释：

彖辞说，"益"，是卦名；卦体损上益下，君上减税赋，下行补助，自损而益民，故民悦无疆。惠泽自上而下，遍及四方，可称大称光。六二与九五的爻位皆为正中，为正应，故利于所往，实现"大来而益下"；君臣一心共益天下，必有福庆。《益》卦下体为震，为舟，为木，利涉大川，震为春，故"木道乃行"。上卦巽为风，下卦震为舟，风吹船帆，顺风而进，初九至九五为大离，离为日，故"日进无疆"。"天施地生，其益无方"是说万物为天地所生，四时循环而有变，故"益"道没有固定规则。四时有变，舟随风而行，故曰"与时偕行"。

　　有《周易》的注解，把"利涉大川，木道乃行"解释为上体的巽，认为巽为木，巽在大川之上，故利涉大川，象上解释的通。但"巽"的时空，为四时节气的"秋分"，"木道"为春，不为秋。故"木道乃行"更应该是指初九的震象。《彖》辞中"益动而巽，日进无疆"，从卦象看，最下面初九震象为舟，为动，上方巽象为风，助舟前行，六四巽为"进"，初九至九五为大"离"之象，"日"之象，故曰"益动而巽，日进无疆"。大离，为大光明，这也从象上解释了《彖》辞中"自上下下，其道大光"。

　　▤　　《益》卦的卦象，是经卦巽和震的重叠，上卦巽，下卦震。
　　孔子《易传•象》对《益》卦的卦象特点，做了如下表述：

　　《象》曰：风雷，益。君子以见善则迁，有过则改。

现代文注释：
　　《象》说，上卦巽为风，下卦震为雷，风雷互动，这就是《益》卦的卦象。君子观此卦象，要效法风雷的精神，迅速而果断，见到他人比自己更优秀、善良，就像风一样迅速的追随。自己有了过失，就果断的改正。
　　孔子和他的弟子，观《益》之象，其《象》辞的这段话，与文王演《周易》作卦辞的本义有很大不同，给人的感觉孔子是在说另外一个卦。文王的"本义"就是"益：利有攸往，利涉大川"，文王是在讲"大来而益下"之道，此"道"进行的结果，就是到达《泰》的时空，君子照此做了，就是有所作为的行动，故文王观象，上卦巽为志，君子视"益下"为其志；下卦震为舟，为动，木道乃行，故"利涉大川"。君子观察此卦象，应当效法《益》卦的精神，以"益下"为志向，不畏大江大河的险阻，勇涉江海而远行，到达《泰》的时空。

　　从《益》卦的卦辞，再到《彖》《象》，让我们领悟到了《益》卦卦象时空所对应的时义。《益》卦的时义，是"益下"，进而"益天下"，这是有德君王才会具有的志向。

以下是《益》卦的六爻，及其注释。对于《益》卦，六爻的特点是：居下卦的爻，皆有期待，包括初九也有期待，初九明确有大事可做，故期待"朋来"，"朋"指的就是上卦的九五和上九。六二和六三，也都翘首以盼"大来以益下"，得到来自上方的帮助；居上卦的爻，有历史背景，六四作为朝廷重臣实际上就是入朝为官的西伯侯姬昌。下面我们就进入爻辞：

☲☳ 初九：利用为大作，元吉，无咎。

现代文注释：

初九，虽然居于最下位，但以贵处下，大得民心，有利于初九被启用做大事，初阳得正，且带来乾元之吉，故曰"元吉"。下卦与《复》卦相同，故"无咎"即为"朋来无咎"，这里有大事可做，朋友都会来参与，朋友指上卦的两根阳爻，朋友都来参与共同行动，无咎害。

☲☳ 六二：或益之十朋之龟，弗克违。永贞吉。王用享于帝，吉。

现代文注释：

六二，与初九比邻，且是亲比，故初九要做大事，六二会有响应。九五艮象为宗庙之象，故这一句是说举行祭祀；二、三、四爻坤象为牛，用大牲祭祀；坤之数为十，故象征十朋之龟；震象为帝象，故曰"王用享于帝"。

☲☳ 六三：益之用凶事，无咎。有孚，中行，告公用圭。

现代文注释：

六三，爻位规律三多凶。故六三"益之用凶事，无咎"，六三也确实有"凶"事，从象上看，初九为震，六三居坤之中，有地震灾害之凶。故"益之"六三，用在地震灾害的凶事，故无咎。"有孚，中行，告公用圭"乃是春秋时期天子与诸侯的一种约定制度，无论报喜讯还是报灾害，都要如实有孚；要有中道可行之议论附上；见天子、诸侯王，要持圭，圭为玉器，留作信物。

☷ 六四：中行，告公从，利用为依迁国。

现代文注释：

　　六四，君王身边的重臣，阴爻居阴位，在中爻坤象的最上方，靠近九五，坤为臣，九五为君，六四阴爻居正，为柔顺守正之臣，有"中行"之德，能够持中而行，六四居震象之上，震为告，九五为公，故曰"中行，告公从"，这是六四以其益民之志向，及时禀报下情给君王决策。坤象为国，靠近九五阳爻是为了有依靠，故称"为依迁国"。六四，已居益卦上体，主持赈灾事务，在发生自然灾害之时，六四提出迁国的方案是为了让灾民可以有新的家园，是遵循"益"道的益民之举；故六四的益民之志，最终会得到"公"的支持。

☷ 九五：有孚惠心，勿问，元吉。有孚，惠我德。

现代文注释：

　　九五，下据众坤阴，且为尊位；坤象为顺，为心。九五与上九，为乾天之位，乾之德，有信，惠及天下，进入下坤的民众之心，"问"是指占筮，九五下据群阴，有信而惠民，不用占就知道是大吉，故曰"有孚惠心，勿问，元吉"。尊位之乾为天道，为德，有孚是指九五有孚下坤的三根阴爻，故曰"有孚，惠我德"。九五真诚"益下"，得《益》卦之时义，大吉。

☷ 上九：莫益之，或击之，立心勿恒，凶。

现代文注释：

　　上九，居极致之位，就有极致而走向反面的可能，其下为大离之象，上九居大离之象的上方，离象为兵戈，为乖离，依其卦象，故曰"莫益之，或击之"，这是对六三而言，上九产生与"益下"相背离的念头，这对于上九是凶险的，故曰"立心勿恒，凶"；是对上九的警示，上九避其凶，可随九五共同益下。

以上对《益》卦的卦辞、彖、象、爻辞，做了新的解释。《益》卦的卦辞、彖、象、爻辞，都由卦象而来，这在六十四卦中并不多见。

清朝时期，易学家尚秉和对《益》卦给予了特别的关注，认为《损》《益》二卦为《周易》下经中讲人事进退的枢纽。《益》卦的时义，是益下。从卦象解析的角度，《益》卦初爻的木道，其"利涉大川"的元吉，是力量和能力的体现，是具有强大信心的基础。《彖》辞中"利涉大川，木道乃行"一句，也提醒《益》卦中人，要同舟共济，共克时艰。九五居尊位，以真诚来践行"益下"的志向，是《益》卦时义的体现。九五只有坚持《益》卦的信念，才能够"利有攸往"。信念不能是一时的，而必须是经过深思熟虑、出于本心，才能经得起时间的考验。能做到"益下"，直至"益天下"，出自本心是首要的"心"的基础。《益》不谈权谋，而是谈天下为公的理念。

从卦象看，《益》卦的九五、上九为乾象，为天，其下是大离之象，离为火，故有天火《同人》之象，象征上下志向相同。正如《九家易》里注《同人》卦时说的："乾舍于离，同而为日。"这是上下一心，胸怀宽广的光明之象，这对于君子谋划大事，是相当吉祥的。《益》卦中含有《同人》之象，也就含有《同人》的理念。《同人》的理念是人人志向相同，意志沟通，能共同犯险犯难，故符合君子的原则，能克服艰难险阻，促成大同。《礼记·礼运篇》中所说的，天下为公的大同世界，正是《同人》卦的理想境界，也是《益》卦的理想境界。

再从其本义来理解，《益》的时义，光明正大，"益下"，直至"益天下"，对于尊重人才、尊重团队创造力的利益分配制度，就是一个理论的依据；行"益"之道，有团结大家共谋大业的效果，其长久效果一定会显现出来。《益》的制度思维，应该是长久、有效的。

　　《益》卦上卦为巽，为志，为风，故《益》卦"益天下"的理念和志向，就要像风一样，风行天下，无处不达，广为传播。这对于经营现代企业的有志之士来说，从一开始就要把"益天下"作为使命写成文字，在公司使命的表述里，体现出《益》卦的精神，还要通过公司的官网把公司的理念传播出去，让浏览公司网站的客户和未来的潜在客户，能感受到公司立志"益天下"的使命感。这样，通过沟通天下的志向，可以得到理念的共鸣。

　　《益》卦的爻辞，多处出现"有孚"。"有孚"即恒久有信。《恒》就是《益》的错卦，错卦最大的特点是"伏象"，两个相互的错卦，相互为"伏象"，只要能理解"伏象"是暗伏的理念，就可以通过观察"伏象"的理念，来进一步理解本卦。故，《恒》卦、《有孚》卦的理念和卦德，都与《益》卦有紧密的关系，读者可以把它们联系起来学习思考。

雷风《恒》䷟（卦序号：10）

《恒》卦，上雷下风，都是动荡之象，象征宇宙世界永恒地处于风雷变动之中，变动才是恒久的。《恒》卦，其意为恒久，而其内涵为"中道"，故在儒家理论独尊的古代中国社会，推崇中庸之道而及于推崇"恒"道，这在读者理解和感悟《恒》卦过程中，最为重要。儒家学者注释《周易》，历来重视《恒》卦的地位，故卦序排列，孔子把《恒》卦放在正中，为第 32 卦，象征"中道"。本书，按照文王演周易的本义，恢复各卦在卦序里原本应该有的地位，故《恒》卦的卦序，在文王卦序里为第 10 卦。

先看《恒》卦的卦辞，及现代文注释：

恒：亨，无咎，利贞，利有攸往。

现代文注释：

恒，是卦名。《恒》卦，六爻皆有应，是亨通之象，无咎害。九二刚爻居中，有刚中之德，利于固守正道，且下卦覆兑，兑为秋，故曰"利贞"。"利有攸往"是针对上卦和下卦的卦主，上、下卦的卦主之间有应与，且初六上应九四会同时改变上下卦卦主失位不得正的状况，也符合其伏象"大来益下"的原则；初六上应九四，《恒》就变为《泰》卦，所往有利，故曰"利有攸往"。

孔子《易传·象》对《恒》卦的卦辞，是这样裁断的：

《彖》曰：恒，久也。刚上而柔下，雷风相与，巽而动，刚柔皆应，恒。恒，"亨，无咎，利贞"，久于其道也。天地之道，恒久而不已也，"利有攸往"，终则有始也。日月得天而能久照，四时变化而能久成，圣人久于其道，而天下化成。观其所恒，而天地万物之情可见矣。

现代文注释:

象辞说，恒，意思是恒久。阳刚在上，阴柔在下。雷与风相互助长，上卦震为动，下卦为巽风，故曰"巽而动"，阳刚和阴柔皆相应，这就是"恒"。恒久，可以亨通，没有咎害，利于坚守正道，这就保持住恒久的道，使其经久而不变。天地运行之道，恒久而不停止；所往有利，故能"终则有始"，年复一年。日月依靠天作为载体，而能永久的大放光芒。四时变化，周而复始，永久的成就万物的生长繁茂。圣人深知恒久之道，故能持之以恒的坚守正道，教化万民。故学习恒卦，通过对日月、四季、圣人的守恒之例的观察，自然可以明白天地万物间的"恒久"之理，明见《恒》卦的大义，于是天地万物之情可得以显见。

　䷟　《恒》卦的卦象，是经卦震和巽的重叠，上为震，下为巽。

孔子《易传·象》对《恒》卦的卦象特点，做了如下表述：

《象》曰：雷风，恒。君子以立不易方。

现代文注释:

《象》说，上卦震为雷，下卦巽为风，故曰"雷风"，这就是《恒》卦的卦象，君子观此卦象，效法其精神，藉之以为"立身之道"和永不改变的为人做事的原则。

《恒》卦，是《益》卦的"伏象"之卦，故其卦辞与《益》卦的卦辞，有相同的指向，或者说有相同的志向。文王演周易，观象系辞，卦辞皆紧密贴合卦象，故对象的表述更要贴近文王所写的卦辞的本义。前面《益》卦中，"《象》曰"的那一段话就偏离了文王卦辞的本义，这里的《恒》卦，"《象》曰"的这段话也同样偏离了文王所写卦辞的本义。对于《恒》卦而言，"雷风相与"是卦象的表义，符合其伏象《益》卦"大来益下"的只有初六与九四的应，故上卦、下卦的卦主之间相应，会使《恒》卦变为《泰》卦，这点与《益》卦相同，《恒》卦和《益》卦，都把走向《泰》卦谓之为"利有攸往"，视为志向。

从《恒》卦的卦辞，再到《彖》《象》，让我们领悟到了《恒》卦卦象时空所对应的时义。《恒》卦的时义，是雷风相与，大来益下，坚定的走向《泰》，这是通过初六坚定的前往应上卦的九四，而得以完成；上下卦卦主的应与，完成了"大来益下"，走向了《泰》。

以下是《恒》卦的六爻，及其注释。对于《恒》卦，六爻的特点是：上下卦六爻皆有应，但唯有初六阴爻遇阳而通，可以前往应九四，其余各爻的行动皆有阻隔，为有应而不得应。下面我们就进入爻辞：

☳☴ 初六：浚恒，贞凶，无攸利。

现代文注释：

初六，伏象为乾之初，即潜龙之渊，渊之深为浚，故曰"浚恒"。初六，离开中道而求"恒"道，不会有结果，所求不能实现，占为凶，没有利。

☳☴ 九二：悔亡。

现代文注释：

九二，阳居阴，本有悔，但阳刚居中位，中正自守，后悔就没有了。执"中"即可得"恒"道。"中"道之于"恒"道的意义，为中行，不偏不邪；故只有中行，方可守"恒"。九二得其中行的"恒"道，又有何悔！

☳☴ 九三：不恒其德，或承之羞，贞吝。

现代文注释：

九三，阳居中爻互乾之中，乾为德，故九三宜静而守其德，但九三求与上六之应强烈，对机遇的盲目追求，使他失去了对德行的坚守。故，警示九三要思考其"德行"的守"恒"持久，不要去追求不切实际的机遇，否则就会蒙受耻辱，会有遗憾。九三与上六的应，受到九四的阻隔，不得应。

☳☴ 九四：田无禽。

现代文注释：

九四，三才之人位的上者，以"恒"德而言，尽人事即可。遇到天时不利，田无禽，空有一身本事也无法建功，隐喻九四不当位而求"恒"道，徒劳而无功。此时，"无所得"的人生应放下，如庄子所言："得者时也，失者顺也。"君子安时而处顺，生活才会再次得到充实。

九四，时位不利，不是得恒道的时位，故爻辞的警示为不得"禽"，九四与初六是正应，故此时，九四应当坚定的等待初六的上应，才能改变其时位，方为有利的所往，才能实现卦辞里的"利有攸往"。

☳☴ 六五：恒其德，贞，妇人吉，夫子凶。

现代文注释：

六五，恒守其德，是正道。但应当明白"恒"之道亦有男女之别，六五恒守的女性柔顺之道，对于妇人是吉祥的，男人去效仿"柔顺"之道却不当，有凶。永恒的事，男女有别。六五为《恒》卦的卦主，为守恒之爻，故爻辞隐喻六五之恒德为妇人从一而终的贞节，这就是"贞，妇人吉"隐含之意。

☳☴ 上六：振恒，凶。

现代文注释：

上六，走向极致。"恒"也有不同的状态，不一定都是好的。"震荡不安"如果成为"恒"态，那就是处于"天下大乱"的时局，凶。

以上对《恒》卦的卦辞、象、象、爻辞，做了现代文的解释。

准确注释完六爻的爻辞后，可以更透彻理解《恒》卦所在宇宙时空所对应的时义。《恒》卦的时义，是风雷变动，雷风相与，这种变动的恒久，有利于君子坚持正道，有利于所往，是亨通的；而恒卦的雷风相与，大来益下，使上下卦的卦主相应后同时得正，利有所往，坚定的走向《泰》。

君子占到《恒》卦，应当效法《恒》卦的精神，在雷风相与的变动之中，在巽风而动、瞬息万变的时势下，坚定的走向《泰》，这是《恒》卦与《益》卦共通的地方。君子用好"恒"道，执"中"而行，坚守正道，在万变之中寻求不变，以保持事物的相对稳定性，多做踏踏实实的事，就自然有利，可得到亨通。

《震》为雷 ䷲（卦序号：11）

　　震卦的命名，更早的时期为辰。汉墓出土文物帛书《易》中，震卦的卦名就写为"辰"。

　　《震》卦，是纯卦。震上震下，接连的震。震卦的上卦、下卦皆为震，象征相继的动，动而动，这是六十四卦中突出"动"的时义的卦。

　　先看《震》卦的卦辞，及现代文注释：

震：亨。震来虩虩，笑言哑哑。震惊百里，不丧匕鬯。

现代文注释：

　　震，是卦名。《震》卦，重叠的震，相继的动，并象征力量，故可获亨通。大的雷声让人害怕，但人们知道雷声之后会有降雨，万物得以滋润，故又高兴的笑。雷声虽然震惊百里，但能担当大任的人，不会在雷声中跌落手中的酒杯。

　　孔子《易传·彖》对《震》卦的卦辞，是这样裁断的：

　　《彖》曰：震，"亨"，"震来虩虩"，恐致福也。"笑言哑哑"，后有则也。"震惊百里"，惊远而惧迩也。"不丧匕鬯"，出可以守宗庙社稷，以为祭主也。

现代文注释：

　　彖辞说，《震》卦，是亨通的。它之所以亨通，是因为迅雷会给人带来恐惧，而知道恐惧就不会妄为，就不会做冒险的事，故，这样也就同时给人带来福祉。人们对雷声的体验是，雷声过后才会有笑声，在震动百里的雷声中，人们都会心怀恐惧。迅雷也是考验人的，能在震动大地的惊雷声中不跌落酒杯的人，才能够建功立业，担当大任。

䷲ 《震》卦的卦象，是两个经卦震的重叠。

孔子的《易传·象》对《震》卦的卦象特点，做了如下表述：

《象》曰：洊雷，震。君子以恐惧修省。

现代文注释：

《象》说，上卦震为雷，下卦震为雷，雷声相继，这就是《震》卦的卦象。君子观此卦象，感悟其中的道理，在炸雷声中，要心存恐惧以反省自己，因恐惧而懂得修省，改己之过，就不会因贪婪而做冒险之事，就会增加福祉。

从《震》卦的卦辞，再到《彖》《象》，让我们领悟到了《震》卦卦象时空所对应的时义。《震》卦的时义，是相继的动，处惊惧而懂自省，化危为亨通。

以下是《震》卦的六爻，及其注释。对于《震》卦，六爻的特点是：初九和九四皆为震主，是上下卦的卦主，加上六五居君王之位，六爻有三王并存的状况；下卦的震雷更有力量，富有进取，故，初九得"吉"。下面我们就进入爻辞：

䷲ 初九，震来虩虩，后笑言哑哑，吉。

现代文注释：

初九，初阳居下，是震卦的卦主，其上为重阴，阳遇阴而通，故初九"吉"。这是认识雷声的第一阶段，打雷了，炸雷的声响令人感到害怕；雷雨过后，觉得刚才害怕的样子确实很好笑，大家相视而笑；一场雷雨过后，旱情舒解，万物得雨水滋润而获生机，吉祥。

☲☲ 六二：震来厉，亿丧贝；跻于九陵，勿逐，七日得。

现代文注释：

　　六二，居中得正，故能守中正之道，但在雷声中总还是心存恐惧，感觉身处危险之境，有危厉不安的感觉，故曰“震来厉”；原因是六二之位凌驾初九卦主之上的缘故，为阴乘刚的关系，因此在雷声大作的时候，会有惊惧。对于雷雨的认识也是一样，知道雷击的危险，在雷雨中，六二大失财贝，但他不顾一切的躲避于九陵，七日后，财贝失而复得，隐喻六二守持无为之道，失去的可以在将来再得到，不以物为念。六二有中正之德，故只要恪守中正之道就会平安。

☲☲ 六三：震苏苏，震行无眚。

现代文注释：

　　六三，柔爻居刚位，其质本弱，位失中正，故在惊雷声中，其身体酥麻几乎瘫软，不能动弹，六三处在下卦雷与上卦雷的接续之处，迅雷交替发生，雷声使六三惊恐万状，这是六三“位不当”且胆小的缘故；六三往上是中爻的互坎，故担心前行有灾祸，在惊惧中检讨过失，六三无上应，亦无阴凌乘刚的情况，与它爻皆无利害关系，故只要慎行，就不会有“眚”，“眚”为人祸；六三质弱才疏，但不是一个惹是生非的人，前行无灾祸。

☲☲ 九四：震遂泥。

现代文注释：

　　九四，上卦卦主，雷雨大作，被雷声吓到，在雷雨中跌进泥水中了。按爻位规律，四多惧，故对四爻的描写，跌进泥水中是很自然的。这里，隐喻君王身边的权臣，包括“摄政王”地位的王公显贵，要守住自己的位份，不要轻举妄动。从卦象看，九四有正反震之易象，向上为正向的震，向下为反向的震，故，九四若不守正，就会违背正道逆向而动。易象，震为君，为帝，两震相叠，象征两代帝王先后登大位，九四为继位君王，不可违时逆行而动。"震遂泥"的警示，其意就是会坠入泥中，这既是对其不要轻举妄动的提醒，也是对其不会有大作为的比喻。与初九相比，初九是新王朝的创建者，亨通，又吉祥。而到九四的爻位，会有坠入泥中的遗憾。

☷☳ 六五：震往来厉；亿无丧，有事。

现代文注释：

六五，居君位，感觉到雷声往来的动荡，有危险存在。但六五感受到的，也只是潜在的威胁（雷声隐喻威胁），六五居尊而有柔中之德，行中正之道，其才虽不足济世，其德足以自守，作为君王的他，虽有潜在的威胁存在，但不会失去地位，爻辞中的"亿无丧"，亿为大，指君王的"大位"，他的大位不会失去，天上的炸雷只是警示他，肯定有事要发生。六五要做好准备，要以中正之道去面对即将到来的危厉的事。

☷☳ 上六，震索索，视矍矍，征凶。震不于其躬，于其邻，无咎。婚媾有言。

现代文注释：

上六，柔弱居上位者，在雷声中索索发抖的弱者，雷击并不对着他而来，可是他却惊惶的四处张望，想逃跑，但此时不可动，动则有凶。雷打在邻里附近，没有正对他，故曰"无咎"。而举行婚礼时，若遇到打雷，就有说法，是不吉利的。这里的"婚媾"，象征阴阳的相合，阴阳的相合本是正常的天道，也是正常的人道，但在本爻里却起了争执，故曰"有言"，这是上六居震卦极致之位的原因，也因为"有言"，故不会再有进一步的发展，动则不利，不宜妄动。"婚媾"代表人生大事，故，爻辞的"婚媾有言"，寓意上六不能做大事。

以上对《震》卦的卦辞、彖、象、爻辞，做了现代文的解释。

《震》卦的"时义"，是相继的动，处惊惧而懂自省，化危为亨通。《震》卦的时义，对君子而言，是提醒他要不屈不挠，动必有益；要有胆有识，不为惊雷吓到，心里的恐惧可以化为警觉的思考，提醒自己是否有潜在的威胁。

君子即使初始阶段做事不顺利，但不忘继续努力，动而动，相继的动，不断出击，学习雷的精神，雷声相继，行动也要不断的相继。学习雷的精神，迅速而有力的出击。

《震》卦，让君子要学会处理突发事件，学会在"震惊"中，压住心中的恐惧，镇定的处理突发事变，在灾难发生前，使其消失于无形。在雷声的惊动中，要能检讨过失，经常对潜在的威胁，保持高度警觉。

重叠的震，相继的动，就是《震》卦"时义"的要义。君子把握好这个要义，与自己的合作团队坚定向前，不屈不挠，永不言败，动必有益。终有大家相聚碰杯的一天，雷声隆隆，酒杯也不会跌落，伙伴们在一起"笑声哑哑"。

《巽》为风 ☴（卦序号：12）

　　《巽》为纯卦，上卦、下卦皆为巽。巽为风，这是宇宙时空里"秋风"的卦，而在更早的时候，人们没有把它作为巽风卦，而是命名为"算卦"，算就是古代的算筹，也是用来占筮的小竹棍。也正因为《巽》卦原为《算》卦，故《巽》卦的爻辞中有一半是在说占筮，如九二、九三、上九的爻辞都是说占筮的事。

　　但古代的人们很快发现，这个时节，夏至已过去十几天了，万物开始收敛，秋风阵阵发出警告，要早做准备了。人们观察到蛇虫开始找地方准备冬眠，于是就用两个代表蛇的"巳"字并在一起，下面一个"共"字，代表两条蛇共同在一起准备冬眠，这就是"巽"字。蛇虫在自然中生存，对秋风之后就有寒冬最为敏感，得到秋风的警告后，蛇虫的行动最为迅速，这就是巽为风的来历。

　　先看《巽》卦的卦辞，及现代文注释：

巽：小亨，利有攸往，利见大人。

现代文注释：

　　巽，是卦名。"小"指阴，《巽》卦是纯卦，上巽下巽，皆为阴卦的巽，阴为主爻，故，其占为"小亨"；这是"亨通"的卦，所往有利，君子能有所作为，有利于大德大才的人物显见，利于"见"的环境出现在这个时空。

　　孔子《易传•彖》对《巽》卦的卦辞，是这样裁断的：

　　《彖》曰：重巽以申命，刚巽乎中正而志行，柔皆顺乎刚，是以"小亨，利有攸往，利见大人。"

现代文注释：

象辞说，两经卦巽重叠，不断重申尊者的命令。阳刚的尊者就是九五，居于中位且得正，故其意志可以贯通执行。柔爻在巽体中为主爻，上下的柔爻都逊顺于阳刚，阴柔为小，故阴柔的亨通称为"小亨"；这是"阴遇阳而通"的易象，所往有利，能有所作为，有利于大德大才的人物显见。

☴ 《巽》卦的卦象，是两个经卦巽的重叠。

孔子《易传•象》对《巽》卦的卦象特点，做了如下表述：

《象》曰：随风，巽。君子以申命行事。

现代文注释：

《象》说，上卦巽为风，下卦巽为风，风与风相随，故曰"随风"，这就是《巽》卦的卦象。和风相随而吹拂，象征逊顺，这是《巽》卦想要表达的主要意思，"巽"与"逊"同音，藉以表达其意。君子观此卦象，理解其意，故效法《巽》的精神，效法"风行"之象，申命于众，并付诸行动。

从《巽》卦的卦辞，再到《彖》《象》，让我们领悟到了《巽》卦卦象时空所对应的时义。《巽》卦的时义，是秋风的命令，申命于众，并付诸行动。

以下是《巽》卦的六爻，及其注释。对于《巽》卦，六爻的特点是：阴爻代表逊顺，巽为逊，巽象为床，故六爻中出现"床"即指巽，"床下"指巽的阴爻；仅有的两根阴爻都顺承阳刚，且阴爻之上的阳爻正好居上下卦的中位；与《震》卦相反的是，巽风在下卦尚为柔和的和风，到上卦才显得更有力，在上卦，巽居尊而志行天下，而震雷则是在下卦更有力量；故《巽》卦上卦的六五，爻辞充分体现巽风的"申命"。下面我们就进入爻辞：

☴ 初六：进退，利武人之贞。

现代文注释：

　　初六，柔爻居阳位，不得正，故其意志不坚定，缺乏信心，心里犹豫。初六上为阳爻，可进，但其在上卦无应，又无需进，故曰"进退"；初六是下卦巽体的主爻，初六的弱和犹豫，象征秋风在初始阶段是更为柔和的和风，到上卦，巽风才会猛烈起来，才会带有明显的秋天的凉意，故，居下卦的初六的"进退"之状是秋风刚开始的规律。但这些都要往前发展，初六巽伏震，震为武人，故爻辞告诫初六要改变，要像武人一样刚毅果决，守正不疑，坚定向前。

☴ 九二：巽在床下，用史巫纷若，吉，无咎。

现代文注释：

　　九二，居中位，然而不得其正，阳爻居阴，这象征他还没有得到权柄。巽为床，"床下"指初六，九二在上无应，接受初六顺承之亲比，故曰"巽在床下"。来的史巫不少，走来走去，频繁的传话，故曰"用史巫纷若"，九二忠于使命，不断、快速的传达君王的申命，这样能得到君王的信任，自然有吉祥，无咎。

☴ 九三：频巽，吝。

现代文注释：

　　九三，位正，而不得中，失刚中之德，"巽"即"筹"，占筮也，"频巽"为多次不断的占筮，其心不诚，不会有吉祥，只会有遗憾。志向不坚定，是导致九三频频占筮的原因，爻辞警示：要有志向和诚心，然后付诸积极的行动。

☰☰ 六四：悔亡，田获三品。

现代文注释：

　　六四，位得正，居天地人三才的人位的上位，其位为阴乘阳，本来有悔；但其位上承九五则又表现出六四的"柔以顺乎刚"，其顺逊之德利于建功，故经过努力而有所建树，后悔消失。"田获三品"用打猎来隐喻大收获和建功。

☰☰ 九五：贞吉，悔亡，无不利。无初有终，先庚三日，后庚三日，吉。

现代文注释：

　　九五，阳爻居阳位，在体现顺逊的巽卦中，略显得过刚，不够谦逊，故先有悔，但九五居中位，且是君王的中位，得其中正，下孚六四，有贞正之吉，悔亡，巽为利，故曰"贞吉，悔亡，无不利"。在《巽》卦中，两巽重叠，不断重申尊者的命令，九五就是卦中的尊者，体现巽风的"申命"和君王的志行天下。巽伏震，震伏为"无"，巽显为"有"，故"无初有终"的意思就是：震为初阳，因其伏而"无初"，震之终为巽，故而"有终"，寓意此刻不见震而见巽；初到终，震走到巽，走过六个月，爻辞用六日来象征，以震卦纳庚"先庚三日，后庚三日，"来寓意震卦与巽卦的循环变化，互为初与终，此爻的爻辞正是《巽》卦与《震》卦雷风相与、雷风相生的写照，这是天道在运行，故为吉。

☰☰ 上九：巽在床下，丧其资斧，贞凶。

现代文注释：

　　上九，巽为床，"床下"指六四，巽卦的特点是阴顺阳，能顺逊上九的爻是上卦的四爻，也就是六四，故曰"巽在床下"；其意为：上九欲得六四顺逊的比应，得到六四的帮助。"资斧"，为俸禄和职权，上六居太上皇之位，就是说他已失去了应得的俸禄和权力，已到了穷极的地步，故曰"丧其资斧，贞凶"；从卦象上看，巽为陨落，陨落即为丧，故到了巽卦的天位，即最上位，其陨落就是必然的，就有尽丧俸禄和权力的状况出现，占为凶。

以上对《巽》卦的卦辞、彖、象、爻辞，做了现代文的解释。

准确注释完六爻的爻辞后，可以更透彻理解《巽》卦所在宇宙时空所对应的时义。《巽》卦的时义，是随风而无处不至，君子以申命行事。

君子占到《巽》卦，应当效法《巽》卦的精神，法"风行"之象，申命于众，并快速付诸行动。

《巽》卦，重视秋风携带的信息，那就是寒冬即将到来，巽为齐，为蛇虫，故蛇虫齐行动，找洞穴准备过冬，或适时的钻入地下，不会等到天寒地冻，大地冻结，那时就钻不下去了。大自然中，生物的智慧和敏感，获取信息之准确，值得人类学习。

第七章　噬嗑、井、随、蛊

　　在这一章里，解析《噬嗑》、《井》、《随》、《蛊》四个卦，在这四个卦里面，《噬嗑》、《随》两卦是紧跟在《震》卦之后的"阳息阴"的卦，其下卦皆为震，卦序号皆为奇数，是《复》卦之后"阳息阴"一条路线上的卦。而《井》、《蛊》两卦则是紧跟在《巽》卦之后的"阴消阳"的卦，其下卦皆为巽，卦序号皆为偶数，是《姤》卦之后"阴消阳"一条路线上的卦。

火雷《噬嗑》䷔（卦序号：13）

　　《噬嗑》卦是《系辞》十三卦之一，在《系辞》十三卦中，它代表市场集市活动的卦象，初爻和上爻代表集市两头的两道门，中间一根阳爻代表集市里面的管理员，中间的三根阴爻代表参加集市的老百姓。

　　《噬嗑》卦又被寓意刑罚，火和雷被认为是代表古代刑罚的严厉。故整个卦的卦辞、彖辞、象、爻辞都在讲刑罚。

　　但《噬嗑》卦，直译就是"吃喝"；其卦象，从大象上看就是口中有物，有干的肉食可吃，是年景比较好的时空。故，对于贴近市场经济的卦象解析来说，《噬嗑》卦代表的含义，就是年景好了，可以进行积极的市场开拓了，频繁接触新客户，吃吃喝喝也为正道，培养和客户的亲密感情，在酒桌上一边吃喝一边谈生意，但行为都还在光明正大的范围之内，上卦的离卦，就代表光明，没有任何阴暗、不合法的交易。从这样的角度，它与《系辞》十三卦里面代表市场集市活动，其内容含义靠的就比较近。

以下进入卦象的卦辞、彖、象、爻辞的注释，这些卦辞、彖、象、爻辞都和古代刑罚有联系，故而，先平铺直叙的解释下去，同时按照系辞十三卦"噬嗑"代表市场集市的古老含义，都同时添上另一种注释，以体现、接近文王演《周易》时的本义。

先看《噬嗑》卦的卦辞，及现代文注释：

噬嗑：亨。利用狱。

现代文注释：

噬嗑，是卦名。《噬嗑》卦的占断说：噬嗑，是亨通的卦。《噬嗑》卦之所以亨通，是从其卦象而来；其卦象与《颐》卦的不同就是中间有一根阳爻，故彖辞说"颐中有物"，也就是"口中有物"，有吃的东西，而且是干硬的肉类食品，这代表年景好一些了，不用整年喝稀粥。口中有干的食物，又可以咬碎咀嚼它，然后吃下去，所以亨通。

吃东西时，可以咬合嚼碎口中硬物，这样的含义，推及到刑罚用狱的领域，代表有能力铲除那些构成障碍的不良分子。上卦"离"象代表光明，明察秋毫，故"利用狱"。

孔子《易传·彖》对《噬嗑》卦的卦辞，是这样裁断的：

《彖》曰：颐中有物，曰噬嗑。噬嗑而"亨"，刚柔分，动而明，雷电合而章。柔得中而上行，虽不当位，"利用狱"也。

现代文注释：

彖辞说，"颐"是张开的口，口中咬着物，所以称作"噬嗑"。嘴中有食物，能咬合并嚼碎它，所以可以得到亨通。下卦为刚，上卦为柔，故曰"刚柔分"，下卦"震"为动，为雷，上卦"离"为明，为电，动而得到光明，这样，雷电的配合彰显了光明的正道，故曰"动而明，雷电合而章"。这一卦的卦主，为六五，柔爻居刚位，虽不当位，但是在上卦"离"的中位，得中而行中道，自然有正。这象征六五具有刚柔相济的禀赋，具备威吓、明察、中正的基本条件；所以，有利于断案明罪。

　　☲☳　《噬嗑》卦的卦象，是经卦离和震的重叠。上卦离，下卦震。
　　孔子《易传·象》对《噬嗑》卦的卦象特点，做了如下表述：

　　《象》曰：雷电噬磕，先王以明罚敕法。

现代文注释：

　　《象》说，下卦震为雷，上卦离为电，卦象雷下电上，故曰"雷电噬嗑"，为雷电交击之表象，这就是《噬嗑》卦的卦象。雷电交击，雷有威慑力，电放光明，古代帝王效法这一现象，明其刑罚，正其法令。

　　从《噬嗑》卦的卦辞，再到《彖》《象》，让我们领悟到了《噬嗑》卦卦象时空所对应的时义。《噬嗑》卦的时义，是口中有物，雷电相与，积极行动，而到达光明。

　　以下是《噬嗑》卦的六爻，及其注释。对于《噬嗑》卦，六爻的特点是：初爻是下卦震的卦主，主"动"，故积极的动，就是初九的正道；六二居中而带柔，在口中代表柔动的舌头，配合上下牙齿的咬合；九四就是口中有物的那根阳爻，本卦因它而亨通，故九四会得"吉"；初九居下而动，行动积极，无咎；而上九居极致之位而止，凶；下卦二根阴爻和上卦的阴爻六五皆因为有肉吃而配合上下刚爻，故无咎。下面我们就进入爻辞：

☲☳ 初九：屦校灭趾，无咎。

现代文注释：

初九，基层的执行者，刚居刚位，用狱严厉的有些过。"屦"，古代用麻葛制成的一种鞋。"屦校"，带上脚镣。"校"，铐足的刑具。所有的犯人都穿着麻葛的鞋，脚镣盖住了足趾，对于犯小罪的人这是福啊！加重惩戒后就不会发展成"大恶"了，初九的过刚执法，没有带来咎害。

初九，身份换做阳刚勤奋的市场营销人员，有句话叫做"踏破铁鞋无觅处"，说的就是寻找市场四处奔波的辛苦，铁鞋都踏破了，脚趾自然也磨破了，说的也就是初九的情况，麻葛的鞋穿破了好几双，脚趾也破了，在市场上奔波好辛苦，但无咎。

☲☳ 六二：噬肤灭鼻，无咎。

现代文注释：

六二，阴爻居中得正，对于用狱，刚柔适中，犯人被教育软化，就像坚硬的肉被烹制成为松软的嫩肉，捧到嘴边一咬，肉都淹没了鼻子，没有咎害。

六二，身份换做商界人士，柔爻居中得正，已是小有成就的市场部经理了，与客户一起吃饭，吃肉时咬到了嘴唇，肉还遮住了鼻子，有点尴尬，但没有咎害。有条件吃吃喝喝了，一高兴，吃相就不好，有些难为情，但无咎。

☲☳ 六三：噬腊肉，遇毒；小吝，无咎。

现代文注释：

六三，阴爻居刚位，不得正，位居艮下，为肉，中爻有坎象，坎为毒害，故曰"嚼腊肉，遇毒"，这是有条件吃腊肉了，但还有坎难，腊肉味道太重，太难吃，寓意谈判不顺利，条款苛刻，有怨，其如毒，小有遗憾，但无咎。

☲☳ 九四：噬乾胏，得金矢，利艰贞，吉。

现代文注释：

　　九四，就是本卦的"口中之物"，"胏"，干肉，九四在互艮之上，艮为金，中爻亦为坎中，坎为矢，故曰"得金矢"，咬嚼干肉，从骨头里得到金矢，金矢可以象征"干戈"也可以象征"誓约"，在商业上可以理解为艰难的谈判，最终得到约定或合同，这样的过程和结果，都有利于在艰苦中坚持，吉利。

☲☳ 六五：噬乾肉，得黄金；贞厉，无咎。

现代文注释：

　　六五，上卦的主角，咬嚼乾肉，得到黄金，意思是上卦变卦为乾，全卦变为《无妄》卦，会有意外之喜，也会有意想不到、从天而降的人祸，严厉的环境下固守正道，是因为危险随时存在，守正道虽艰难，但可得无咎。

☲☳ 上九：何校灭耳，凶。

现代文注释：

　　上九，走到极致上位，商业活动走向反面，贿赂、贪污、不正当争夺资源，各种不正当的商业手段最终带来犯罪，罪与罚并行。"何"同荷，负荷的意思。"校"，为刑具。厚重的枷械盖住了他的耳朵，有凶。

　　以上对《噬嗑》卦的卦辞、彖、象、爻辞，做了现代文的解释。

　　准确注释完六爻的爻辞后，可以更透彻理解《噬嗑》卦所在宇宙时空所对应的时义。《噬嗑》卦的时义，就是口中有物，要积极的动。

　　《噬嗑》卦的中爻之象，即从六二到六五，有坎艮之象，上坎下艮，为《蹇》卦之象，象征过程的困难。中爻之象出现"蹇"，寓意谈生意过程的艰难，吃吃喝喝，也不容易，成功还有个过程。

《噬嗑》卦，代表的就是在市场中的探索，它与古代最原始的集市相比较，已有进步。在酒桌上交换市场信息，了解市场需求，这是营销工作的基本内容。作为成功的商界人士，从营销中学习是走向成功的第一步。尽管《噬嗑》卦的爻辞都没有谈论做生意的内容，但可以从卦象中慢慢体会。

《噬嗑》卦的时义，是口中有物。对于做事业而言，可理解为口中咬住了一块肉，不要放过吃下这块肉的机遇。也可以理解为，年景好了一些，有了吃吃喝喝的条件，可以抓住机会与客户联络感情，获取市场信息和生意的机会。

水风《井》䷯（卦序号：14）

《井》卦，是在《巽》卦之后的"阴消阳"的卦，从《姤》卦启始，到《井》卦总共走过了六个卦。《井》卦的卦象，与《噬嗑》卦互成"伏象"，互为影子跟随，吃吃喝喝离不开水，人类早期的文明离不开井。古代，在远离河流和山泉的地方，井水就是水源的象征。

先看《井》卦的卦辞，及现代文注释：

井：改邑不改井，无丧无得，往来井井。汔至亦未繘井，羸其瓶，凶。

现代文注释：

井，是卦名。古人有云：改邑不改井。《井》卦的卦象，为三阴三阳之卦，与《泰》卦对比，从变卦原理看，是《泰》的阴爻六五下降到初位，《泰》卦最下方的阳爻上升到坤的中位，坤为邑，故称"改邑"，而《泰》卦体中含有的兑之象不变，兑为井，故称"不改井"，这是用卦象来对古语"改邑不改井"进行解释。井，始终在原地不动，没有失去，也没有得到，故曰"无丧无得"。《井》卦的初爻到四爻，互为兑，一来一往，故称"往来井井"，它又象征取水的人流穿梭不停。"汔"，是"几乎"的意思，"汔至亦未繘井，"是说汲水用的绳子几乎到井的水面，但却到不了水面，要拉上来却没能拉出来，"羸其瓶"是说取水的瓦罐被挂住了无法动，汲水没有成功，故凶。这里是说，有了井，还得配好辅助设施，不然就和没有井一样。

孔子《易传·彖》对《井》卦的卦辞，是这样裁断的：

《彖》曰：巽乎水而上水，井。井养而不穷也。"改邑不改井"，乃以刚中也。"汔至亦未繘井"，未有功也。"羸其瓶"，是以"凶"也。

现代文注释：

象辞说，用打水的器皿进入水中，灌满水后，把水提上来，这就是井。巽，为木，这里代表木制的汲水器具，在中国的北方，这种木制的器具名叫桔槔，是用杠杆的原理汲水的工具；井养人，有永不穷尽之德。故，改邑不改井，乃是"阳刚以中"之德，说的是九五有刚中之德，中爻的兑之象就像井一样的不可改动，守静而自通；其德，存之而不盈，取之而不竭，这就是"井德"。井，如果长久失修而出了问题，比如绳子短了，水罐够不着水面，又拉不出井来，水井就未能完成"施惠于人、养人"之功，取水的瓦罐在取水过程中又被井壁挂住了，所以井失修是"凶"啊！

　　　　《井》卦的卦象，是经卦坎和巽的重叠。上卦坎，下卦巽。
　　孔子《易传·象》对《井》卦的卦象特点，做了如下表述：

《象》曰：木上有水，井。君子以劳民劝相。

现代文注释：

《象》说，下卦巽为木，上卦坎为水，故曰"木上有水"，这就是《井》卦的卦象。君子理解其中的道理，故劝勉百姓要辛勤劳动，互相帮助，效法井水的养人养物。

井水下面的木，说的是井底部的木质井盘，它是为了防止底部流沙层井壁塌陷而制作的。

从《井》卦的卦辞，再到《彖》《象》，让我们领悟到了《井》卦卦象时空所对应的时义。《井》卦的时义，是公众事业、公益事业的养人功用。

以下是《井》卦的六爻，及其注释。对于《井》卦，六爻的特点是：初六为巽体的最下，象征井底的泉眼，同时也代表井底水质的状况，巽为入，泉眼即为井水的入口；九二、九三、六四为中爻的兑，兑为井；而上卦为坎体，坎为陷凹，从形体上看上卦坎体亦为井之蓄水的内体；九五得中正，能完成井养的大功；而上六在坎体最上，象征井盖。下面我们就进入爻辞：

☵ **初六：井泥不食，旧井无禽。**

现代文注释：

　　初六，阴爻居下，故有井泥之象，井底有污浊的泥水，人们就不会来汲水了；"禽"，通假"擒"，是"获取"的意思，这样废旧的井，不清理整治，将无法获取清水，"井养"就会出问题。

☵ **九二：井谷射鲋，瓮敝漏。**

现代文注释：

　　九二，虽有阳刚之才，但居中而不得正，有地位而不干正事，不能带领大家共同关心公益事业，水井长年失修，泉眼被污泥堵塞，泉眼射出的水仅够养活几只小鱼，井的辅助设施也都坏了，取水的瓮也破了漏了，事态不好。

☵ **九三：井渫不食，为我心恻；可用汲，王明，并受其福。**

现代文注释：

　　九三，得正而不居中位，故为阳刚之质、有用之才，却被闲置，未得其用，就像井水已经清澈甘甜，却无人饮用，让人心中恻然惋惜。希望王道圣明，贤才能被使用，清澈的井水不穷而养民，百姓并受福泽。

䷯ **六四：井甃，无咎。**

现代文注释：

六四，柔爻居阴位，得其正，但六四阴柔才弱，其才不能胜大任，故他先做修井的工作，"甃"，砌垒井壁，修治的意思，而"井养无穷"的大功还得等待时日，但无咎害。

䷯ **九五：井冽寒泉，食。**

现代文注释：

九五，具阳刚之才，居中正之位，为君王之尊，受到大家认可，有如清凉的井泉，为人所喜欢饮用。

䷯ **上六：井收勿幕，有孚，元吉。**

现代文注释：

上六，是井德的至美的境界，水井归公众共用，不要加个盖子锁上，井养的信用最终保持住了，井德、井功得以大成，这是理所当然的"元吉"。

以上对《井》卦的卦辞、彖、象、爻辞，做了现代文的解释。

准确注释完六爻的爻辞后，可以更透彻理解《井》卦所在宇宙时空所对应的时义。《井》卦的时义，是公众事业、公益事业的养人功用，如若长年不被重视，就应尽快改变状况。

现代社会，公共事业已不仅是"邑中一口井"，电力、城市交通、公交线路、公园绿地、体育场馆、剧院、管道煤气、自来水、通讯网络，这些公共事业支撑着城市生活的运行，但《井》卦的时义，并不因为这种生活服务系统的改变，而有任何的变化，其内涵的意义没有变小，我们可以把所有的城市生活服务系统看成是一口井，让井德、井功得以大成，获得"元吉"。

　　《井》卦，爻辞已把井的各种状况"拟人化"了，各种状况对应各种人物，这也明确了《井》卦具有对应君子作为的人文含义。故，君子占到《井》卦，应当效法《井》卦的精神，努力完成施惠于人、养人不穷的大功。政府应当营造一个王道圣明的环境，使得贤才都得以大用，领导人自身也能得享"井洌寒泉"的尊重和信任。

泽雷《随》䷐（卦序号：15）

从《复》卦开始，一阳来复，阳的力量不断增强，时空走到《随》卦，上卦变为"兑"了，兑为泽，这是万物繁盛的时空。在《随》卦的时空，君了确定追随的目标，准确判断将来要随从的人，结伴相随，故有大亨通，又利于守正道，选择志同道合的"同人"，有共同的大事业可做，君子有朋，则往而有功，事业必能有成。周文王从被拘到释放，民众从内心牵挂他，到心悦诚服的追随他，这就是民心；"随从"之道，使文王的志向成为共同的志向，其作用是很大的。

先看《随》卦的卦辞，及现代文注释：

随：元亨，利贞。无咎。

现代文注释：

随，是卦名。《随》卦，卦象的性质是"动而悦"，高兴的跟随着前去，下卦震为大车，满载着丰盛的收成，五谷、木材、牛、羊、鸡，应有尽有。上卦兑为祀，人们前往祭祀，带着肉、牛、羊和其他祭品，和悦的前往，下卦的六二与上卦的九五皆为正中，且为正应，故可得大的亨通。《随》卦的时空，下卦震为春，上卦兑为秋，春有"元亨"，秋有"利贞"，故曰"元亨，利贞"，大吉。这样的年景，怎么安排都不会有过失，故曰"无咎"。

孔子《易传·彖》对《随》卦的卦辞，是这样裁断的：

《彖》曰：随，刚来而下柔，动而说，随。大"亨贞，无咎"，而天下随时，随时之义，大矣哉！

现代文注释：

　　彖辞说，《随》卦，初九能以尊处下，阳爻处阴爻之下，得到民众拥护，故动而悦，民众跟随，心情和悦的前往，这就是"随"。故，"随"是行大道的随，而不是朋党之"随"，为大亨通之占，阳刚亨通且得正，岂会有咎。天下随时，这个"时义"确实很大啊！

　　☱☳　《随》卦的卦象，是经卦兑和震的重叠，上卦兑，下卦震。
　　孔子《易传·象》对《随》卦的卦象特点，做了如下表述：

　　《象》曰：泽中有雷，随。君子以向晦入宴息。

现代文注释：

　　《象》说，上卦兑为泽，下卦震为雷，故曰"泽中有雷"，这就是《随》卦的卦象。雷为东方，泽为西方，象征太阳从东方升起，从西方落下。故，君子效法大自然的规律，白天勤奋工作，夜晚就要回到家中休息。

　　夫子在"《象》曰"里面的这段话，与文王作卦辞的本义，有偏离。《随》卦的卦象，有很丰富的象征意义，其最重要的含义并不在此，朝起、晚息，自然作息的规律，不是《随》卦的时义所在。

　　从《随》卦的卦辞，再到《彖》《象》，让我们领悟到了《随》卦卦象时空所对应的时义。《随》卦的时义，是"随从"之道，上对下选择随从和事业的终身相随，下对上的随从则为心悦诚服的随从。君子，要确定追随的目标，并确定将来要随从的人，这需要判断准确，才不会枉费自己大量时间精力的投入，才能往而有功，事业有成。

　　以下是《随》卦的六爻，及其注释。对于《随》卦，六爻的特点是：初九为震主，震为动，强调动要守持正道，可得"吉"；随的特点为上下相随，故相邻的两爻阴阳都有相随的关系，体现"随"道；初九往上到九四，大离之象，各种关系都会有乖离、反目的可能；九五居大离之上，不利于往下，故其"孚"向上；上六是大家都仰慕的圣人、贤人。下面我们就进入爻辞：

☷ 初九：官有渝，贞吉；出门交有功。

现代文注释：

初九，阳刚得正，为下卦震主，震为主器的长子，王位的继承人，"官"为位，"渝"为变，其位因随六二而有变，不以震主居大，变为屈尊居下位，礼贤下士，得位守正道，吉，故曰"官有渝，贞吉"；初九，前方有重阴，震为出，六二居艮下，为门，故曰"出门"，初九出门之交就是六二，初九出门遇六二而得其随，象征初九交往的成功，故曰"出门交有功"。

☷ 六二：系小子，失丈夫。

现代文注释：

六二，与初九的比应关系是亲比，初九为震卦之主，震的易象为小子，六二向下为反巽，巽为系，故曰"系小子"，上卦的九五为六二的正应，为丈夫，六二已经随初九，不能再应九五，故曰"失丈夫"。六二与初九的相系，是"随"道的特点，与近邻的比应，会优先确定"随"的关系。

☷ 六三：系丈夫，失小子。随有求得，利居贞。

现代文注释：

六三，与六二的情况相反，靠近九四，九四为互艮，艮为丈夫，六三中爻为互巽，巽为系，故曰"系丈夫"；远离初九，又有六二的阻隔，六二已与初九相随，故六三不得随初九，初九震为小子，故曰"失小子"。六三顺承九四，其与九四情况相同，皆为上下卦无应爻，故同气相求，得以相随，六三和九四皆失位而不得正，相随后皆得正而有所得，这利于居正而守正，故曰"利居贞"。

☷ **九四：随有获，贞凶。有孚在道，以明何咎。**

现代文注释：

　　九四，有六三的随从，已有收获，故曰"随有获"，但其位近君位，多惧也多凶，以"随"之道，九四得六三之随，本为阴顺承阳，亲比而得其随，但九四靠近君王九五，为君王身边大臣，九四隔开九五，而得到六三，从君王的角度看就是臣子阻隔君王而私下得民；大臣得民，自然会引起君王九五的忌恨，占为凶，故曰"随有获，贞凶"。"有孚"指九四下孚重阴，九四艮象为道，合乎正道，光明磊落，又有何过失呢？故曰"有孚在道，以明何咎。"

☷ **九五：孚于嘉，吉。**

现代文注释：

　　九五，位正中，而有君王之尊，讲诚信，又有礼貌，态度谦和，这是君王的善德，九五刚下柔，屈尊以会贤人，有"孚"即极有诚信的安排与贤人的约会，此即为"嘉之会"的象征，"嘉之会"为亨，故此易象，显然象征亨通，这代表君王有信而天下贤人相随，就是"随"道的象，九五中正有信，自然受人爱戴，其"孚"乃"尚贤"也，"孚"于贤人，贤人即上六；故，其占为吉。

☷ **上六：拘系之，乃从维之，王用亨于西山。**

现代文注释：

　　上六，是"随"道的极致状态，故，此爻结合卦象，上卦兑为西，兑伏艮，艮为山，为西山之象，九五为王，兑为亨祭，故曰"王用亨于西山"，这是引用周文王从羑里的监狱平安返回西岐后，用亨于西山的历史典故。周文王从被拘到释放，民众从内心牵挂他，到心悦诚服的追随他，故曰"拘系之，乃从维之"；说明了"随"道真正的道理所在，故此爻寓意：坚守信念，终有所成就。上六，讲的是周文王的事，但上六所代表的人物，是天下的贤人。

以上对《随》卦的卦辞、彖、象、爻辞，做了现代文的解释。

《随》卦的时义，是随从。《随》卦的时义，对于企业家最为重要，企业最大的一块成本在人力资源，而创造力的源泉也在于人，企业能得"随"道的精髓，就能形成好的团队。其次，企业的生存状态完全决定于市场，追随市场是企业的第一要务，故《彖》辞中说道："天下随时，随时之义，大矣哉！"市场决定企业的成败、兴衰，《随》的时义确实很大。

君子占得《随》卦，是吉，六十四卦中有"元亨，利贞"判辞的卦不多。故，君子领悟《随》卦后，确定将来要随从的人，并参透了发展机会，离自己的成功就很近了。只要在"随"的判断上不失误，就成功了一半，另一半靠自己的勤奋。

山风《蛊》䷑（卦序号：16）

蛊，通假"故"，即过去的事，帛书《易》作"箇"。这是一个讲故事的卦，讲孝道的卦，这个孝子的故事，就是继承父辈事业的故事。前辈人的事业，选择了新人接班，新人在开拓进取中继承这份事业，无愧于嘱托。对《蛊》卦的理解，不要被"蛊"字的表意给限制住了，那样就会被圈进"生虫了，腐败了，"狭隘的字面上的理解之中，就会产生迷惑，感觉《蛊》卦很难。《蛊》卦，在周文王的本义里，不是说"治理蛊乱"。《易》者，易也。不要把简单的《易》的道理，搞的太难。观《蛊》卦之象，下卦巽为入，是刚刚进入一项事业，上卦艮为止，止为目标，是为事业确定目标。

先看《蛊》卦的卦辞，及现代文注释：

蛊：元亨，利涉大川。先甲三日，后甲三日。

现代文注释：

蛊，是卦名。蛊卦，从泰卦变化而来，初阳乾元升至天位，下临群阴，容民得众，九三为震，震为春，其上大离，离为夏，故有"元亨"，震为舟，有木道配合，故曰"元亨，利涉大川"。泰卦的乾元上升为"先甲三日"，蛊卦是泰卦变化的第一日，先甲三日走完，进入否卦，而《否》变回《泰》是"后甲三日"。故，从《蛊》卦的"先甲三日"的第一日作为起始，走过《渐》、《否》、《随》、《归妹》，就到达《泰》卦，六个卦的卦变为六日，故曰"先甲三日，后甲三日"。寓意从《蛊》卦开始，会走向天下大治。

起始的大亨通，宣布立新，这就是文王的本义。文王选择了武王作为他的接班人，《蛊》卦的"元亨"，也说明接班的顺利、吉祥。接班的后辈单纯而没有邪念，前辈也留下了事业的正确方向，也没有留下事业的"蛊乱"，只是新人的顺利接班，故曰"元亨"。在文王的卦辞里，读不出父辈事业的蛊乱，也读不出需前往治理蛊乱之事。故往下到对爻辞进行注释的时候，"蛊"，都注释为"事"，事业之意。

孔子《易传·彖》对《蛊》卦的卦辞，是这样裁断的：

《彖》曰：蛊，刚上而柔下，巽而止，蛊。蛊"元亨"，而天下治也。"利涉大川"，往有事也。"先甲三日，后甲三日"，终则有始，天行也。

现代文注释：

彖辞说，《蛊》卦，阳刚的艮在上，而阴柔的巽在下，下卦巽为入，上卦艮为止，入而止，这就是蛊卦。蛊卦，有从始到终的大亨通，它意味着蛊乱之后的天下大治。蛊卦利于涉过大川，前往有事，有需要治理整顿的蛊坏之事。治理之时，君王发布新的政令，甲日为"宣令之日"，要实施新政令，象征新的开始，新政需提前三天公布使民众知晓，新政令实施后的三天若有人违反，则予以叮咛告诫而不论罪，故有"先甲三日，后甲三日"；天下久安而积弊甚多，治理需要像天干之数循环往复那样进行，终了又重新开始，就像天道在运行。

长期以来，对孔子彖辞的再注释，都以蛊乱的治理作为卦旨，很牵强。对于"先甲三日，后甲三日"的注释，也同样使用谐音字来解释，与卦辞正确的含义有偏离。

☶☴ 《蛊》卦的卦象，是经卦艮和巽的重叠，上卦艮，下卦巽。
孔子《易传·象》对《蛊》卦的卦象特点，做了如下表述：

《象》曰：山下有风，蛊。君子以振民育德。

现代文注释：

《象》说，上卦艮为山，下卦巽为风，故曰"山下有风"，这就是《蛊》卦的卦象。君子效法此卦象的精神，要振奋民心，培养道德风尚。

夫子"《象》曰"的观象，显然认为天下久安之后，民心涣散而不震，社会风气开始败坏，故夫子强调民众的教化，国家的德治，作为《蛊》卦的"时义"。单纯就观象而言，山下有风与蛊乱、败坏的联系，也很牵强。

故，若贴近文王的本义重写象辞，应当这样说："上卦艮为止，下卦巽为入，故曰'入而有止'，这就是《蛊》卦的卦象，君子观此卦象，效法此卦象的精神，就要在进入父辈的事业后，有明确的目标，尽自己最大的努力，在进入这个行业后，努力创新，得到建大功的事业归宿，从而得到赞誉。"

在易象中，巽为入，艮为止，"止"就是目标。《蛊》卦，因为有新人的接班，又有明确的目标，才有"元亨"，这就是文王的本义。

从《蛊》卦的卦辞，再到《彖》《象》，让我们领悟到了《蛊》卦卦象时空所对应的时义。《蛊》卦的时义，就是承父之业。这个时义，很简单，无需夹带任何其他的状况，父辈留给新人接班的事业到底如何，无需进入"时义"。

以下是《蛊》卦的六爻，及其注释。对于《蛊》卦，六爻的特点是：下卦巽为入，刚进入父辈所从事的行业，故下卦不会马上有建功的成就；到了上卦的六五，承父之业得以成功，得到赞誉；"蛊"道已成，上卦卦主的上九终于放心了，留下的事业也有了继续升华的正确方向。下面我们就进入爻辞：

☶ 初六：干父之蛊，有子，考无咎，厉终，吉。

现代文注释：

初六，其位不居中，也不得正，说明六五的接班是在父辈没有成就的前提下进行的，初六没有父辈的成就可以继承，没有父辈的威望可以借用，甚至还有父辈失败的耻辱压在头上，肩膀上的重担更为沉重。"干"，为"习"，"蛊"为"事"，子承父业，必须先熟悉这个行业。有了继承父业的儿子，父亲就没有了罪过，往事即使不堪回首，也都过去了，故曰"厉终"，吉祥。

初六的接班，没有说到他的措施，也没有说到结果，因为一切都刚刚开始，两代人都还没在这个行业里有所成就，甚至上一辈还有失败的罪责背在身上。

初六的情形，与大禹治水，接过父辈治水失败的事业，有很大的相同之处；大禹的故事，在周文王的时代已经是妇孺皆知，故，初六的爻辞与大禹的故事有"类同"就很正常，初爻没有特指的人物。

䷑ 九二：干母之蛊，不可贞。

现代文注释：

九二，与六五有应，六五阴爻在卦中为"后"，故称母，父辈在世时接班，实为有利条件，这里六五虽居五爻的尊位，但仍为朝廷的臣子，故不称君父而称王母。九二阳刚之才，居阴位而得柔顺之质，得到内刚外柔的优点，故他承业，不与母争，顺从母意之下而有自己新的的安排，"贞"，其意就是"争"，同音而通假。"不可贞"意思，就是不急于改变老母旧的做法，孝子要有灵活的策略让老母更放心。

䷑ 九三：干父之蛊，小有悔，无大咎。

现代文注释：

九三，居天地人三才的人位的下位，但却是一个阳刚且有能力的年轻人，他刚刚承父之业，还不太习惯这个位置，小有后悔，但这样的状态很正常，没有大的咎害。之所以无大咎，是因为他很快就投入精力去熟悉父辈的事业，掌握这项事业的新知识，总结前辈的经验教训，故后悔很快消失；九三刚爻居刚位，有过刚之嫌，做事会有"过急"的毛病，但没有大的咎害。

☷☶ 六四：裕父之蛊，往见吝。

现代文注释：

　　六四，居天地人三才的人位的上位，已经长时间承父之业，对父辈的事业也有了体会，但六四柔爻居柔位，过于柔弱，父辈的事业交托别人管理，自己整天悠然自得的闲处，这样长期以往的懈怠，有吝，即会有遗憾。

☴☶ 六五：干父之蛊，用誉。

现代文注释：

　　六五，已居尊位，得中和之道，又阴爻居刚，刚柔相济，故没有过急的急躁，也没有过于悠然自得的懈怠，故而得到大家的信赖，从而能得到多方面的支援，呈现"多助胜"的有利状态，六五承父之业，能总结经验并用其"多助"的优势，又有了新的思路和具有智慧的方案，最终大功告成。"用"，为承父之业的实践过程，这个实践过程见证了一个有才华、有事业心的年轻人的成长，在进入父辈的事业后，他的努力和聪明才智，他的组织能力，都得到见证，最终大功告成，得到赞誉。

　　大禹治水，就如同六五的情况，大禹得到南方诸多部落领袖的支持，其中以水牛为图腾的部落加入治水大军，水牛在治水中起了很大作用，历史就有记载，最终治水成功，大禹获得"一代帝王"的美誉。武王的接班，也是同样的状况，最终成就了一番全新的功业，得到赞誉。

☶☶ 上九：不事王侯，高尚其事。

现代文注释：

　　上九，在下无应，其下的中爻有震象，震为王侯，上九已归隐，与王侯无事可涉，故曰"不事王侯"。老人放心的隐退了，超然退出世事；后辈已经接班，上九可以做他自己喜欢的、无须讨王侯欢心的事情，故曰"高尚其事"。

以上对《蛊》卦的卦辞、彖、象、爻辞，做了现代文的解释。

准确注释完六爻的爻辞后，可以更透彻理解《蛊》卦所在宇宙时空所对应的时义。《蛊》卦的时义，是承父之业，这里的"父"，不一定非得是有血缘关系的"父"，"父"寓意父辈、前辈。

有伟大志向的君子，占到《蛊》卦，应当效法《蛊》卦的精神，适时的挑选和培养事业的接班人。接班人就应当如蛊卦中的孝子一般，最终大功告成，得其美誉。特别要注意的是，"蛊"只为"事"，即事业，不一定非得有弊、乱、过失。"蛊"，安全可以是在前辈已有的辉煌事业基础上，新人接班，在辉煌之上再创新的辉煌。

卷三

第八章 无妄、升、明夷、讼

在这一章里，解析《无妄》、《升》、《明夷》、《讼》四个卦，在这四个卦里面，《无妄》卦的下卦是震，从《复》卦开始，到《无妄》卦是第八个下卦为震的"阳息阴"的卦。《明夷》卦的下卦为离，它是紧跟《无妄》卦之后的"阳息阴"的卦。《升》卦的下卦是巽，从《姤》卦开始，到《升》卦是第八个下卦为巽的"阴消阳"的卦。《讼》卦的下卦为坎，它是紧跟在《升》卦之后的"阴消阳"的卦。

天雷《无妄》☰☳（卦序号：17）

《无妄》卦，在帛书《易》里为"无孟"卦，是六十四卦中相对较难理解，歧义也较多的一个卦，各种解释都有。本书为了服务于占筮的用途，不能有歧义，故依其卦"象"，贴近文王的本义，给出其时空模式的准确解析。

先看《无妄》卦的卦辞，及现代文注释：

无妄：元亨，利贞。其匪正有眚，不利有攸往。

现代文注释：

无妄，是卦名。《无妄》卦，象征不妄为，也就是没有虚假，真实而无虚假即所谓"无妄"。天道自然规律之中，多为具真实性的事物；而社会人事，则有某些人会生出"妄"念，导致人祸。《无妄》卦，卦象为"动而健"，故有元亨，其利贞者，守正道有利，守正道即不起妄心、妄念，要努力耕耘。如若有"匪正"，即心若有不正，则必"有眚"，也就是说：心若不正，必有人祸。"匪正"既出，则"不利有攸往"，前往不利，不可行动。

孔子《易传·彖》对《无妄》卦的卦辞，是这样裁断的：

《彖》曰：无妄，刚自外来，而为主于内。动而健，刚中而应，大"亨"以正，天之命也。"其匪正有眚，不利有攸往"，无妄之往，何之矣？天命不佑，行矣哉？

现代文注释：

彖辞说，可以把《无妄》卦看作是《否》卦变卦而来，刚爻自外来，进入到下方为初九，成为卦主于内，动而健，上下就有了相交，九五具刚中之德，且与六二正应，可得亨通，故曰"刚中而应，大'亨'以正，"，这样的"象"不就是天道吗？天的使命正是如此啊！天地阴阳保持统一且相合，这不就是《乾·彖传》所说的"保合太和，乃'利贞'"吗？故若离开"天命"的正道，必生灾祸，不利前往。那"无妄"的去处，是要去何处呢？天若不佑，还能行动吗？

☳　《无妄》卦的卦象，是经卦乾和震的重叠，上卦乾，下卦震。
孔子《易传·象》对《无妄》卦的卦象特点，做了如下表述：

《象》曰：天下雷行，物与，无妄；先王以茂对时，育万物。

现代文注释：

《象》说，上卦乾为天，下卦震为行，故曰"天下雷行"，这就是《无妄》

卦的卦象。雷震生出万物，万物此时已成长茂盛，先王以茂盛的大自然对应时势，勉励自己，担负养育万物的责任。

从《无妄》卦的卦辞，再到《彖》《象》，让我们领悟到了《无妄》卦卦象时空所对应的时义。《无妄》卦的时义，就是君子处在"匪正"已生的时空，在这个时空里，已经有人起了"妄心"，生出了"妄念"，这对于"无妄"时空的影响就是"匪正"已出，此时，即使你自己不妄为，也要受到"无妄"时空的影响，意外的人祸会不期而至；故，"匪正"既出，则"不利有攸往"，前进不利，不可行动。

以下是《无妄》卦的六爻，及其注释。对于《无妄》卦，六爻的特点是：阳爻为实，多为吉祥，特别是初九，震之主，纯阳无虚，往而有功，得吉；阴爻为虚，皆为不利，故阴爻皆有"无妄"的警示；上卦和下卦都处在"无妄"的时空，外部世界"匪正"已生。下面我们就进入爻辞：

☳ 初九：无妄，往吉。

现代文注释：

初九，纯阳无虚，是"无妄"的主体，卦主的作用亦无虚幻，始终在行动，没有"妄"念的行动，这样自然符合天道，故无往而不吉，前往吉祥。

☳ 六二：不耕获，不菑畲，则利有攸往。

现代文注释：

六二，位居中得正，而其象为田，所处时势为春耕之时，故以"耕获"为喻，"菑"，为垦荒，指刚开垦一年的田地，"畲"，指耕种多年的熟田，"则"，意为"岂能"，不耕耘，就不期待有收获，不经过多年的开垦，田地高产的耕耘之利又岂能获得。六二，阴爻，为虚，本卦对阴爻皆有"无妄"的警示。阴爻居阴，无实可言，强行则妄，故，六二又能往何处去呢？占者不要有所期求！

☰☳ 六三：无妄之灾，或繫之牛，行人之得，邑人之灾。

现代文注释：

六三，阴爻，虽居正而为虚，故因自身的无"实"而被疑。中爻出现互巽和互艮之象，巽为盗，艮为牛，为牵；中爻之象，有人盗牛，把牛牵走，产生无妄之灾；故爻辞以"繫牛"为喻，"繫"，是牵的意思。有时，没有过失，也会有意外的灾祸，就像系在村中的牛，被路过的行人牵走，村里的人反而有盗牛之嫌，而蒙受不白之冤；故曰"行人之得，邑人之灾"。这是意外的人祸，也与六三阴爻之"虚"有关联，六三没有"实诚"之信誉，故受到怀疑。

☰☳ 九四：可贞，无咎。

现代文注释：

九四，刚爻居阴位，刚柔相济，上为阳无亲比，在下又无应，故九四心无所系，行动自由，可以固守正道，故无咎。

☰☳ 九五：无妄之疾，勿药有喜。

现代文注释：

九五，刚爻居中得正，虽无吉而有喜，故若身体感到不适，不是真的生病了，不要吃药就会好转，实为喜庆。九五的爻辞，寓意会有问题发生，就是"疾"，但对于九五，这些问题会自行消失；在"无妄"的时空，这就是喜事。

☰☰ 上九：无妄，行有眚，无攸利。

现代文注释：

上九，无妄的穷极状态，自己不妄为，但一行动却也有祸生，无利益。处于穷尽之时，不妄为的行动，也会遭遇灾祸。在《无妄》卦的时空里，人祸的几微端倪已出现之时，停止行动是最明智的。

以上对《无妄》卦的卦辞、彖、象、爻辞，做了现代文的解释。

准确注释完六爻的爻辞后，可以更透彻理解《无妄》卦所在宇宙时空所对应的时义。《无妄》卦的时义，是君子处在"匪正"已生的时空。从《无妄》卦的卦象看，初九到九四为大"离"之象，太阳在天空，阳光普照，好像是光明之象，但它也是"春旱"之象，在这样的时空里，劳作却得不到利益，周围的四邻八村里，难免就有人在这个时空产生"妄念"，并有所"妄为"，此时意外的人祸会不期而至。这种情况的极致状态，就是《无妄》卦上九的爻辞"无妄，行有眚，无攸利"，你自己不妄为，但行动却有祸，无利益，已处于穷尽之时。此时，停止行动，是最明智的，旱灾到来，不能低估困境，前行则"妄"。

地风《升》䷭（卦序号：18）

《升》卦，在更早的时代，记做《登》卦。"升"和"登"，原义中都包含收获的意思。"登"为收割，《登》卦的时空就是在收割的季节，《礼记·月令》中说："农乃登麦。"就是说到了收割麦子的时节了。《升》卦，还是一个隐秘记载周文王一段历史的卦，卦辞、爻辞中都透出周文王历史中的某些信息。

先看《升》卦的卦辞，及现代文注释：

升：元亨。用见大人，勿恤，南征吉。

现代文注释：

升，是卦名。《升》卦的时空，乾元上升，遇坤而通，此为乾元的亨通，故曰"元亨"，是大亨通。这一时空，其时用可以见证一个伟大人物的生命成长，故不用担心什么，把发展、征战的方向放到南面的方向，就是有利的，吉祥。

卦辞中的"用见大人"，"用"为《升》卦的时用，大人就是周文王自己，文王为自己的将来确定了方向，就是"南征"，实现南方的局部统一，后来西岐在西南方形成的西南联盟就是武王伐纣的主要支持力量。这个过程，经历了很长时间的积累，体现了周文王在制定战略之后的耐心和坚定的志向。

孔子《易传·彖》对《升》卦的卦辞，是这样裁断的：

《彖》曰：柔以时升，巽而顺，刚中而应，是以大"亨"。"用见大人勿恤"，有庆也。"南征吉"，志行也。

现代文注释：

彖辞说，至柔的坤，在这个时空上升到上卦位置。下巽而上顺，九二阳刚居中而与六五有应，遇坤而顺，可以重回尊位，得到大的亨通。这一时空，其过程可以见证一个伟大人物的生命成长，不用忧虑，九二上应于六五，由二升至五，故为"有庆"之象。九三以上，为震以坤行之象，震为征，为帝王，坤为志，寓意周文王的帝王之志，其志行，吉祥。"南征"借"商汤王南征灭桀"历史典故，隐喻周文王的西南联盟和"剪商"计划，志向之所行，吉祥。

☷ 《升》卦的卦象，是经卦坤和巽的重叠，上卦坤，下卦巽。
孔子《易传·象》对《升》卦的卦象特点，做了如下表述：

《象》曰：地中生木，升。君子以顺德，积小以高大。

现代文注释：

《象》说，上卦坤为地，下卦巽为木，故曰"地中生木"，这就是《升》卦的卦象。君子观察此卦象，应当效法这一精神，谨慎自己的德行，不断进修，顺天德而行动，小处着手，积累到大成，由矮小长到高大。

从《升》卦的卦辞，再到《彖》《象》，让我们领悟到了《升》卦卦象时空所对应的时义。《升》卦的时义，就是种子破土而出，树木不断长大升高，积小以成高大。

以下是《升》卦的六爻，及其注释。对于《升》卦，六爻的特点是：初爻为阴，弱小且位不正，但却是下卦巽的卦主，巽为系，故卦主系于巽体，得以"升"；上卦的坤主六五与九二有应，对九二没有疑虑，故，下卦巽的整体的"升"得以顺利实现。下面我们就进入爻辞：

☷☴ 初六：允升，大吉。

现代文注释：

　　初六，阴爻居阳位，力量弱小且不得位，且与六四无应，本不能升；"允升"的"允"从其直接的意思，是初六的"升"得到了六四乃至六五、上六整个上卦的允许。初六为下卦巽的初爻，也是下卦的主爻，有卦主的地位，巽为系，故从其卦义，初六必能系之九二得"允升"，"允"之义为"宜"，顺宜之意，初六，是有逊顺之德的卦主，自身力量弱小，不能"升"，就与九二、九三形成一个整体，跟着一起上升。整体的升，大吉祥。

☷☴ 九二：孚乃利用禴，无咎。

现代文注释：

　　九二，阳刚居阴位，有柔顺、谦逊之德，居中位，能恪守中道，有刚中之德，具备前往应六五而升的条件，九二就是周文王。"孚"，指九二与六五有孚；"禴"，是古代春天的一种祭祀礼，是祭品朴素的薄祭，卦象指的是六五所居的上卦坤，坤为吝，为薄祭；故曰"孚乃利用禴"。有条件祭祀时，九二仍俭约办理。心存诚信，就能得到神灵的感应，即使祭品俭朴，也无咎。

☷☴ 九三：升虚邑。

现代文注释：

　　九三，阳刚居阳位，上方为坤的三阴，阳遇阴，顺畅无阻，下卦巽整体上升，进入上方，前行无阻如入无人之境，故曰九三升上了"虚邑"。阴为虚，故上卦的坤象整体为"虚邑"，坤为国，故这里"虚邑"隐喻"国邑"，有建国之隐喻。下卦巽整体上升，一起升上了虚邑。

䷭ 六四：王用亨于岐山，吉，无咎。

现代文注释：

六四，人位的上者，此爻的王也是说周文王，此时的周文王尚未得天下，为殷商之臣，只能以祭祖的名义，在岐山举行祭祀仪式，故曰"王用亨于岐山"。周文王脱离了被囚羑里的灾难，回到西岐之后，在岐山举行了祭告天地、祖先的祭祀仪式，向神明、祖先表明心迹，欲行其剪除殷商暴政的伟大志向，此事吉祥，没有咎害。

䷭ 六五：贞吉，升阶。

现代文注释：

六五，柔爻居上卦的中位，柔居刚位不得正，居至尊之位的六五在《升》卦的整体形势下，明白自身只有固守贞正之道，才能得吉，故曰"贞吉"。六五与九二有应，对九二没有疑虑，欢迎九二的到来，这体现了六五的德行，六五固守其柔顺之德，积极配合《升》卦的主旨。从整个卦的发展过程来看，周文王最终由九二升至六五之位，一路拾阶而上。"升"的时义，通过其"时用"，在周文王的身上见证了一位伟大的人物，故卦辞中写道："用见大人"。"升"，就如同登山，拾阶而上，其过程要坚守正道，方得吉祥。

䷭ 上六：冥升，利于不息之贞。

现代文注释：

上六，这是升卦的极致上位，"冥"，为暗，"冥升"，即为暗升，没有写出吉凶判断，只给出要一生永不停息坚守正道的警示，"升"在极致的"冥冥"之中，有因果的轮回，故"冥升"对于一生永不停息坚守正道的君子是有利的，鬼神也会暗中给予帮助。

　　以上对《升》卦的卦辞、彖、象、爻辞，做了现代文的解释。

　　准确注释完六爻的爻辞后，可以更透彻理解《升》卦所在宇宙时空所对应的时义。《升》卦的时义，是种子发芽破土而出，树木不断长大升高，积小以成高大。这里所说树木长大升高，是指下卦巽木的整体的上升，巽木整体的上升寓意做一番事业的团队要有不离不弃的团结精神，和有福同享的利益保障，不论能力的差别，地位的高低，都共进退，同享福。

　　君子占到《升》卦，应当效法《升》卦的精神，顺应大自然的生长规律，在事业上，从小处着手，不断积累提高，把事业由小做到大；并谨慎自己的德行，修德日新，在德性上不断要有进步，最终成长为一个有大功德的伟大人物。

地火《明夷》䷣（卦序号：19）

这是六十四卦里，出现周文王、微子、箕子，并用这几位圣贤韬晦及坚守的过程来说明道理的一个特别的卦，其"时义"深含韬晦和坚守之道。不论有没有占到《明夷》卦，都应当学习领会此卦的道理。

先看《明夷》卦的卦辞，及现代文注释：

明夷：利艰贞。

现代文注释：

明夷，是卦名。光明受到伤害，这就是《明夷》卦之意。在《明夷》的时空里，唯有艰难的忍耐，用艰忍的意志固守正道，才会有利。

孔子《易传·彖》对《明夷》卦的卦辞，是这样裁断的：

《彖》曰：明入地中，明夷。内文明而外柔顺，以蒙大难，文王以之。"利艰贞"，晦其明也，内难而能正其志，箕子以之。

现代文注释：

彖辞说，光明进入地中，这就是明夷。内卦文明，外卦柔顺，可以承受大难，周文王就是如此。艰难中坚守正道，收敛光芒，国家蒙受大难时还能够坚持光明正大的意志，箕子就是如此。

䷣ 《明夷》卦的卦象，是经卦坤和离的重叠，上卦坤，下卦离。
孔子《易传·象》对《明夷》卦的卦象特点，做了如下表述：

《象》曰：明入地中，明夷。君子以莅众用晦而明。

现代文注释：

《象》说，上卦坤为地，下卦离为明，故曰"明入地中"，这就是《明夷》卦的卦象。光明进入地中，是光明受伤。君子观此卦象，应领悟这里面的道理，在光明不能普照时，面对群众，隐藏智慧，"用晦"而自掩其光明，群众自能察觉到隐藏的光明；从"用晦"掩其明，到"用晦而明"的表述上的改变，表达了孔子对"用晦"的理解，不使光明在普照中"因其用"而被黑暗势力所敌视，而是在"用晦"中透出隐约的光明，让民众看到希望。

从《明夷》卦的卦辞，再到《彖》《象》，让我们领悟到了《明夷》卦卦象时空所对应的时义。《明夷》卦的时义，就是光明受伤，收敛光芒，保存自己，"用晦"以等待光明复出的时机。

以下是《明夷》卦的六爻，及其注释。对于《明夷》卦，六爻的特点是：下卦光明，上卦黑暗；初九居下卦光明的最下，是鸟垂其翼受伤之象；九二是光明之主，是周文王自己；九三居下卦光明靠上方，其上为坤体，有刚爻遇坤而顺进之象，象征西岐一方的顺利发展；上卦坤体，上三爻处昏暗之中，六四微子出走，六五箕子被囚，上六商纣王最终堕入地狱。下面我们就进入爻辞：

䷣初九：明夷于飞，垂其翼；君子于行，三日不食，有攸往，主人有言。

现代文注释：

初九，居离之卦体最下，是鸟垂其翼受伤之象，鸣叫的鹈鹏飞行中受伤，垂下它受伤的左翼。君子舍弃一切，正在逃亡的路上，难免穷困，三天没有吃饭，虽有投奔的地方可以去，但被路人和投宿的主人讥笑为不识时务。初九，是阳刚的臣子，在《明夷》的时空里，最容易受伤，选择出走逃亡是明智的，初九暗喻从殷商都城出走的贤人，包括姜太公等一批贤臣。

☶☲ 六二：明夷，夷于左股，用拯马壮，吉。

现代文注释：

　　六二，下卦光明之主，居臣位，为有柔顺之德者，居中得正，他就是周文王，光明之主岂能为昏君所容，现在情况不好，六二也受到昏君的伤害，六二为朝廷股肱之臣，故喻为左大腿受伤，拯救宜速，故要用壮马，其上的阳爻九三即为壮马，六二迅速被拯救，故为"吉"。

☶☲ 九三：明夷于南狩，得其大首；不可疾，贞。

现代文注释：

　　九三，阳刚得正，象征"明夷"时空里的有希望的一股力量，阳之上是坤阴，阳遇阴则通，下卦在九三的带领之下，会整体升进，是光明复出之兆，《明夷》会变卦为《晋》。九三在卦中是指西岐这一方，在此"明夷"的时势下，西岐要往南方狩猎，以展其抱负，初次出动就得到大兽；这里的"南狩"，指的是西岐向其南方的征讨行动，斩获颇丰，大首是指大部落的首领；但西岐这一方还不能操之过急，要谨慎行动，固守贞正。

☶☲ 六四：入于左腹，获明夷之心，于出门庭。

现代文注释：

　　六四，为柔顺的近臣，爻位多惧，故心有恐惧又心存最后的善念见到君王，做最后的规劝，也了解商纣王的真实心意，并获其明夷之心，知纣王已无可救药，这位"入于左腹，获明夷之心"的人就是商纣王同父异母的庶兄微子，他最后决定出门庭而行遁，出走避难，后抱祭器归周。

☲☷ 六五：箕子之明夷，利贞。

现代文注释：

六五，柔爻居于阳刚之位，没有能力改变时局，但仍然决意留下坚守，纣王的伯父箕子就是代表选择留下的六五，虽失意，却坚守而不想遗弃国家，后被商纣王囚禁，箕子只得佯狂而晦其明，脱离囚禁之难后箕子独自隐居在箕山；箕子的行为尽管不智，但利于固守贞正。商朝灭亡后，周武王到箕山访箕子，向他询问怎样治理国家，箕子见武王有诚心，就把夏禹传下的《洪范九畴》陈述给武王听，史称箕子明夷。

☲☷ 上六：不明，晦，初登于天，后入于地。

现代文注释：

上六，真正不光明且内心晦暗的上六，就是伤害光明的商纣王。其初，高高在上，最终，坠入地狱。

以上对《明夷》卦的卦辞、彖、象、爻辞，做了现代文的解释。这是《周易》里完整保留下来的殷商时期的一段历史故事，是"以史叙卦"的经典。

准确注释完六爻的爻辞后，可以更透彻理解《明夷》卦所在宇宙时空所对应的时义。《明夷》卦的时义，是光明受伤，收敛光芒，保存自己，"用晦"以等待光明复出的时机。对于君子而言，是提醒君子，要学习周文王的韬晦之道，保存自己，免受更大的伤害。当邪恶猖狂之时，不正面抗拒，隐忍逃避并非胆怯，逃离险地以自保是为了保存光明的力量，是为了让光明最终能从晦暗中再次放射出光芒，普照天下。故韬晦是非常时期的非常之策。同时，韬晦之策的另一层意思就是：韬晦不代表"避世"，周文王就没有选择"避世"。

《易传·系辞》说道："《易》之兴也，其当殷之末世，周之盛德邪？当文王与纣之事邪？"又说："易之兴也，其于中古乎？作易者，其有忧患乎？"读

《明夷》卦，自然会想到周文王，文王是《明夷》卦的主角，尽管卦中出现微子、箕子两位古代大贤，但主角仍是周文王。光明复出，击败邪恶，最终也由周文王实现。故《明夷》不是失败而逃避的卦，是最终胜利的卦。君子占到《明夷》卦，思考的侧重点要放在光明复出的结局，以及实现光明复出的策略上。

学习过《周易》的读者，都会留下一个印象，孔子曾让鲁国的太卜为他占卦，占到的就是《明夷》，孔子落泪，喟然叹曰："吾道穷矣！"这里想告诉读者的是，孔子的理解是有误的，《明夷》之道并不困穷，《明夷》卦是光明最终能够复出之卦。

《周易》的道理，其最可贵之处，就是始终让人感觉到希望，《明夷》中就有光明的希望。

天水《讼》䷅（卦序号：20）

自古以来，对"争讼"的看法，都认为不利，为凶事，无所谓胜败，即使打赢了官司，也导致结怨，仍然是凶，这就是卦辞里出现的"终凶"。而在艰难或危难中的争讼，更是最为不祥的事情，精力、财力都会耗尽。故，止息争讼，是最为理想的，正如孔子所说："听讼吾忧人也，必也使无讼乎！"

先看《讼》卦的卦辞，及现代文注释：

讼：有孚，窒惕，中吉，终凶。利见大人，不利涉大川。

现代文注释：

讼，是卦名。"讼"，争讼。上卦乾为信，下卦坎为孚，故"有孚"。"窒"，惧也，"惕"，警惕，下卦坎为惧，上卦乾为惕，故"窒惕"。"中"，指九二居中，吉祥，故"中吉"，但由于争讼，终为凶，故曰"中吉，终凶"。《讼》，其是非曲直必经刚直中正的大人给予断决，故利于大德大才的人物显见，不利于远涉大江大河，不利于成就大事业。

孔子《易传·彖》对《讼》卦的卦辞，是这样裁断的：

《彖》曰：讼，上刚下险，险而健，讼。讼，"有孚，窒惕，中吉"，刚来而得中也。"终凶"，讼不可成也。"利见大人"，尚中正也。"不利涉大川"，入于渊也。

现代文注释：

彖辞说，《讼》卦，上卦乾为刚健，下卦坎为险，故曰"上刚下险，险而健"，这就是《讼》的卦象。卦辞中"讼：有孚，窒惕，中吉"，是说：争讼，要内心真诚，有信用；要克制、警惕，持中道而能和平处理争讼，是吉祥的；这里说的是九二，刚而得中，居柔位而得柔中之道，懂得克制和守持中道。争讼，没有赢家，最终成不了事，终有凶，故曰"终凶"。"利见大人"是说：裁决争讼，崇尚的是中立、公正，这利于出现有大德的法官大人。争讼，会陷入泥潭，不利于成就大事业，故曰"不利涉大川"。

　　≣　《讼》卦的卦象，是经卦乾和坎的重叠，上卦乾，下卦坎。
　　孔子《易传·象》对《讼》卦的卦象特点，做了如下表述：

　　《象》曰：天与水违行，讼。君子以作事谋始。

现代文注释：
　　《象》说，天向西转，水向东流，天与水的运行方向互相背离，这就是《讼》卦，象征争讼的发生。君子观察《讼》的卦象，得到启示，因此，在办事之初就仔细的谋划。

　　从《讼》卦的卦辞，再到《彖》《象》，让我们领悟到了《讼》卦卦象时空所对应的时义。《讼》卦的时义，就是讼争起，息争、止讼。

　　以下是《讼》卦的六爻，及其注释。对于《讼》卦，六爻的特点是：下卦明显为弱势群体，讼争起，无法与上方对抗，故下卦的三根爻在讼争中均以退避或不讼的态度来应对；上卦，有明智而放弃讼争的君子，也有守持中正、无私、公正的法官，还有强讼之人。下面我们就进入爻辞：

　　≣　**初六：不永所事，小有言，终吉。**

现代文注释：
　　初六，是柔弱居于低下地位的小人物，他的时间精力要用于养家糊口，故他不长久纠缠于争执之事，初六的情况说明争讼不可长久坚持；初六很明智的选择了示弱而"不讼"，不坚持讼争，故曰"不永所事"。初六为阴爻，《周易》中"阴"为"小"，"小有言"是说初六遭到言语的冒犯，冒犯初六的应该是九四，因为初六与九四有应，就有了九四对初六的言语冒犯。"有言"只是言语摩擦，争执最终可以解除，不会发展成为大争端，最终吉祥。

☰☵ 九二：不克讼，归而逋，其邑人三百户无眚。

现代文注释：

九二，刚爻居中而不得正，代表已经有一定地位，但不能守持正道，阳刚而气盛，故起讼争，九二居下卦险中，无法与上卦的刚健对抗，故他在起了讼争后，不能胜讼，只好逃回家来隐藏躲避，九二为坎，为祸，伏象离，离数为三，故曰"其邑人三百户无眚"；亲人没有受牵连，免除了因他而导致的人祸。

☰☵ 六三：食旧德，贞厉，终吉。或从王事，无成。

现代文注释：

六三，阴爻居位不正，人位之下者，为士大夫的身份，柔弱无能力，亦无讼，而其无讼，是其"不争"而无讼，六三不与上九强讼，终吉。"旧德"为祖先留下的遗德，即食邑的微薄收入，从封邑即采邑那里收上来的田租，境况虽艰难，但因无讼而最终吉祥。他也想跟随君王从政，但没有成就，也就不妄动。

☰☵ 九四：不克讼，复即命渝，安贞，吉。

现代文注释：

九四，居人位的上者，有地位身份，他不能胜讼，是因为争讼无理，故回转心意，归向正理，改变自己，虽然丢了点面子，但其勇于改过的做法却得到赞许，从此安守正道，吉祥。

☰☵ 九五：讼，元吉。

现代文注释：

九五，阳刚居中正之位，能够决断争讼。九五，就是《彖》辞中所说到的："利见大人，尚中正也，"的那位大人，他不是争讼之人，而是法官大人，他居位中正，断案无私、公正。其占为：大吉祥。

☰☵ 上九：或锡之鞶带，终朝三褫之。

现代文注释：

上九，以阳刚居《讼》卦的终极之位，象征那种强势争讼到底的执拗之人，这种强讼不止的人，往往以其财力和夺人财产的经验，利用社会关系，行其社会豪强的作为，这种人最终没有好下场。即使因六三不争而胜讼，也不光彩；也许会得到奖赏，得到一条金腰带，即"或锡之鞶带"，寓意夺到别人的财产；但，上九的结局最终走向反面，上九所应的六三居中爻离中，离数为三，故上九出现被否定、一日之间三次被夺去金腰带的结局，即"终朝三褫之"，他显示荣耀的赏赐和夺到的财产都得而复失。这里寓意：冥冥中报应不爽，做恶之人最终受到天谴，其强讼夺得的财产终不能平安享用。

以上对《讼》卦的卦辞、彖、象、爻辞，做了现代文的解释。

准确注释完六爻的爻辞后，可以更透彻理解《讼》卦所在宇宙时空所对应的时义。《讼》卦的时义，是：讼争起，息争、止讼。

君子占到《讼》卦，应当效法《讼》卦的精神，要内心真诚，克制、警惕，努力创造条件息争、止讼。"争讼"的最大弊害，就是失去了大量的、本来可用于做正事的时间和财力，一个人本可以正常做事、发展事业，遇到"争讼"就变得不正常了，会因心力交瘁而无法应对事业的发展，再遇到那种与你争讼到底的小人，身心受到的伤害是难以言表的，故"无讼"是最好的、最理想的做事环境，君子要谨慎的避免争讼的发生。

现代社会，商业气息浓厚，商务的交往中"争讼"不可避免，企业利益的保护，特别是自主知识产权的保护，都必须自觉的拿起法律的武器，保护自己。但，这与《讼》卦的道理并无背离，适度的控制"争讼"，以保护自己为总纲，不做持强凌弱的强讼之人。不懂得保护自己会受到伤害，但过度利于法律伤害别人，甚至巧取豪夺，也绝不会有好下场，对于"争讼"，即使有胜讼的机会，也要慎之又慎，能止则止，不永所事。《讼》卦强调"君子以作事谋始"，即君子在办事之初就要周密的调查和谋划，减少争讼。

第九章 贲、困、既济、未济

在这一章里，解析《贲》、《困》、《既济》、《未济》四个卦。在这四个卦里面，《贲》、《既济》两卦，是紧跟在《明夷》卦之后的"阳息阴"的卦，下卦皆为离，卦序号皆为奇数，是《复》卦之后"阳息阴"一条路线上的卦。而《困》、《未济》两卦，是紧跟在《讼》卦之后"阴消阳"的卦，下卦皆为坎，卦序号皆为偶数，是《姤》卦之后"阴消阳"一条路线上的卦。

山火《贲》▤▤（卦序号：21）

中国古代典籍中，首次出现"文明"这个词的地方，就是在《周易》六十四卦里的《贲》卦。故人们常把《贲》卦的卦义，理解为文饰人类的生活，理解为文明需要饰，善也要饰。

先看《贲》卦的卦辞，及现代文注释：

贲：亨。小利有攸往。

现代文注释：

贲，是卦名。《贲》卦，是亨通的，之所以亨通，是因为柔爻进入下卦的刚中，来文饰乾刚，这就是"柔来文刚"，是正向的饰，所得到的离卦，是以乾刚为质，以柔为文，本质刚强，又有举止的温和、文雅；其内，能致通达，得阳刚、通达、光明之道，故可得亨通。阳刚进入上卦文饰坤，这就是"刚来文柔"，是逆向的饰，所得到的艮卦是以坤柔为质，以刚为文，本质柔弱，仅有阳刚的外表，故，前往只有小利。

孔子《易传·彖》对《贲》卦的卦辞，是这样裁断的：

《彖》曰：贲"亨"，柔来而文刚，故"亨"。分刚上而文柔，故"小利有攸往"。（刚柔交错），天文也。文明以止，人文也。观乎天文，以察时变；观乎人文，以化成天下。

现代文注释：

彖辞说，贲，是亨通的卦。柔来文饰下卦的刚，本质仍刚强，故能亨通。乾刚分出一个刚爻文饰坤，成上卦艮，坤柔为质，本质柔弱，刚为文饰，是逆向的饰，故前往只有小利。刚柔交错，这是天文之象。下为文明，上为止，文明有其归属所向，故曰"文明以止"，这是人文之象。观天文，可以察觉时序的变化；而观人文，可以用教化改造和成就天下人。

☲ 《贲》卦的卦象，是经卦艮和离的重叠，上卦艮，下卦离。

孔子《易传·象》对《贲》卦的卦象特点，做了如下表述：

《象》曰：山下有火，贲。君子以明庶政，无敢折狱。

现代文注释：

《象》说，上卦艮为山，下卦离为火，故曰"山下有火"，大火烧山，这就是《贲》卦的卦象。君子观此象，思及大火烧山，草木皆尽，故以此为戒，明察各项政务细节，更不敢轻率裁决罪案，不敢以威猛断狱。

从《贲》卦的卦辞，再到《彖》《象》，让我们领悟到了《贲》卦卦象时空所对应的时义。《贲》卦的时义，是文来饰刚，不可过度。

以下是《贲》卦的六爻，及其注释。对于《贲》卦，六爻的特点是：下卦是正向的贲，文来饰刚，下三爻体现"贲"之道；上卦为逆向的贲，以刚文柔，故，上三爻回归质朴。下面我们就进入爻辞：

☲☲ 初九：贲其趾，舍车而徒。

现代文注释：

初九，居离之下位，故为趾，阳刚而得正，其与六二的半象为震，震为车，与六二的关系为"六二乘初九"，初九不得"乘"只能步行，故曰"舍车而徒"，初九徒步前行，往上卦应六四。

☲☲ 六二：贲其须。

现代文注释：

六二，柔爻得正，就是体现文饰阳刚的柔爻，初九步行前往应六四，故六二转而为九三文饰，九三上无应，得六二之承，故接受六二的文饰；贲其须，即鬓；须为人的外表，附之于人，故"须"代表六二的"文饰"功用。

☲☲ 九三：贲如濡如，永贞吉。

现代文注释：

九三，居下卦离位之极，初九已徒步前往应六四，卦中唯有九三得到六二的文饰，有得"贲"之专的趋向，也就有沉溺"贲"道的可能，故，他得到警示之语"永贞吉"的告诫；这是提醒九三，要惕防自己阳刚的气质被阴柔侵蚀，长此以往会失去阳刚之质，修饰自己是可以的，但不要沉溺此道；对九三来说，永远坚持固守贞正，可得吉祥。

☲ 六四：贲如皤如，白马翰如。匪寇，婚媾。

现代文注释：

六四，在上卦之位，《贲》卦的"贲"之道是以下卦离为主体，到了上卦就更强调朴素无华，重视实质。初九徒步而来，六四已见识了初九没有虚荣心，感觉到了志趣相投的精神追求，故不再迟疑，骑马前往迎接。起初，六四稍稍迟疑了一下，然后就正确判断不是敌寇，而是婚媾对象，是自己理想的追求者来了。于是，六四也没有文饰自己，素衣白马就去迎接初九了。

☲ 六五：贲于丘园，束帛戋戋，吝，终吉。

现代文注释：

六五，上卦为艮体，艮为山，为丘园，这里的丘园指山野之地，并引申为居山野之地的贤人，丘园的贤人指的就是上九，居君王之位的六五只用了一束帛，作为招募贤人的礼金，虽然显得吝啬，但表达了心意，结果还是吉祥。

☲ 上九：白贲，无咎。

现代文注释：

上九，在六五爻里作为丘园的主人，也就是六五招贤的对象，此爻已是贲卦的极点，一切的装饰，都由极端又返回素白的本来面目。人类的装饰是礼法，当礼法达到极致时，就会恢复朴素，故曰"白贲"。上九领悟到装饰的本义，而回归质朴，故无咎害。正如孔子所说："丹漆不文，白玉不雕，宝珠不饰，质有余者不受饰也。"

以上对《贲》卦的卦辞、彖、象、爻辞，做了现代文的解释。

准确注释完六爻的爻辞后，可以更透彻理解《贲》卦所在宇宙时空所对应的时义。《贲》卦的时义，是文来饰刚，不可过度。《贲》卦，也代表文明的起源，在帛书《易》中为《繁》卦，其字面意思是草木茂盛，它的卦义与卦象联系紧密。《贲》卦上卦为山，下卦为火，大火烧山之象，它指的是古代神农氏的"烈山"，神农为炎帝，"炎"即火，故神农也被称作"烈山"氏，用火烧山，中国的农业文明就是从这里开始。

《贲》卦的时义，对于君子而言，是提醒君子要注重内在的质量，注重内在的章华、善美。社会中的人，需要文饰自己，产品需要包装和广告宣传。但"饰"的功能有限，只能小用，也只会有小利，最终决定大成功的是内在的"质"。

在人类社会活动中，礼不可失。礼是文明的衣裳，而礼要靠文饰，文明需要装饰，善也要饰，要宣传善为美，推动人们从善如流。

在商品社会里，包装的美感往往也会助力产品的成功销售。故，对于《贲》卦的"时义"，需要在重视装饰、尊重人的视觉感受的同时，把握好装饰的度。对于企业形象也一样，需要一个既能吸引人们关注，又简单、质朴的设计。

泽水《困》䷮（卦序号：22）

《困》卦，是专门讲"困穷"的一个卦。"困穷"，其意就是为某事物所困，这里的困，不是一天两天的困，而是很长一段时间的困，故能达到穷极的地步，在很长一段时间里无法解脱，故称为困穷。君子处于困穷，该如何处之，该如何应对，君子处困的态度，和济困之道，在卦中被认为同等重要。

先看《困》卦的卦辞，及现代文注释：

困：亨。贞，大人吉，无咎。有言不信。

现代文注释：

困，是卦名。《困》卦，象征处在困穷之中，而努力消解、拯济之，则必能亨通。坚守正道，君子、大人可得吉祥，不会有咎害。君子处于困穷之时，各种议论、流言蜚语都在贬损他，不要轻易相信那些议论。此时，少做辩解，别人也不会相信你的话。

孔子《易传·彖》对《困》卦的卦辞，是这样裁断的：

《彖》曰：困，刚揜也。险以说，困而不失其所，亨，其唯君子乎？"贞，大人吉"，以刚中也。"有言不信"，尚口乃穷也。

现代文注释：

彖辞说，困，上卦为阴，下卦为阳，且上下三根阳爻都被阴爻包围，呈现出阳刚被掩蔽之象。面临险境，而心情依然怡悦，如此处于困境而不失其自有亨通的境界，大概只有君子可以做得到吧！只有守持中正之道的大人，才能处困自通、变困为亨，占为大人吉，是因为阳刚坚守住了中道。身处困境，所说的话不会被人相信，此时若相信口舌之功用，依赖于争辩，只会在困境中走向穷途末路。

䷮ 《困》卦的卦象，是经卦兑和坎的重叠，上卦兑，下卦坎。

孔子《易传·象》对《困》卦的卦象特点，做了如下表述：

《象》曰：泽无水，困。君子以致命遂志。

现代文注释：

《象》说，上卦兑为泽，下卦坎为水，泽水下流，故曰"泽无水"，这就是《困》卦的卦象。君子观此卦象，得到济困的启示，穷且益坚，毫不懈怠，舍命以追求其志向。

从《困》卦的卦辞，再到《彖》《象》，让我们领悟到了《困》卦卦象时空所对应的时义。《困》卦的时义，是君子处于困穷，果断行动才能得吉。

以下是《困》卦的六爻，及其注释。对于《困》卦，六爻的特点是：阳爻有利，阴爻不利；处于困穷，需要阳刚的果决和力量，需要用"刚中"之道，故在卦中，阳爻皆有好的结果，而阴爻凶多吉少；初六最柔弱，在困境中难以脱身，直到上六才得到"征吉"。下面我们就进入爻辞：

䷮ 初六：臀困于株木，入于幽谷，三岁不觌。

现代文注释：

初六，阴爻处下，且位失中正，困且不能自济，境况很不好。"臀困"是坐而不行动，在"困"中坐以待毙的意思。"株木"是没有叶子的树木，暗喻初六已无躲风避雨之所。初六在坎的最深处，坎伏离，离数为三，如同在幽暗的山谷里三年见不到人，故曰"入于幽谷，三岁不觌"，喻初六在困境中难以脱身。

☷☵ 九二：困于酒食，朱绂方来，利用亨祀；征凶，无咎。

现代文注释：

　　九二，刚居阴位不正，没有精神振作的对待困境，而是意志消沉，借酒浇愁，在酒食中打发日子，故曰"困于酒食"。"朱绂"，隐喻荣禄富贵，是祭祀大礼时穿的有朱色饰带的高贵祭服，刚刚送到。通神明的亨祀，九二可利用"朱绂"显示身份，完全可以借此机会得到九五的重视，重新得到优厚的俸禄，这还要看他参加亨祀时有没有带上友善、至诚的心。"征"，在这里的意思是"对抗"，特指九二与九五的对抗；九二若与九五对抗，则有凶险。带上友善、至诚的心，与九五沟通，则无咎。

☷☵ 六三：困于石，据于蒺藜；入于其宫，不见其妻，凶。

现代文注释：

　　六三，紧靠三、四、五的互巽之象，巽为石，六三又居坎之上，坎为蒺藜，故爻辞出现"困于石，据于蒺藜"，巽为入，坎为宫，故"入于其宫"，巽为妻，巽在坎之外，即其妻在宫外，故曰"入于其宫，不见其妻"，《困》卦的卦象，在六三爻很不吉祥，很凶险。

☱☵ 九四：来徐徐，困于金车，吝，有终。

现代文注释：

　　九四，阳刚居柔位，与初六有应，故前来下卦应初六，但为下卦的坎所阻，故"来徐徐"；九四，往下到九二，为离之象，离为太阳，为金车之象，困于离，故曰"困于金车"；有遗憾；但与满载辎重的金车一起前来，终会有好的结果，故曰"吝，有终"。

☰☵ 九五：劓刖，困于赤绂；乃徐有说，利用祭祀。

现代文注释：

　　九五，位居中得正，在困境中慢慢摆脱绝不是问题，但暗伏的危机令人不安。"劓刖"即为"伏"象的象征，上卦的伏象是艮，艮为鼻，三、四、五爻的伏象是震，震为脚，伏象看不到，寓意看不到鼻和脚，象征"劓刖"，这就是暗伏的危机，令人不安。"赤绂"即"朱绂"，祭祀大礼时穿的有朱色饰带的高贵祭服，九二至九五的互体之象为上巽下离，巽为饰带，离为赤色，九二至九五为"赤绂"之象，九五困于此地，故曰"困于赤绂"，这样也刚好利于祭祀的机会和无应的九二沟通，慢慢的商量好共同摆脱困境的办法，慢慢的也就有了愉悦心情，故曰"乃徐有说"。

☱☵ 上六：困于葛藟，于臲卼；曰动悔有悔，征吉。

现代文注释：

　　上六，位于《困》卦的极致上位，困的事理也达到极致，各种行动都没有达到济困、脱困的效果，故有"动悔"的深刻体会，从六三至上六，其象为正反巽，巽为葛藟，上六被葛藟所缠绕，不动则继续被缠，动则有动而无功的感觉，即动就有"动悔"的感受，此时的环境和心情，都处于危厉不安的极致状态，"臲卼"的意思就是不安。上六处兑之口部，故有自言自语之状，自语道："动悔有悔啊！"既有悔，就有新的感悟，感悟出新的出路，这个出路就是再次行动，果断的斩断葛藟，解脱缠绕之困，再次行动，得吉。

　　以上对《困》卦的卦辞、彖、象、爻辞，做了现代文的解释。

　　准确注释完六爻的爻辞后，可以更透彻理解《困》卦所在宇宙时空所对应的时义。《困》卦的时义，是君子处于困穷，果断行动才能得吉。

　　君子占到《困》卦，应当效法《困》卦的精神，心志永不为所困。从《困》

卦的六爻来看，直到上六爻才得到"吉"的判辞，这是六十四卦中很特殊的情况，而"吉"之前是"征"，代表的是行动，故曰"征吉"。故，君子在困穷的时候，只要心不为所困，不失去信念和斗志，不消沉、颓废，最终都有走出困境的一天。要因时、因势确定行动的方案，不躁动，不蛮动，最终在"有悔"后能得到正确的感悟，就应当果断行动，获得"征吉"。

水火《既济》☲☵（卦序号：23）

　　"既"，终了，完成也。"济"古文同霁，雨雪停止，天放晴也。因此，此卦也有象征"情况好转"之意。在卦中，济为渡河。故，按卦名，《既济》被赋予"完成渡河"的"时义"。

　　《周易》六十四卦中，只有《既济》卦是六爻都得"正"，也就是阳爻的位都为奇数，阴爻的位都为偶数。看来此卦爻位的状态是最佳的，但实际上并没有那么简单，《既济》卦的卦辞，最后一句是"初吉终乱"。

　　先看《既济》卦的卦辞，及现代文注释：

既济：亨小，利贞，初吉终乱。

现代文注释：

　　既济，是卦名。《既济》卦，亨通。既济，是对于小成阶段的"既济"，其亨通可达于下卦的小成，故曰"亨小"，它在初始的阶段是吉祥的，会得到成功。利于守持贞正，守持贞正可防止走向反面，若不能慎终如始，革新进取，那事情继续延续进行，则最终结局要生出乱象，故曰"初吉终乱"。

　　孔子《易传·彖》对《既济》卦的卦辞，是这样裁断的：

　　《彖》曰：既济"亨"，小者亨也。"利贞"，刚柔正而位当也。初吉，柔得中也。"终"止则"乱"，其道穷也。

现代文注释：

　　彖辞说，《既济》卦，六二、九五皆为正中，且为正应，故亨通，其亨通可达小成的下卦，故曰"小者亨也"。阴阳爻都呈现刚柔各得其正的状态，利固守贞正。初吉，是因为六二柔且得中位。到终了阶段，停止革新进取，出现乱象，其道困穷。

☵☲　《既济》卦的卦象，是经卦坎和离的重叠，上卦坎，下卦离。

孔子《易传·象》对《既济》卦的卦象特点，做了如下表述：

《象》曰：水在火上，既济。君子以思患而豫防之。

现代文注释：

《象》说，上卦坎为水，下卦离为火，故曰"水在火上"，这就是《既济》卦的卦象。君子观此卦象，感悟其中的道理，对于任何事情，都要防范未然，水在火上，可以煮熟东西，象征"既济"，但火又会蔓延成火灾，故要像对待火灾的防范一样，准备好灭火的水源。

从《既济》卦的卦辞，再到《彖》《象》，让我们领悟到了《既济》卦卦象时空所对应的时义。《既济》卦的时义，是事情得以完成，小成阶段已经成功，但存在守成难的问题，防止成功后转向失败，是时义的要点。

以下是《既济》卦的六爻，及其注释。对于《既济》卦，六爻的特点是：既济以下卦为主，下卦事业小成，初九艰苦又很努力，得到成功；六二维持初步成功后的稳定，用柔；到上卦，中兴之时已过，向不利的方向转化，乱象最终出现。下面我们就进入爻辞：

☵☲　**初九：曳其轮，濡其尾，无咎。**

现代文注释：

初九，半象扩象为震，震为车船，渡河时，车船到达彼岸而获成功，但陷入岸边的泥中，需要艰苦的拖拽车船的前后轮让它上岸。小狐过河，到达彼岸，但是打湿了尾巴，没有咎害。隐喻：初战告捷，但付出了代价。

䷾ 六二：妇丧其茀，勿逐，七日得。

现代文注释：

六二，阴爻居中，有柔中之德，阴爻故称妇人；妇人丢了车幔，不能出行，不要去寻找，七日后有人归还。这是说下卦在小成之后，出现问题，而六二不能前往，只能忍耐。隐喻：成功的初始阶段，无为而治，用耐心和守持中道来维持局势的稳定。

䷾ 九三：高宗伐鬼方，三年克之；小人勿用。

现代文注释：

九三，三四爻为半震，震为帝，为征伐，故曰"高宗伐鬼方"，九三中爻坎伏离，离数为三，故曰"三年克之"。高宗武丁在国事衰微之时，平定内忧外患，中兴成果来之不易，小人始终是走向衰败的隐患，警之"小人勿用"。

䷾ 六四：繻有衣袽，终日戒。

现代文注释：

六四，爻位四多惧，"繻"，为彩色的帛，就是华丽的衣服，"袽"，为败絮，就是破旧的衣裳，"繻有"，是说"有好的衣服"，"衣袽"，是说"穿着破旧的衣裳"，有好衣服却穿着破旧的衣裳，这是说六四整日戒备灾祸的发生，不敢有丝毫的放松；六四其下为离象，离为日，六四居离之上象征"终日"，寓意保持终日的戒心，守正而不懈怠。

☲ 九五：东邻杀牛，不如西邻之禴祭，实受其福。

现代文注释：

　　九五，其上的半象为兑，兑为祭祀，为斧，中爻离象，离为东邻，为牛，故曰"东邻杀牛"，这是盛大的亨祭；九五与六二有应，六二中爻为坎，坎为西邻，昔日中兴，六二禴祭也能得其福，故曰"不如西邻之禴祭，实受其富"。

☲ 上六：濡其首，厉。

现代文注释：

　　上六，小狐过河，头湿了，水淹过头，形势危险。（终局的乱象出现了。）

　　以上对《既济》卦的卦辞、彖、象、爻辞，做了现代文的解释。

　　《既济》卦的时义，是事有小成，但其后走向反面，出现乱象。从爻辞看，下卦三爻是在说商朝最后一次中兴的高宗（殷王武丁），得"既济"，中兴取得成果；到上卦，最终要进入商纣王时代的衰世，故"乱象"难以避免。君子占到《既济》卦，应以史为鉴，以殷商的结局为鉴，心存警觉。

火水《未济》䷿（卦序号：24）

"未"，是"还没"的意思，"未济"，还没有成功渡河。《未济》卦，与《既济》卦是一对"错"卦，六爻皆变，卦义也就完全相反。六爻皆变后，六爻皆不正，但"易"道却不是那么简单，六爻皆不正，不代表最不好，《未济》卦，被寓意：未济终于必济。卦中的九二、六五皆得"吉"。

先看《未济》卦的卦辞，及现代文注释：

未济：亨。小狐汔济，濡其尾，无攸利。

现代文注释：
未济，是卦名。《未济》卦，象征事未成，而不是"事不能成"，未来还是充满希望，有待于发展。其终未止，其道不穷。上卦中位的六五，得下卦九二之应，因而亨通。在卦中，有三个半艮之象，艮为狐，半艮矮小，为小狐；小狐渡河，在几乎要成功之时，被水沾湿了尾巴，没有成功，无所利益。

孔子《易传·象》对《未济》卦的卦辞，是这样裁断的：

《象》曰：未济"亨"，柔得中也。"小狐汔济"，未出中也。"濡其尾，无攸利"，不续终也。虽不当位，刚柔应也。

现代文注释：
象辞说，事未成，而至亨通，是因为六五爻"柔得中"，阴柔居阳位得中，刚柔并济，守持中道，最终必济，故"亨"。"未出中"，指九二尚未出坎中，坎中即为"险中"，小狐尚未出"险中"，故渡河几乎要成功之时，沾湿了尾巴而无所利益，功败垂成，不能持续进行到终点。本卦虽然六爻都不当位，但刚柔皆有应。六爻皆应，代表了上下有助，"未济"最终得以"必济"。

　　䷿　《未济》卦的卦象，是经卦离和坎的重叠，上卦离，下卦坎。

　　孔子《易传·象》对《未济》卦的卦象特点，做了如下表述：

《象》曰：火在水上，未济。君子以慎辨物居方。

现代文注释：

　　《象》说，上卦离为火，下卦坎为水，故曰"火在水上"，这就是《未济》卦的卦象。火炎上，水润下，阴阳不相交、未能济物，故"未济"。君子观此卦象，理解其道理，故在未济之时，就必须以审慎的态度分辨万事万物的特点及其合理的居位，使之各得其所，以促使"未济"转变为"既济"。

　　从《未济》卦的卦辞，再到《彖》《象》，让我们领悟到了《未济》卦卦象时空所对应的时义。《未济》卦的时义，是经验不足，事情未成；事未成而不止，终得可济。

　　以下是《未济》卦的六爻，及其注释。对于《未济》卦，六爻的特点是：下卦三根爻主述"未济"，并有所期待，期待光明之主带领大家出坎险，九二刚爻居柔位，谨慎行事，等待时机前往应六五，得吉；上卦离开了坎险，进入光明，有可济之道，到六五就出现了转机，上下的刚爻齐来帮助，六五带领众爻共同出险。下面我们就进入爻辞：

䷿ **初六：濡其尾，吝。**

现代文注释：

　　初六，柔爻尚弱小，过于勉强做事，就会失败，就像小狐过河把尾巴打湿了，未能成功，有遗憾。

☷☰ 九二：曳其轮，贞吉。

现代文注释：

　　九二，阳刚守下卦之中，中自有正，正自在于中道，拖曳车的后轮使之缓行，同心共济事业，谨慎行事，守中道以行正，吉祥。

☷☰ 六三：未济，征凶，（不）利涉大川。

现代文注释：

　　六三，人位之下者，阴爻不得位，不居中，是能力差又未得到如何处"未济"中正之道的下层人士，事未成，自身主观条件欠缺，前进有风险。中爻亦为坎，六三居两坎之中，动则凶。经文疑有缺字，"利涉大川"缺"不"字。

☷☰ 九四：贞吉，悔亡。震用伐鬼方，三年有赏于大国。

现代文注释：

　　九四，阳刚居柔位，先有悔，四为人位之上者，说的是西岐君臣，尚为殷商的臣子，刚居柔，即为"明者居暗处"，韬晦其道，守持正道，吉祥，后悔消失。九四、六五半象为震，震为威武，故曰"震用"，出兵跟随殷商讨伐鬼方，得胜后得其赏赐，九四中爻为坎，坎伏离，离数为三，故曰"三年有赏于大国"。

☷☰ 六五：贞吉，无悔。君子之光，有孚，吉。

现代文注释：

　　六五，守持中道，中自有正，吉祥，没有后悔。六五居离象之中，君子之德如太阳的光明，有信；六五就是周文王，此时已离开坎险，进入了光明；故上下刚爻齐心来相助济险，九二也前来相应，六五协众爻共济出险，对于整体而言这就是可济的机会，亦是有孚的应与，占为吉。

䷿ **上九：有孚于饮酒，无咎，濡其首，有孚失是。**

现代文注释：

上九，六爻皆有应为"有孚"，六爻皆有坎象，坎为酒，故借饮酒隐喻坎水，庆祝众爻出坎，无咎害；但饮酒失态，酒弄湿了头发，"濡其首"隐喻上九下应六三会有重回两坎之中、被坎水淹没的危险；六爻皆失位，故曰"失是"；爻辞寓意在获得出坎的平安之后，若不知节制，成功后还会出现转化。

以上对《未济》卦的卦辞、彖、象、爻辞，做了现代文的解释。

准确注释完六爻的爻辞后，可以更透彻理解《未济》卦所在宇宙时空对应的时义。《未济》卦的时义，是：经验不足，事情未成；事未成而不止，终得可济。故，君子占到《未济》卦，应同心共济，慎始慎终。

第十章　家人、解、丰、涣

在这一章里，解析《家人》、《解》、《丰》、《涣》四个卦。在这四个卦里面，《家人》、《丰》两卦，是紧跟在《既济》卦之后的"阳息阴"的卦，其下卦皆为离，卦序号皆为奇数，是《复》卦之后"阳息阴"一条路线上的卦。而《解》、《涣》两卦，是紧跟在《未济》卦之后"阴消阳"的卦，下卦皆为坎，卦序号皆为偶数，是《姤》卦之后"阴消阳"一条路线上的卦。

风火《家人》☲ (卦序号：25)

《家人》卦，是在理解上最容易出现歧义的卦之一，之所以如此，是因为人人皆以为懂得家庭，以为自小就生活在一个家庭里；而孰不知"家人"在古代，特别是在中古时代有它特别的含义，"有家"是中古时代特殊的国家财产分配制度，是臣子被封为"大夫"之后的封赐，它来自君王的赏赐。"家"在中古时代是"家邑"的简称，也叫做"食邑"。

先看《家人》卦的卦辞，及现代文注释：

家人：利女贞。

现代文注释：

家人，为卦名。《家人》卦，象征"有家"，得到了君王的封赐，生活有了

基本保障，也得到了社会承认的地位；它同时也重视家庭的经营之道，把家庭的
道理弄明白了，有利于女人守持贞正。

孔子《易传·彖》对《家人》卦的卦辞，是这样裁断的：

《彖》曰：家人，女正位乎内，男正位乎外。男女正，天地之大义也。家人
有严君焉，父母之谓也。父父，子子，兄兄，弟弟，夫夫，妇妇，而家道正。正
家，而天下定矣。

现代文注释：

彖辞说，一家人，女的正位在于内，也就是内卦的六二，男的正位在于外，
也就是外卦的九五。男女在家庭内外的地位都应该得正，这就是天地的大道理。
家庭里也有严厉的君王，那就是父母。做父亲的就应该像个父亲，做子女的就应
该像子女，兄就像个兄，弟就像个弟，夫像个夫，妇像个妇，父子、兄弟、夫妇
之间都尽到各自的本分，家道就正；所有的家都正，天下就安定了。

☲☴ 《家人》卦的卦象，是经卦巽和离的重叠，上卦巽，下卦离。
孔子《易传·象》对《家人》卦的卦象特点，做了如下表述：

《象》曰：风自火出，家人。君子以言有物，而行有恒。

现代文注释：

《象》说，上卦巽为风，下卦离为火，故曰"风自火出"，这就是《家人》
卦的卦象。火使热气上升，可以生成风。君子观此卦象，应效法这一精神，言语
有内容，行为端正而有始有终。

从《家人》卦的卦辞，再到《彖》《象》，让我们领悟到了《家人》卦卦象时
空所对应的时义。《家人》卦的时义，就是"有家"。

以下是《家人》卦的六爻，及其注释。对于《家人》卦，六爻的特点是：初爻到五爻皆得正，五根爻的得正象征"家道"得正；下卦离象，上卦巽象，象征内光明而上有君王为系，是家庭前景一片光明的象征；上下卦中位的六二和九五皆居中得正，为正应，互为应援；君王九五做出决定，让有功之臣皆得"有家"，得封赐"家邑"，这是为了安定"有家"阶层的贤才，让贤才都为国家所用，为国家效力。下面我们就进入爻辞：

☲ 初九：闲有家，悔亡。

现代文注释：

初九，阳刚得其正，有"家邑"，生活有基本保障。"闲"，本义是栅栏，在这里意为"安宁"，预防从外而来的不测之事；"有家"之后，所求唯有安宁其家；做官清廉守正，才能避免从外而来的不测之事发生，才能"安宁"其家；能做到安宁其家，平时忙于国事，对家庭照顾不周的悔恨就会消失。

☲ 六二：无攸遂，在中馈，贞吉。

现代文注释：

六二，柔爻居中得正，得中正之道，没有什么特别强烈的心愿追求，不指望家人有什么大的成就和大馈赠，家人能得到中等的馈赠就满意了，不给在外做官做事的家人施加压力，坚守正道，不追求过分的奢望，吉祥。

☲ 九三：家人嗃嗃，悔厉，吉。妇子嘻嘻，终吝。

现代文注释：

九三，刚爻居刚位，象征家长严厉，家人畏惧，虽有悔，危厉，最终为吉。若纵容妇人小孩，整日嘻嘻哈哈，没有礼节，缺乏教养，最终会有遗憾。

☲☴ 六四：富家，大吉。

现代文注释：

六四，阴爻得正，居人位的上者，上承九五，且进入巽体，巽为顺逊，谦逊的守正道，巽为系，系之九五得阳富之助，利于大业成而富家；大吉。

☲☴ 九五：王假有家，勿恤，吉。

现代文注释：

九五，有中正之德的尊者，"假"，在这里不做"格"（来到）解，"假"通嘉，嘉奖之意，"家"在这里是指君王给有功之臣封赐的"家邑"，这是臣子被封为"大夫"后的一种封赐；臣子的生活没有了忧虑，吉。

☲☴ 上九：有孚威如，终吉。

现代文注释：

上九，为"家人"的极致状态。"家人"之道虽为家门之内的事，但其内涵超出了单独的家庭，成为君王与"有家"阶层的，更大一个"家"的共同大事，"家"的安宁，关乎国家天下的安宁。家庭内外，家长威信的建立对家人有教化的影响，而有诚信就有威望，故家长重视自己的威望，终会带来吉祥。

以上对《家人》卦的卦辞、彖、象、爻辞，做了现代文的解释。

准确注释完六爻的爻辞后，可以更透彻理解《家人》卦所在宇宙时空所对应的时义。《家人》卦的时义，就是"有家"。这两个字的"时义"，看似简单，却不简单。古代封建社会，"有家"是国家财产分配制度的一部分；从卦象上看，下卦"离"为火，家中温暖，上卦为巽，巽为木屋，为豕，"家"字内为豕，豕即为猪，木屋温暖，屋里又有猪，这就是《家人》卦的卦象。中爻之象，六二爻至九五爻为坎下离上之互体象，即雨后天晴之象，象征有矛盾但最终归于和谐。九五和上九合为乾，乾为德，象征祖训崇德，荫庇后人。

《家人》卦的时义，把拥有共同利益，拥有共同家园的人们称为家人，不离不弃，共谋发展。在中国很多省份，家族企业象征的就是同心协力，也象征兴旺。而家族企业含义的外延，就是有共同梦想的创业者。

君子占到《家人》卦，应效法卦象中蕴含的天地间的大道理，先做到家和，然后万事才会兴旺，才有与强手竞争的条件，才有实现"平天下"志向的机会。家和，不是没有原则的，《家人》卦的九三爻，"家人嗃嗃，悔厉，吉；妇子嘻嘻，终吝。"就描绘了不同的家风可能出现的不同结局。严厉的家风、礼节教育，这些都是必须的。对于企业来说，就是要有严格的规章制度，职场礼节，等等，这些都要有助于企业良好习惯的形成以及符合"礼"的要求，这样就能处处体现出严谨、高效、规范的作风，员工也就有了以企业为家的《家人》精神。

《家人》卦，内卦为火，象征家的红红火火，外卦为巽，巽为齐，象征齐家，而后平天下。理解《家人》的卦义，就要以家风正家，以勤俭持家，以大业富家，以道德齐家，最终实现平天下之宏愿。

雷水《解》䷧（卦序号：26）

《解》卦，也是隐藏着周文王、武王两代圣贤创建一个伟大国家过程的丰富信息的一个卦，并且是蕴含极为深邃思想的一个卦。

先看《解》卦的卦辞，及现代文注释：

解：利西南。无所往，其来复吉。有攸往，夙吉。

现代文注释：

解，是卦名。《解》卦，其道之成，以向西南方向行动有利，西南是周文王确定战略发展的广袤的坤地，背对殷商，利于安定、平和的划界而治。备有两套方案，"无所往"指九二不能应六五，若无所往，则启动"来复"的方案，九四是上卦的主爻，"其来复吉"，指九四往下回到三爻的位置，回复到《升》卦的卦象，亦为吉祥。"有攸往"指九二上应六五，若有此出行计划，则宜早，宜速，早去早安定，当"解"之事早为之，吉。

孔子《易传·彖》对《解》卦的卦辞，是这样裁断的：

《彖》曰：解，险以动，动而免乎险，解。解"利西南"，往得众也。"其来复吉"，乃得中也。"有攸往，夙吉"，往有功也。天地解而雷雨作，雷雨作而百果草木皆甲坼，解之时，大矣哉。

现代文注释：

彖辞说，《解》卦，下卦为坎，为险，上卦为震，为动，故曰"险以动"，用行动来解除危险，这就是《解》卦的卦义。《解》卦利于西南，是说前往西南方向的坤，可以得到众人的支持，得到友邦的支援，"利西南"在《周易》里多次出现，寓意周文王往西南方向发展的计划，在背对殷商的方向完成局部统一，形成联盟的力量。"其来复吉"，是说"来复"也能吉祥，这是"得中道之用"的奥秘啊！卦辞里的"来复"，寓意周文王准备有另外一套方案可实施，与《升》卦有关。"有攸往"是确定要执行往西南方向发展的计划，"夙"，通假"速"，就是要早些行动，"早"为吉祥，早往，利于建功，利于事情更好的处理。孔子接着在《象》辞里说：天地间阴阳交接而引发雷雨，雷雨的到来，让百果草木的种子都绽开外壳，开始萌芽。塞难的解除，如同久旱的大地逢遇一场雷雨，百果草木的种子吸够了雨水，都萌芽了，万物又出现了勃勃的生机，这就是《解》卦的时义，要让云化为雨水。"解"的时义，真的很伟大啊！

　　☳☵　《解》卦的卦象，是经卦震和坎的重叠，上卦震，下卦坎。
　　孔子《易传·象》对《解》卦的卦象特点，做了如下表述：

《象》曰：雷雨作，解。君子以赦过宥罪。

现代文注释：

　　《象》说，上卦震为雷，下卦坎为雨，故曰"雷雨作"，这就是《解》卦的卦象。君子观察此卦象，感悟到：在走出险难之后，要以平和、宽容的心，对待民众在险难之时的各种过失。

　　孔子在《象》的最后发出感悟的这句话，与《解》卦的主题有偏离，《解》卦的主题是解除险难，从卦象来看，就是要尽快让雨水降下来，要行动，用行动解除险难。孔子这句"感悟"的话，是理解民间的困苦，希望在险难解除之后，给予民众一段休养生息的机会，宽容的对待有过失的平民。

　　从《解》卦的卦辞，再到《彖》《象》，让我们领悟到了《解》卦卦象时空所对应的时义。《解》卦的时义，就是"险以动"，用行动来解除危险。

以下是《解》卦的六爻，及其注释。对于《解》卦，六爻的特点是：初六积蓄和等待是为了下雨，只等着阴阳调和的时机到来，可以下一场透雨解除干旱，此即"解"道；九二得刚中之道，利其"处险而不陷"；六三居坎极位，其爻位下乘九二、上承九四，故有"负且乘"之象，象征殷商王朝的佞臣高官欺凌天下，盘剥民众，如同天下的大寇盗，其进一步的发展就是天下大乱、兵戎之患四起，九四虽处在被囚之难中，胸中自有百万雄兵，做好了"御寇"的准备，震主的"动"将是为天下兴正义之师。下面我们就进入爻辞：

☷☵ **初六：无咎。**

现代文注释：

初六，力量弱小的象征，初六顺承九二，又与九四有应，故初六代表与阳爻亲比且有应的基层力量。柔爻居刚位，虽有不正之咎，但其力量弱小而信念坚强，能做到阴顺阳，刚柔得以互济。刚能存正，柔能有容，"正而有容"有利于天地间万物的繁盛，这是《解》卦蕴含的重要道理，故曰"无咎"。

☷☵ **九二：田获三狐，得黄矢，贞吉。**

现代文注释：

九二，阳刚君子，居中位，与六五君位有应，在前往应六五，就君王之位之前，田猎获三狐，这是象征能够清除君位近侧媚惑君王的小人，"矢"为誓言，黄色代表纯金的尊贵，"得黄矢"即为"得金矢"，是九二得到如同黄金一样贵而有信的誓言保证，占为吉祥。

《解》卦与《升》卦一样，卦中的卦辞、爻辞都包含有周文王、周武王、周公的历史，九二爻的"黄矢"就是记载在《尚书》里的《牧誓》，是武王在商郊外的牧野与商军决战前聚众田猎，之后举行誓师的誓言，这个誓言就是历史上很有名的《牧誓》。

䷧ 六三：负且乘，致寇至，贞吝。

现代文注释：

　　六三，暗指殷商朝廷里的佞臣、高官，六三与九二的关系为"乘"，与九四的关系为"承"，"承"亦即负重，故曰"负且乘"，坎象为寇盗，六三与九二、初六组成下坎，与九四、六五组成上坎，故曰"致寇至"；此爻暗喻：殷商王朝的佞臣高官欺凌天下，盘剥民众，如同天下的大寇盗，其进一步的发展就是天下大乱、兵戎之患四起，占为吝。

䷧ 九四：解而拇，朋至斯孚。

现代文注释：

　　九四，居震的下位，为卦主，震为射箭，这是九四对六三"致寇至"的反应，拉弓射箭进行防御，故曰"解而拇"，古人的大拇指都戴着玉扳指，就是拉弓射箭用的。九四是西伯侯姬昌，虽处在被囚之难中，胸中自有百万雄兵，已做好了"御寇"的准备，震主的"动"将是为天下"兴正义之师"。九四阳刚，为卦主，故六三、六五、上六阴爻皆顺服九四，孚于阳，九二与九四为朋类，九二来上卦应六五，会先遇到九四，故曰"朋至斯孚"。

䷧ 六五：君子维有解，吉。有孚于小人。

现代文注释：

　　六五，柔居中，宽厚而守持中道。六五与九二有应，配合九二解救了九四，"维"，是绑在君子身上的绳索，有六五的帮助，西伯侯姬昌在羑里被释放，吉。六五施惠于君子，也取信于小人，让小人有当下的既得利益，小人指商纣王身边得宠的佞臣费仲，六五配合西岐的计谋，让费仲接受了大量的金银和奇珍异宝。中爻坎象，坎为孚，坎象上下皆阴，孚于小人之象，故曰"有孚于小人"。

☳☵ 上六：公用射隼，于高墉之上，获之，无不利。

现代文注释：

上六，爻位乘九四，九四艮象为墙，为高，高墙为"墉"，震为公，为射，艮为隼，故曰"射隼，于高墉之上"，隼暗喻叛乱，公射落停在高墉之上的隼，是为平息叛乱，于国有利，故曰"获之，无不利。"在上六的爻辞里，隐含周公"东征"平叛的预兆。

以上对《解》卦的卦辞、彖、象、爻辞，做了现代文的解释。

准确注释完六爻的爻辞后，可以更透彻理解《解》卦所在宇宙时空所对应的时义。《解》卦的时义，是"险以动"，用行动来解除危险。

君子占到《解》卦，应当效法《解》卦的精神，果敢行动，走出险难。

雷火《丰》䷶（卦序号：27）

《丰》卦，是《周易》六十四卦宇宙时空中很特别的一个时空，卦象上显示的是"电闪雷鸣"，而其所在的、现实中的四时节气时空，正是春季的"惊蛰"，天空中雷声发动，蛰伏在地下的虫子被雷声惊醒，结束了冬眠。《丰》卦，同样在卦辞、爻辞里面隐藏着周文王的信息，即他的伟大抱负和信念的信息。

先看《丰》卦的卦辞，及现代文注释：

丰：亨。王假之，勿忧，宜日中。

现代文注释：

丰，是卦名。《丰》卦，象征盛大、丰美，故亨通。这种盛大是一种无与伦比的繁荣丰茂，是处在绝对状态的丰盛，只有王者的事业，可以达到这种盛大而亨通的境界。无须为盛衰更替的规律而忧虑，无须忧虑盛大丰茂的状态可以保持多久，作为君王，只考虑如何能像日中的阳光那样普照大地，无处不达，让民众都分享到利益。

孔子《易传·彖》对《丰》卦的卦辞，是这样裁断的：

《彖》曰：丰，大也。明以动，故丰。"王假之"，尚大也。"勿忧宜日中"，宜照天下也。日中则昃，月盈则食，天地盈虚，与时消息，而况于人乎？况于鬼神乎？

现代文注释：

彖辞说，"丰"，是大的意思。下卦光明，上卦为动，光明且动，所以会有丰盛。（彖辞的这段文字里，"假"，意为"达到"，"尚"，意为"志

向"。）王者的事业，可以达到这种盛大亨通的境界，其志向也一样的伟大，君
王不忧虑盛大丰茂的状态可以保持多久，只考虑怎样像日中的阳光普照大地，无
处不达，让民众都分享到利益。日到正中，不久就要偏移西行；月盈满，不久就
要亏缺。天地日月的盈亏，随着时间推移而消长变化，更何况是人？何况是鬼神
呢？

☲ 《丰》卦的卦象，是经卦震和离的重叠，上卦震，下卦离。
　　孔子《易传·象》对《丰》卦的卦象特点，做了如下表述：

《象》曰：雷电皆至，丰。君子以折狱致刑。

现代文注释：

　　《象》说，上卦震为雷，下卦离为电，故曰"雷电皆至"，这就是《丰》卦
的卦象。君子效法这一精神，应当像闪电般的明察，像迅雷般的威严。

　　《丰》卦是六十四卦里很特别的一个卦，其特别之处在于，卦辞和爻辞说的
是完全不同的两个话题。因此，《丰》卦的时义要分别从卦辞和爻辞里去总结，
故孔子没有说到《丰》卦的时义。对于《丰》卦的时义，可分为两句话来表达。
在卦辞和彖辞得到的第一句话就是：君王与天下人共享丰盛。

　　以下是《丰》卦的六爻，及其注释。对于《丰》卦，六爻的特点是：下卦离
象与上卦震象配合，象征圣明君王六五得到各路英豪、部落首领的追随，在记录
日食过程的天象之时，做了描述；除了上六隐喻商纣王据天下财富为己有，有
凶，其他五根爻皆为无咎或吉。下面我们就进入爻辞：

　　以下六爻的爻辞，为观看日食过程的记录：

☳ 初九：遇其配主，虽旬无咎，往有尚。

现代文注释：

　　初九，初阳得正，暗喻有能力的正人君子，地位低的贤人，初九、六二半象为震，震为动，故震主初九虽无上应，也会"动"而前往上卦，初九到达上卦会遇到它的配主，配主就是受"天命"的君王，也就是六五。相遇需要等待，初阳不求急用，故曰"虽旬无咎"。"尚"，意为"希望"，前往就有希望。

☳ 六二：丰其蔀，日中见斗，往得疑疾；有孚发若，吉。

现代文注释：

　　六二，居中得正，代表贤者，此时太阳大部分被盖了，中午看到了北斗星，月前往遮盖太阳，就如同得遇明君，但光明被遮挡，故有疑疾；月与太阳的相遇是宇宙天体运行的"有孚"，它正在发动，占为吉。

☳ 九三：丰其沛，日中见沬，折其右肱，无咎。

现代文注释：

　　九三，人位中的下者，与上六有应，上六阴为暗，隐喻黑暗势力，故中午只能看到黑暗天空中微弱的小星。九三已经认识到自己的问题，故自折右臂，自伤而不用，以勿用为其用，以其不为而求自保，没有咎害。

☳ 九四：丰其蔀，日中见斗，遇其夷主，吉。

现代文注释：

　　九四，上卦震主，人位的上者，暗喻西南联盟中的部落首领，太阳被盖住，中午看到了北斗星，因为九四遇到了夷主，于是像席子一样盖上去，吉。

☳☲ 六五：来章，有庆誉，吉。

现代文注释：

　　六五，居君王尊位，有柔中之德，"来章"，是天下章华、贤才皆来的意思，意为得到贤人、才俊的追随，众爻皆来与君王相遇，言六五能接纳天下俊才，会有福庆，得美誉，吉。

☳☲ 上六：丰其屋，蔀其家，阒其户，阒其无人，三岁不觌，凶。

现代文注释：

　　上六，以其晦暗，居"丰"之极，处于"动"之终，故有凶。其实，在周公写爻辞的时候，殷商尚未覆灭，故有所忌惮而隐晦之。上六，在周公的笔下就是商纣王，其辞"丰其屋，蔀其家，阒其户，阒其无人，三岁不觌，凶。"意思就是："丰大的屋子，里面昏暗，从窗户往里看没有人，达三年之久，凶。"为什么会有如此之"凶"，就是因为商纣王把天下的丰盛都据为己有。

　　以上对《丰》卦的卦辞、彖、象、爻辞，做了现代文的解释。显然，爻辞是记录日食的过程，并阐发贤臣前往辅助有柔中之德的君王的见解。因此，把六爻的爻辞进行总结可以得到一句话，那就是：贤人得遇明主。

　　准确注释完六爻的爻辞后，可以更透彻理解《丰》卦所在宇宙时空所对应的时义。《丰》卦的时义，是君王与天下人共享丰盛，贤人得遇明主。

　　《丰》卦的时空，正是"惊蛰"节气，雷声在空中发动，蛰伏在地下过冬的生物都被惊醒了。故，《丰》卦的时义，不限于观看日食及所联想的那些道理，《丰》卦是万物苏醒的时节，春天到来，山上的豆荚在这个时节长的一串串的，果实已开始丰满，随风摇摆，满山的豆荚长得很好，很快就有豆类植物长成后的好收成了。大自然依据四时规律，提供给人们收获的喜悦，《丰》卦就是可共享丰盛、有营养的食物收获。多美好的时节啊！

君子占到《丰》卦，不必担心《丰》卦有日食的阴暗，不必因此而受到心理冲击。周文王时代记录的日食过程，把日与月的相会，作为西岐方面得到西南方部落首领前来追随周文王的吉兆，这是西岐能实现其政治目标而体现在"天象"的预兆。西岐的政治目标最终都实现了，故日食的"天象"为吉。在《丰》卦中，有周文王的抱负和信念，把握好《丰》卦的时义，就是大吉。

风水《涣》䷺（卦序号：28）

《涣》卦，是《周易》六十四卦中歧义较多的一个卦，它是《系辞》十三卦之一，孔子认为古代先人造舟楫的思想启发就来自《涣》卦的卦象。在《涣》卦的卦辞里留下了"利涉大川"之卦义。《周易》以天道及于人事，在现在通行本的注释里，《涣》卦已趋向只讲人道，以聚人心、解决人心涣散作为主题了。

先看《涣》卦的卦辞，及现代文注释：

涣：亨。王假有庙，利涉大川，利贞。

现代文注释：

涣，是卦名。《涣》卦，风吹拂在水面，舟船也行驶在水上，江河已不会成为阻隔，故亨通。王来到宗庙，有庙祭，是为了唤起人们的宗族意识，团结一心克服坎险和时下的灾患。《涣》的上卦有巽木的船舟，这利于涉过大江大河，故占到此卦的人，能做成大事。在《涣》卦的时空，有大灾难，君王到宗庙与大家在一起，利于团结大家，守持正道，君王的权威和宗庙在精神层面的影响力，让应对灾难有组织的开展起来，这是在《涣》卦的时空唯能守住的正道。

孔子《易传·彖》对《涣》卦的卦辞，是这样裁断的：

《彖》曰：涣"亨"。刚来而不穷，柔得位乎外而上同。"王假有庙"，王乃在中也。"利涉大川"，乘木有功也。

现代文注释：

彖辞说，涣卦，是亨通的。这是由于在下卦的阳刚者九二前来居阴柔之中而不穷困，这也就是行险中而不陷的道理；而阴柔者六四在上卦获得正位，与九五同德。君王来到宗庙，有庙祭，说明君王有守持中道的德行；这可以唤起人们的宗族意识，凝聚人心，以利于共济大难；人心的重新凝聚，是在有大灾难之时，为解除灾难而组织起来，达到大治。上卦有巽木的船舟，这利于涉过大江大河，九二以上至六四为震之象，震为木，亦为舟，故曰"利涉大川，乘木有功也"。风吹拂在水面上，舟船也行驶在水上，江河已不会成为阻隔，故亨通。

☴ 　《涣》卦的卦象，是经卦巽和坎的重叠，上卦巽，下卦坎。

孔子《易传·象》对《涣》卦的卦象特点，做了如下表述：

《象》曰：风行水上，涣。先王以享于帝，立庙。

现代文注释：

《象》说，上卦巽为风，下卦坎为水，故曰"风行水上"，这就是《涣》的卦象。先王见此象，以天道及于人事，享祭天帝，立宗庙，凝聚族人之心。

从《涣》卦的卦辞，再到《彖》《象》，让我们领悟到了《涣》卦卦象时空所对应的时义。《涣》卦的时义，是面临忧患时的应对。

以下是《涣》卦的六爻，及其注释。对于《涣》卦，六爻的特点是：下卦的坎因为有了上卦的巽，风吹而水干，"坎难"得以济；在涣卦，君王团结族人上下齐心济难，再大的困难也变得容易克服，故六爻的判辞皆为无悔、无咎或吉；"涣"之道，已与人心的涣散无关，而是组织起来应对艰难的精彩的"焕"，焕发出大聚、大治的光彩。下面我们就进入爻辞：

☵ **初六：用拯马壮，吉。**

现代文注释：

初六，《涣》卦的最低位，初六代表底层弱小的民众，力量微弱，然其心想济难，拯救时局，阴承阳，"拯"通假"承"，九二往上至六四为震，震为马，故就用马来比喻拯救伤人，"马"为阳，初六"用拯马"即阴爻"承阳"之象。马强壮，故吉。

☴☵ **九二：涣奔其机，悔亡。**

现代文注释：

　　九二，阳刚君子，阳居阴位，又有六三、六四两根阴爻乘其上，本有悔。但其位得中，有刚中之德，与九五虽无应，但"同德相求"可以走到一起，故悔亡。"奔"，古文通假"贲"，二爻其上为互艮，艮为机，"奔其机"即"贲其机"，为了君王九五来到宗庙，九二正在很细心的文饰宗庙里的几案，其心诚。

☴☵ **六三：涣其躬，无悔。**

现代文注释：

　　六三，阴柔，不得位，偏中乘阳，自身问题很多。六三之上有巽象，巽为志，故其志在外，六三用"涣"之道加于自身，做到"涣其躬"，是六三有志在外，想做成大事，无所悔恨。

☴☵ **六四：涣其群，元吉。涣有丘，匪夷所思。**

现代文注释：

　　六四，进入上卦巽体内，巽为齐，为群，故曰"涣其群"，群体齐心面对"涣"了，这也是形势所迫，必然同心同德、同舟共济，形势比人强，团结起来共同面对患难的群体如同一座山，其组织起来的力量更是匪夷所思，大"涣"达到大治，故为元吉。

　　这也是"多难兴邦"的道理，群体的灾难，大的灾难，可以聚人心，还可以形成有组织的力量，有利于"大一统"国家的形成。中国的水患，和有组织的治水，是形成大国的外在环境条件。

☷☴ 九五：涣汗其大号，涣王居，无咎。

现代文注释：

九五，君王处"涣"之时，坐镇指挥，令出必行，这是与国家尊严相对应的地位，"涣汗"同于"焕烂"，君王用华美、有文采的辞语表达、发布其大政令，王居住的地方也装饰的焕然一新，巍然而光彩，以示庄严，这些是为了国家尊严的形象，故没有咎害。

☷☴ 上九：涣其血去逖出，无咎。

现代文注释：

上九，到此爻《涣》卦已达极致状态，暗伏杀机，有血光之灾，要考虑离开出走远方，惕之，方无咎害。上九，其伏象为坎，坎为血，上卦巽为斧，其伏象为震，震为戈兵，故暗伏杀机，会有兵戎相见、生灵涂炭的血光之灾，故，逃离此地、远走他乡，本来也是需要考虑的一种选择。但，正因为这只是暗伏的危机，故仅为伏象的警示。从大象上看，上九居大离之上，亦即居光明之上，"涣其"明确带有焕发光明的意思，爻辞确定了上九与光明之象有联系。故，最终的结局就是，上九因为居光明之上，而导致"忧患自免"，其隐伏的恤、惕皆去，故曰"涣其血去逖出"。故，上九最终不会有受伤害的忧患，无咎。

以上对《涣》卦的卦辞、彖、象、爻辞，做了现代文的解释。

准确注释完六爻的爻辞后，可以更透彻理解《涣》卦所在宇宙时空所对应的时义。《涣》卦的时义，是面临忧患的应对。

君子占到《涣》卦，应当效法《涣》卦的精神，固守刚中之德，凝聚人心，共克时艰，共济忧患。要理解"涣"之所以会有"元吉"，是因为大"涣"可以达到大"聚"，而后达到大"治"。

第十一章　离、坎

　　在这一章里，解析《离》、《坎》两卦，《离》、《坎》两卦，是六十四卦中地位特殊的两卦，这两卦在天象上代表日、月，是我们抬头看天，白昼和夜晚所能看到的最大的天体，自古以来对人类想象力的影响最大，被尊为天神。不仅如此，日、月还是人类计时、纪年所依赖的天体，通过日圭观察日影人们知道了一年有三百六十五天，并划分了四季，进而有了节气的概念；通过观察月亮的盈亏圆缺，人们最早发现了阴历的月份，发现了潮水的涨落与月亮的关系。

《离》为火䷝（卦序号：29）

　　离上离下，重叠的"离"，《离》卦是纯卦。离卦象征太阳，象征光明，又象征火。

　　先看《离》卦的卦辞，及现代文注释：

离：利贞，亨。畜牝牛吉。

现代文注释：
　　卦辞说：离，是卦名；《离》卦，利于坚守正道，然后才会亨通；母牛是温顺的动物，在这里比喻柔顺的德行，培养自身这样的德行，吉祥。

孔子《易传·彖》对《离》卦的卦辞，是这样裁断的：

《彖》曰：离，丽也；日月丽乎天，百谷草木丽乎土，重明以丽乎正，乃化成天下。柔丽乎中正，故"亨"，是以"畜牝牛吉"也。

现代文注释：

彖辞说，"离"为火，火附丽于物，故曰"离，丽也"；这就如同日月附在天上，草木附在土上。两个"离"重叠，光明的重叠，是"明而又明"之德，这样的"明德"要附着在正道上，"明德"无所不照，就能美善社会，美善风俗，以教化天下。离卦二根柔爻居中，象征柔顺而又依附着于中正，故而能够亨通，君子修身，培养自身这样的德行，就像畜养柔顺的母牛一样吉祥。

☲ 离卦的卦象，是两经卦离的重叠。
孔子《易传·象》对《离》卦的卦象特点，做了如下表述：

《象》曰：明两作，离，大人以继明照于四方。

现代文注释：

《象》说，《离》卦的象，光明重叠，上下都是光明，象征无限光明。伟大的人物，应当效法这一精神，以持续不断的智慧光明，照耀四方。

从《离》卦的卦辞，再到《彖》《象》，让我们领悟到了《离》卦卦象时空所对应的时义。《离》卦的时义，是"明而又明"，坚守正道，要附着在正当的物体上，发出智慧光明，照耀四方。

以下是《离》卦六爻的爻辞，及其注释。对于《离》卦，六爻的特点是：下卦的"离"是事业的初创阶段，初九持有恭敬、谨慎的态度以善其始，六二进入

"日中之离"，九三到了"日昃之离"，离为君王，开创基业的君王进入年迈，故"离"的重叠有两代君王接续、继位的易象；九四是接班的新君，这新君的接班如过于急迫，就会出现宫廷之变，九四的爻辞里就有隐喻在其中，六五的忧伤、流泪状也带有同样的隐喻；爻辞在光明的背景下，六二爻所体现的是包含在光明中的坤德，有坤卦六五"黄裳，元吉"之义。下面我们就进入爻辞：

☲ 初九：履错然，敬之，无咎。

现代文注释：

初九，初阳有力，持正，并有震象，震为履，为脚步，"错然"，意为谨慎的样子，离为明察，为敬，故持恭敬谨慎的态度，不会有咎害。初爻的警示就是：行事的初始，持审谨的态度以善其始，从而也能善其终，不会有错。

☲ 六二：黄离，元吉。

现代文注释：

六二，为离的中爻，为中道，其色为黄，故六二爻有黄中之象，象征中正；太阳早上八、九点上升到日中，然后继续沿中且正的轨道缓缓运行，普照大地，这就是六二所象征的"日中之离"，以黄中之色附丽于物，元吉。

☲ 九三：日昃之离，不鼓缶而歌，则大耋之嗟，凶。

现代文注释：

九三，居下卦离的上位，象征"日昃之离"。太阳西落，老人在"鼓缶而歌"，已到耄耋之年，如不敲着瓦器唱歌，就会因为老朽而嗟叹；但本为豁达，却生出夕阳垂暮的感叹，九三在中爻有草木被大火包围的凶险之象，占凶。

☲ 九四：突如其来如，焚如，死如，弃如。

现代文注释：

　　九四，与九三接，中爻之象上为兑，下为巽，兑为草，巽为木，有草木被大火包围之象，九四和九三皆有被大火吞噬的危险，这种危险会来的很突然，故曰"突如其来如，焚如"，这突如其来的变故，含有宫廷之变的隐喻，出现骨肉相残，故曰"死如"，出现天人不容之事变，为天人所共弃，故曰"弃如"。

☲ 六五：出涕沱若，戚嗟若，吉。

现代文注释：

　　六五，柔居中，君位，以"柔中之德"主导依附之道。居大坎之上，有忧伤之象，有流泪状的悲戚嗟叹，故曰"出涕沱若，戚嗟若"，六五居上卦离之中，居尊而知忧惧，占得吉祥。

☲ 上九：王用出征，有嘉折首，获匪其丑，无咎。

现代文注释：

　　上九，"离"的极致依附动用了武力，离为日，王之象，离又有兵戈之象，故曰"王用出征"。获嘉美功勋，折其魁首，不获其众，不滥刑，无咎之道。

　　以上对《离》卦的卦辞、彖、象、爻辞，做了现代文的解释。

　　准确注释完六爻的爻辞后，可以更透彻理解《离》卦所在宇宙时空所对应的时义。《离》卦为光明之卦，正大而光明。故《离》卦的时义，在于坚守正道，要附着在正当的物体上，发出智慧光明，照耀四方。

　　君子占到《离》卦，是亨通的卦。只要守正道，不搞歪门邪道，就会亨通。对于《离》卦，最重要的就是它有"附丽"的特点，附在何物之上，完全不同，值得深思。

　　《离》卦两团火的相互作用和吸引，在卦象上也提醒君子，要注意欲望之火带来的毁灭。在现今社会，各种诱惑，就如同点燃一把火一样，会引诱人走向被诱惑而无法自拔的必死之路，要特别予以警惕。若不警觉，就会有《离》卦九四爻的结果："突如其来如，焚如，死如，弃如。"对于有远大抱负的君子来说，被欲望之火毁灭，从光明走向黑暗，有时也就一念之差。因此，努力提高自身的道德修为，远离心术不正之人，不陷入那些不怀好意者所挖设的死亡陷阱，才能做到《离》卦六二爻所说的"黄离，元吉"。君子守正，就会始终处在光明之火的照亮之下，否则就会走进地狱，受到炼狱之火的煎熬。

　　《离》卦上离下离的连接，在九三、九四的爻辞警示里含有隐喻，故第一代领导人要警惕小人接班，以避免受到伤害，要预防出现不测事变，被诬陷谋害，如九四爻辞所描述的"突如其来如，焚如，死如，弃如"。"离"的重叠，可以是光明的重叠，也可以是继任者陷害前任的事变。

　　君子感悟到《离》之道，在于依附之道，"依附之道"依赖的是"柔中之德"，这与《坎》卦走出坎险所要依赖的"刚中之德"形成鲜明的对比。领悟这种区别，会更深刻的理解《易》理。君子要学会"用柔"，用柔和的手段团结朋类、庶众聚拢在身边，行进在正道上。

《坎》为水 ☵（卦序号：30）

坎上坎下，重叠的"坎"，《坎》卦是纯卦。坎卦象征月亮，象征险难，又象征水。《坎》卦，与《离》卦是一对错卦，六爻皆变，互为"伏象"，其卦义也是相依相伏。人们常说"祸福相依"，就是这样的道理；《离》卦的光明，暗伏着坎险，《坎》卦的坎险，暗伏着光明。历史上的伟大人物，都是历经坎险，而后到达光明，"险难"会造就伟大的人物。

先看《坎》卦的卦辞，及现代文注释：

（习）坎：有孚，维心亨，行有尚。

现代文注释：

卦辞说：坎，是卦名；《坎》卦，象征重重险陷，要心怀诚信，让诚信系之于心，专诚于一事，则必得亨通；"尚"为"佑助"之意，"行有尚"是说这样对他做的事有佑助，专诚做事，会佑助所行之事得到成功。

孔子《易传·彖》对《坎》卦的卦辞，是这样裁断的：

《彖》曰："习坎"，重险也。水流而不盈，行险而不失其信。"维心亨"，乃以刚中也。"行有尚"，往有功也。天险，不可升也，地险，山川丘陵也，王公设险，以守其国。险之时用，大矣哉！

现代文注释：

彖辞说，"坎"，为险，"习"，为重复，是为重叠的"坎"。坎之为险，是因为水流过凹陷，必先灌满低凹的陷坑后才会继续前行，低凹之处当水到来时一定会被淹没。能疏导水不停往前流动，就不会溢出河床，故曰"水流而不盈"，水行险道，而不失信用。而人做事，将专诚系之于心，必得亨通，此乃"刚中"的道理，"刚中"之德就是刚健加上中道，"中道"即"恒"之道。"行有尚"，是说专诚有助于行，对做事有佑助，前往会有建功的机会。天之险，是难以登上；地之险，是山川丘陵会阻碍前行，有时会无法逾越；君王设置险关，是为了守卫国家不会轻易被敌人攻破。"险"的时用，真的很大啊！

䷜ 《坎》卦的卦象，是两个经卦坎的重叠。

孔子《易传·象》对《坎》卦的卦象特点，做了如下表述：

《象》曰：水洊至，习坎。君子以常德行，习教事。

现代文注释：

《象》说，水流相继而至，象征重重险陷。君子观此卦象，感悟其中的道理，因此经常注意自身美好德行的保持，勤奋不休止的习于教事，即自身的教育。

从《坎》卦的卦辞，再到《彖》《象》，让我们领悟到了《坎》卦卦象时空所对应的时义。《坎》卦的时义，就是君子处险。

以下是《坎》卦六爻的爻辞，及其注释。对于《坎》卦，六爻的特点是：下卦之初六柔弱之质而处重坎之下，如居坎窞，无法出险，故凶；九二有刚中之德，出险有利，中爻为互震和互艮，是"动而有止"的中爻之象，得到"求小得"的提醒；六三处在下坎之终，又接续上坎之始，故得到"勿用"的提醒；六四上承九五，可承助君王；九五位得正中，利于固守济坎之正道；上六凌乘九五，其位失中，不能共同济险，故凶；整体而言，坎之易象，即为"阳之陷"，这也正是《坎》卦的时义。以下我们就进入爻辞：

☵ 初六：习坎，入于坎窞，凶。

现代文注释：

初六，柔弱的阴爻，在重坎之下，居位不正，上又无应援，不应该深入重重险陷，落入陷穴的最深处，无法出险，故有凶。

☵ 九二：坎有险，求小得。

现代文注释：

九二，阳刚有为，居中，有刚中之德，现履坎有险，在此时的情势下只可以先谋求小利益。九二的中位，为"险中"，九二尚未出"险中"，得到告诫，在未出"险中"之时，谋求利益不可操之过急。

☵ 六三：来之坎坎，险且枕，入于坎窞，勿用。

现代文注释：

六三，这里的"来之"即"来往"，"来往坎坎"，往内是下坎，往外是上坎，来去都处在险陷之中，故只能暂且等待观察。六三已进入险陷的深处，前后都是坎险，此时，只能静观其变，不可轻举妄动。六三得到警示："勿用"，处此时位，不要行动。

☵ 六四：樽酒，簋贰，用缶，纳约自牖，终无咎。

现代文注释：

六四，一樽酒，两碗饭，用瓦盆盛饭，素约的食物从窗户递进来。作为君王的近臣，居位正，处境尽管不好，最终会协助九五渡过险难，终无咎害。

六四，阴爻居阴位，故使用了女人敬神的典故，古代女子敬神的礼仪，祭品不走正门，从窗户进出，这里寓意居大臣之位的六四，用自己的行动来谏戒君王，要忍耐。也说明六四与九五阴阳相交，能承助九五。

☵☵ 九五：坎不盈，祗既平，无咎。

现代文注释：

九五，居中得正，为天下所望，大水来了，九五疏导坎水流动而不溢出河床，仅与河床平，即"坎不盈，祗既平"，但九五的中位为"险中"，不能有大作为，又为上六阴爻所乘凌，同样要忍耐和等待。虽位尊而暂时不称其位，丢了面子，也无咎害。九五耐心等待大水在疏导下退去，等待采取进一步措施的适当时机，再平安走出险难，方法得当、不躁动就不会有灾难，故"无咎"。

☵☵ 上六：系用徽纆，寘于丛棘，三岁不得，凶。

现代文注释：

上六，其象占凶，在于其位不利，失刚中之德，又凌乘九五之上，所以凶险，要出险须等三年。上六伏象为巽，巽为绳，徽纆即为绳索，巽为草茅，为丛棘之象，上六所居上卦为坎伏离，离数为三，故曰"系用徽纆，寘于丛棘，三岁不得"，伏象呈现出的境况很不好，故"凶"。上六的爻辞，全部与伏象有关。上六的结局与六四相比也完全不同，就在于上六不能承助九五共同济险，处险难没有团结精神，变成孤单无助的个体，有凶。

以上对《坎》卦的卦辞、彖、象、爻辞，做了现代文的解释。

准确注释完六爻的爻辞后，可以更透彻理解《坎》卦所在宇宙时空所对应的时义。《坎》卦的时义，就是君子处险。将此时义，按卦象来理解，坎是险陷，故君子在重重的险陷之中，其时空含义就是：阳之陷。

阳陷坎中，确实是君子人生的艰难历程，这样的历程需要有实践的总结，也需要学习先贤的智慧，做到行险而不陷，平安出险。

　　君子占到《坎》卦，要领悟《坎》卦的要义，"维心亨，乃以刚中也"说的就是济险之道。故，要为自己制定好做事的原则，首先做事的专诚如同系之于心，如此则可得亨通；还要有"刚中之德"，用"刚"而不是用"柔"，才可以做到行险而不陷。

巻四

周易下经

第十二章　泰、否

地天《泰》☷☰（卦序号：31）

　　易即天道而归于人事，易学家尚秉和认为，《泰》《否》《损》《益》四卦是解开六十四卦人事关系的枢纽。而《泰》卦，在四卦的地位中又居于首。故，"周易下经"从《泰》卦开始是最合适的卦序安排。

　　古代更久远的时候，《泰》卦写为"柰"卦，人们在祭祀场所摆放水果柰，久而久之，柰的卦名就被人们接受。到后来，人们把天地人三元素组合作为《泰》卦代替了"柰"卦，"泰"字三横为天，中间人字，下面川字代表坤地，象征可以得天、地、人三才之为用，"泰"字面上代表了安定的状态。

　　先看《泰》卦的卦辞，及现代文注释：

泰：小往大来，吉，亨。

现代文注释：

　　泰，是卦名。在《易》中，小为阴，大为阳，《泰》卦，坤阴前往外卦，乾阳进居内卦，内阳而外阴，内健而外顺，内君子而外小人，故，君子道长，小人道消。《易》的主导思想是内卦为主，阳进入内，乾主内，故吉祥，亨通。

孔子《易传·彖》对《泰》卦的卦辞，是这样裁断的：

《彖》曰："泰，小往大来，吉亨"，则是天地交而万物通也，上下交而其志同也。内阳而外阴，内健而外顺，内君子而外小人，君子道长，小人道消也。

现代文注释：

彖辞说，"往"，是前往外卦，"来"，进居于内卦。故"小往大来"是说坤前往外卦，乾进居内卦。《易》的主导思想是内卦为主，阳进入内，故吉祥，亨通。这是天地交而万物通之象，上下能够交合因其志同也，天地之志，即天地之德，创造、化育生命之德，天地同德也。《泰》卦，内阳而外阴，内健而外顺，内君子而外小人，故君子道长，小人道消也。

☷☰ 《泰》卦的卦象，是经卦坤和乾的重叠，上卦坤，下卦乾。

孔子《易传·象》对《泰》卦的卦象特点，做了如下表述：

《象》曰：天地交，泰。后以财成天地之道，辅相天地之宜，以左右民。

现代文注释：

《象》说，《泰》卦，天地交也。"财"，通"裁"，裁制，成就的意思，"辅相"，助也，"天地之宜"就是天地化育万物的有效运行。"左右民"即"佐佑民"，助民通泰，使社会安宁。整段的意思就是：天地交，而后成就天地创造、化育万物之道，助力天地化育万物的有效运行，佐助天下苍生的生计，使之盛大繁茂，助民通泰，使社会安宁。

　　从《泰》卦的卦辞，再到《彖》《象》，让我们领悟到了《泰》卦卦象时空所对应的时义。《泰》卦的时义，是内健而外顺，内君子而外小人，君子道长，小人道消。而君子的作为，就是《泰》卦的时用。

　　以下是《泰》卦的六爻，及其注释。对于《泰》卦，六爻的特点是：下卦为乾阳，阳气上升，是主导本卦六爻的阳刚的力量，上卦阴爻与下卦有应，故全卦六爻皆有应，这既是泰卦六爻和顺相与的有利条件，也成为泰转化为否的条件；九二是卦主，体现"治泰之道"；进入上卦"泰"道开始走向反面，泰转向否的趋势逐渐显现，到上六"泰极而否来"成为事实。下面我们就进入爻辞：

☷☰ 初九：拔茅茹，以其汇，征吉。

现代文注释：

　　初九，阳刚的君子，茅和茹，都是根部相连的植物，拔一棵则相牵连而皆起，故"拔茅茹"就有"以其汇"的现象；茅茹本为坤象，这里是说阳气升进，阳出，其根部相牵，根部看不见，为伏，乾的"伏象"为坤，坤为茅茹；隐喻阳刚君子以其类聚，其根相牵，相致共进，初九的升进会牵动九二、九三共同一起动，其根部相互牵动，如同茅茹被拔起；君子共同前进，吉。

☷☰ 九二：包荒，用冯河，不遐遗，朋亡，得尚于中行。

现代文注释：

　　九二，以刚居柔，在内卦的中位，并与上卦中位的六五有应，此乃同德之象。因为与六五的同德，九二得到六五的信任相托，这是《泰》卦长久大吉、长久亨通的保证。故，九二肩负有太平盛世、泰之世的治理责任，这就涉及治泰之道。故，九二提出"包荒，用冯河，不遐遗，朋亡，"四条大的措施，也是含有四条有力措施的治泰之道。泰之世，最容易出现弊病的就是社会过于安逸，在安逸中法度废弛，人情安于享乐，无节制，近忧远患。这里，"包荒"，为包容之道，"用冯河"为奋发、拼搏、越险之道，在不断的改革中有"暴虎冯河"的勇气，"不遐遗"为有远虑，"朋亡"为不结党营私。治泰之道，有此四者，已体现出九二的贤能、才干，故夸其"得尚于中行"，"尚"为"佑助"，九二守中道而行，得中道的佑助，得中道自然可以正行，是为中正之道。

☲☲ 九三：无平不陂，无往不复，艰贞无咎。勿恤其孚，于食有福。

现代文注释：

　　九三，已到乾之极，物极必反，不会始终为平，平则必有陂，阴也不会始终往外走，往则必有复。三爻的阳即为盛，故盛极而衰的状态已经很接近了。泰极将有否事，所以君子要艰贞守正，方可保无咎。往上走，就靠近坤象，坤为忧，为恤，故告之九三"勿恤"，"其孚"是与上六之孚，不用忧恤会有不利的结果，艰贞守正即可；前往并顺其自然，九三居兑口之下，兑之象为食，乾为福，故曰"于食有福"；此爻告诫的是，知无常而勿恤，九三到了乾之极，就要走向反面了，六爻皆应的"孚"，即将成为泰向否转化的条件，知其为宇宙的规律，故曰"勿恤其孚"。

☷☷ 六四：翩翩，不富以其邻，不戒以孚。

现代文注释：

　　六四，居中爻互震之中，震为鸟，为飞，故曰"翩翩"，像鸟一样的翩翩然，轻盈飞翔，这是没有积累、没有辎重的状态，表示六四并不富足。六四进入上卦坤，虚而不富，与其坤体的其他邻居一样都不富，故曰"不富以其邻"。"以孚"为有信，亦即有应。"不戒以孚"指的是，"阴阳交泰"对于所有的六爻来说都是心中的至愿，故六爻相应，阴阳交泰，彼此皆无戒心防备，上卦坤的三阴爻会同时孚于下卦的三阳。六四下应初九，从阳爻那里得到阳富。

☷☰ 六五：帝乙归妹，以祉，元吉。

现代文注释：

六五，就是帝乙的妹妹，帝乙为殷高宗，这里用"帝乙嫁妹给周文王"的史事，来说明联姻成功，也进一步说明《泰》道的成功，这里九二为周文王，六五为帝乙的妹妹，六五虽然尊贵至极，但也不能久居闺房，她要前往九二之处下应九二，以得到她的福祉，此乃行其所愿，联姻成功；它符合本卦的主旨，少女也得到福祉，故其占为"元吉"。

☷☰ 上六：城复于隍，勿用师。自邑告命，贞吝。

现代文注释：

上六，《泰》到了极致也要走向自身的反面，"泰极而否来"的时刻到了，高大庄严的巍巍之城，在"复"道的作用下，也就是自然规律的作用下，会倾覆而倒下，卑微的如同沟渠一般，不要忿忿不平的要动用武力做最后的抗争。"泰"道在此刻既已走到了极致的终点，那就得接受天命循环的安排；想开了就好，大自然中沧海桑田的变化，不也是如此吗？泰极而否来，否极而泰来，大自然的循环往复，就是如此。改朝换代，在禅让之外，还要下诏自我贬损，如此屈尊求安乃情势所迫，到了泰卦的上六，泰由极致走向反面已是定局，此爻描绘和揭示的，是人类社会"泰极而否来"的规律，其占为吝。

以上对《泰》卦的卦辞、彖、象、爻辞，做了现代文的解释。

准确注释完六爻的爻辞后，可以更透彻理解《泰》卦所在宇宙时空所对应的时义。《泰》卦的时义，是内健而外顺，内君子而外小人，君子道长，小人道消。而君子的作为，就是《泰》卦的时用。

君子占到《泰》卦，是亨通的，吉祥的。不必在意《泰》的状态能保持多久。只要懂得治泰之道和保泰之道，其实《泰》卦的保持会很长久，就像本卦主人公周文王，就把《泰》的状态保持传递到周武王手里，周朝历经几世的兴盛。

对于《泰》卦的到来，要多做思考。《泰》卦是做大事的卦象，这是有德君王才有资格享有的亨通的卦象。做大事的人，乐见《泰》卦，也勇于接受《泰》，因为《泰》卦不是享乐，而是挑战。《泰》卦的时义，是内健而外顺，内君子而外小人，那就要迎接挑战，通过治理而后安定天下。

懂得大自然的反复之道，懂得盛衰之道，尽人事的引导，对于"泰极而否来"又有什么可担心的呢？天地交泰，而万物生，《泰》卦是显见天地之德"生生之谓易"的卦象，故占到此卦，万事亨通，是不会虚幻的。而且，《泰》的精神是奋发有为的，对于社会的治理来说，《泰》卦九二的爻辞"九二，包荒，用冯河，不遐遗，朋亡，得尚于中行。"这是何等胆略和气魄的大措施啊！这里讲到的，其实就是当年周文王在西岐兴起之时的国家治理之道。凤鸣岐山，当时并不强大的西岐历经两代人的努力，在文韬武略的指导之下，打败了强大的殷商，剪除了暴政，最终平定了天下，建立了周朝。又有谁，能轻视周文王的作为呢？

天地《否》☷☰（卦序号：32）

"周易下经"从《泰》《否》开始，《泰》卦之后，就到了《否》卦。此时，卦序号到达 32，正好是六十四卦的正中。六十四卦代表六十四个不同的"时"，在不同的"时"中，最具代表性的是四种状态，即"治时"、"乱时"、"中兴"、"衰世"四种"时"，对应着《泰》《否》《复》《剥》四卦。本书的卦序安排里，《泰》《否》代表"治时"和"乱时"，放在"周易下经"的初始，"中兴"之时的《复》卦放在六十四卦的最前面，"衰世"之时的《剥》卦放在最后一卦。从卦序大圆图上看，走过"衰世"的《剥》卦之后，就回到"中兴"的《复》卦，这就是"治、乱、兴、衰"的循环规律。

《否》卦，与《泰》卦是一对错卦，六爻皆变，互为"伏象"，其卦义也是相依相伏，所谓否极泰来，泰极而否至，《泰》卦的安泰，暗伏着危否，而《否》卦的危否，暗伏着安泰。

先看《否》卦的卦辞，及现代文注释：

否：否之匪人，不利君子贞，大往小来。

现代文注释：

否，是卦名。《否》卦，象征阴阳不相交，万物不生长，"否"有否定与闭塞两种含义，对于人事而言，是处于反常时期。"否之匪人"，是指天数，非人所为，"否"的到来乃天道之循环。"否"之时，不利君子守持正道，君子的正道受到藐视，"大往小来"，君子被排斥往外，小人进入朝堂的内廷，这是小人得势的时空，内小人而外君子，故小人之道长，而君子之道消也，君子处在小人当道的时空，守持贞正都很困难。

孔子《易传·象》对《否》卦的卦辞，是这样裁断的：

《彖》曰："否之匪人，不利君子贞。大往小来"，则是天地不交，而万物不通也。上下不交，而天下无邦也。内阴而外阳，内柔而外刚，内小人而外君子。小人道长，君子道消也。

现代文注释：

彖辞说，否卦的时空，乃天数的一种安排，非人所为。在《否》的时空里，天地阴阳不相交，上卦乾，阳气清而往上，下卦坤，阴气浊而往下，故而阳气与阴气背向相离，而不能相交。"否"之时，天地阴阳不相交，万物就无法生长，君子的正道受到藐视，不利于君子坚守正道。上下不相交，君臣、父子就不能很好的交流，国不成国，家不成家。从卦体看，内卦为阴，外卦为阳，这是小人居于内而君子居于外之象，内小人而外君子，君子受到排斥，这是天下大乱之象。小人之道长，而君子之道消也。否卦的时空，小人当道，凶险啊！

《否》卦里的"否之匪人"，揭示天道循环的自然规律，指出《否》的时空状态是一定会出现的天数安排，非人所为，故，对于《否》更应予以重视。

☰ ☷ 《否》卦的卦象，是经卦乾和坤的重叠，上卦乾，下卦坤。
孔子《易传·象》对《否》卦的卦象特点，做了如下表述：

《象》曰：天地不交，否。君子以俭德辟难，不可荣以禄。

现代文注释：

《象》说，上卦乾，清而上升，下卦坤，浊而下降，故曰"天地不交"，天地阴阳，背离而不交，这就是《否》卦的卦象。君子观此卦象，感悟其中的道理，在天地闭塞的状态下，收敛自己的才华，以避开小人陷害的灾难；在小人当道的环境下，不可追求荣禄富贵。

从《否》卦的卦辞，再到《彖》《象》，让我们领悟到了《否》卦卦象时空所对应的时义。《否》卦的时义，是君子正处在天下大乱、小人当道之时。在此小人当道的时空，君子的正道受到蔑视，故君子守持贞正都很困难，小人之道长，而君子之道消。在这样的时空里，君子的作为就是《否》卦的"时用"。

以下是《否》卦的六爻，及其注释。对于《否》卦，六爻的特点是：天地阴阳之气不交，但下卦和上卦的六爻皆有应，处在待机而动的状态，下卦更多体现的是等待和忍耐，中爻为巽象，巽为志，故下卦阴爻有志向的追求，就会有相应的作为；到上卦就把"否"的状态打破了。下面我们就进入爻辞：

☷☰ **初六：拔茅茹，以其汇，贞吉，亨。**

现代文注释：

初六，居否卦之始，柔爻不得正；"否"之时空，天地阴阳不交，上下卦之应与也受到阻碍；初六与九四有应，九四中爻为巽象，巽为志，象征初六有志向的追求，初六，拔起一根茅茹，茅茹根连着根，牵动六二、六三共同一起动，这象征着团结，团结济难；此时的初六，自守正道以求安吉，故曰"贞吉"；待机而动，终可获上应的亨通，故曰"亨"。

☷☰ **六二：包承，小人吉，大人否亨。**

现代文注释：

六二，阴爻得正居中，对上卦九五是为"有应"之承，从常理看没有任何的不对之处，但这种"承"在小人当道之时，就成为小人的"包承"，周易中的"包"皆为阳包阴，故可以说是小人被君王"包住"，这样的状态对小人接近君王献媚是最有利的，在这样的环境里，小人活的很舒服，故曰"包承，小人吉"；而大人是指阳爻，阳为大，乾为人，大人处在"否"的状态中，被小人玩弄于股掌，但毕竟君子能团结济难，大人终有亨通的一天，故曰"大人否亨"。

☷☰ **六三：包羞。**

现代文注释：

　　六三，阴居阳位，位不得正，象征小人谄媚取宠之道不正，承阳而媚于九四，其上有应而媚于上九，靠媚态而得到阳爻的"包"，自然有羞，而君子接受小人不正的德行，对于君子也同样感受到羞耻，故阳爻包六三即为"包羞"。在"否"的时空，君子包好美食珍馐去祭祀场所祈祷，以此象征"包羞"。

　　六三的"包羞"，重要的是说君子的"包羞"，自从有了《否》卦六三爻的"包羞"之后，"包羞"就成为君子在"否"的时空状态下的重要选择，在后世，多少英雄豪杰选择了"包羞"！汉朝三杰的韩信宁愿受"胯下之辱"也不与地痞流氓争一口气，就是选择了"包羞"。《水浒传》里，杨志卖刀就因为受不了泼皮的羞辱、纠缠而杀了那泼皮，只能身陷囹圄，而后脸上刺了金印，误了终身的志向追求。"包羞"在后世被作为在"否"的极端状态下"大智"的选择，这在六三爻也是一样，君子选择了包容六三，忍耐于一时，静待时局变化。

☰☷ **九四：有命无咎，畴离祉。**

现代文注释：

　　九四，人位的上者，有济否之志，也有济否之才，"否"虽尚在，天命有时，时至则"否去而泰来"，天自"有命"。故，有天命的安排，九四尽可大胆行其"济否"之人事，没有咎害，故曰"有命无咎"。"畴"同"俦"，意为同类，指上卦的三根阳爻，"离"即"丽"，依附的意思，"祉"为"福祉"，这里是说，上卦乾体的三阳相互依附，共同努力，可以得到福祉，故曰"畴离祉"。

▤ 九五：休否，大人吉。其亡其亡，系于苞桑。

现代文注释：

九五，其位居中得正，其下的中爻互艮为止，止为休，故曰"休否"，"否"的闭塞状况被打破了，乾坤反转而通泰，大人得到"吉祥"。但"否"虽终结，不要忘记"否"的凶险啊！故警之安固之道，要常常忧虞在心，警之"其亡"，要对自己喊道："其亡矣！其亡矣！"安不忘危也！还要采取稳妥的措施，立行安固之道，就像把生命维系在根系极为发达且深固的丛生的桑树之上。

▤ 上九：倾否，先否后喜。

现代文注释：

上九，居《否》卦极致之位，否极而泰来，"否"道倾覆，故曰"倾否"，"否"道已终，喜悦不禁，故曰"先否后喜"。

从九五的"休否"到上九的"倾否"，从闭塞状况被打破，到"否"道的倾覆；从"大人吉"到"喜"，"否"的状态终于结束、尽消，而让人喜悦不禁。尽管宇宙天道循环，从时空位置上看《否》卦到达《泰》卦中间相隔三十二卦，是很长的一段时空间隔；但我们要记住的是，由于《否》卦六爻皆有应，因此在《否》卦的时空里，君子的作为就可以成就"济否"的大业，完成"否极泰来"之大功，君子在《否》卦的时空里就可以得到"大人吉"和喜庆。

以上对《否》卦的卦辞、彖、象、爻辞，做了现代文的解释。

准确注释完六爻的爻辞后，可以更透彻理解《否》卦所在宇宙时空所对应的时义。《否》卦的时义，是君子正处天下大乱、小人当道之时。

君子占到《否》卦，观察其卦象，感悟其中的道理，既要忍耐，还要团结济难，在"否"的时空里，君子也能有所作为，只是不能在"否"的时空里去追求荣禄富贵，君子的作为要放在"济否"之上，顺应天命而尽人事，就不会有咎害；在《否》卦的时空里，君子的作为就可以成就"济否"的大业，完成"否极泰来"之大功。在"否"的极端状态，君子要懂得"包羞"而保存自己，在"否"终结之时，要懂得安固之道，不要忘记"否"的凶险，安不忘危，时刻警之"其亡其亡，系于苞桑。"

第十三章　革、蒙、同人、师

　　在这一章里，解析《革》、《蒙》、《同人》、《师》四个卦。在这四个卦里面，《革》、《同人》两卦，是紧跟在《离》卦之后的"阳息阴"的卦，其下卦皆为离，卦序号皆为奇数，是在《复》卦之后"阳息阴"一条路线上的卦。而《蒙》、《师》两卦，是紧跟在《坎》卦之后"阴消阳"的卦，下卦皆为坎，卦序号皆为偶数，是在《姤》卦之后"阴消阳"一条路线上的卦。

泽火《革》☱☲（卦序号：33）

　　《易传·系辞》说道："《易》之兴也，其当殷之末世，周之盛德邪？当文王与纣之事邪？"殷商最后一代君王商纣王的暴虐，最终导致了一场革命，这场革命推翻了殷商，诞生了周朝政权。这个历史事件，其意义和孔子《易传·象》对《革》卦的象辞写下的"汤武革命，顺乎天而应乎人"是一样的。

　　先看《革》卦的卦辞，及现代文注释：

革：己日乃孚，元亨，利贞，悔亡。

现代文注释：

　　革，为卦名。《革》卦，象征变革。"孚"为信，"己日"，古人用十天干纪日，己日处在前五日与后五日的转换之时，在卦辞中是指变革之初，人未之信，要到"己日"而后信，到了己日后，人心已信从，则为可以施行变革之时，故曰"己日乃孚"；《革》卦初九、六二为震，震为春，春有"元亨"，上卦兑为秋，秋有"利贞"；故，《革》卦是亨通的卦，且能在坚守正道中得到收获；变革取信于民，顺应人心，故坚守正道而推行变革，会使前途变得光明、亨通，民众在变革中亦有所得，悔恨消失。

孔子《易传·彖》对《革》卦的卦辞，是这样裁断的：

《彖》曰："革"，水火相息，二女同居，其志不相得，曰革。"己日乃孚"，革而信之。文明以说，大"亨"以正，革而当，其"悔"乃"亡"。天地革而四时成，汤武革命，顺乎天而应乎人。革之时，大矣哉。

现代文注释：

彖辞说，《革》卦，上卦"兑"是泽，有水；下卦"离"是火，水要浇灭火，火要烧干水，相互不容，导致了变革的必然。少女、中女同居而其志不相得，也是"革"之必然。变革之初，人未之信，要到"己日"这一时间过半的转换之时推行变革，才能得到天下民众的信任。《革》卦，上卦兑为悦，下卦离为光明，故曰"光明以说"；九五中正，坚守正道就会有大亨通；变革推行得当，一切悔恨都会消失。天地之间，寒往暑来，春华秋实，四时的变革，使万物生生不息；人类社会也如此，就像汤武革命，顺天应人。《革》的时义，真是太大了。

☰　《革》卦的卦象，是经卦兑和离的重叠，上卦兑，下卦离。
孔子《易传·象》对《革》卦的卦象特点，做了如下表述：

《象》曰：泽中有火，革。君子以治历明时。

现代文注释：

《象》说，上卦兑为泽，下卦离为火，故曰"泽中有火"，这就是《革》卦的卦象。水盛大，会使火熄灭；火盛大，会使水蒸发消失，故为相克的循环关系，这是要产生变革的原因。君子观此卦象，效法《革》卦的精神，制定历法，以明确显示季节变化，使民众据之以耕种作息。

中国古代，以农业为立国根本，特别重视历法对耕种的指导，故，改朝换代都要重新颁布历法，称为"改换正朔"。因此，《象》说的最后，以大变革成功后的"改朝换代"作为发表议论的主题，即所谓"治历明时"，以历法的改变和治理，明正新朝的气象，明正元年。

从《革》卦的卦辞，再到《彖》《象》，让我们领悟到了《革》卦卦象时空所对应的时义。《革》卦的时义，就是在正确的时间发动正确的变革。

以下是《革》卦的六爻，及其注释。对于《革》卦，六爻的特点是：初九在初始的时间点不贸然发动改革，只做一些持中道以自守的事情；到了六二，时机已到，己日宣布变革；九三阳刚居刚位，有过于刚猛之嫌；九四刚柔并济，改革顺利推进；到九五，君王推进的变革得到天下人的云集响应；到上六，改革进入成功后的守成阶段，得到提醒，不可过度。下面我们就进入爻辞：

☲ 初九：巩用黄牛之革。

现代文注释：

初九，阳刚居正，行动谨慎，"黄牛"的"黄"是中色，象征"中道"，而"黄牛之革"寓意坚固、可靠，这是改革之前的谨慎，先用黄牛的皮革巩固原有的基础。初九在上卦无应，故变革之前先持中道以自守，巩固自身的地位。

☲ 六二：己日乃革之，征吉，无咎。

现代文注释：

　　六二，柔顺中正，且为下卦的主爻，与九五又有应，故可以发动改革。在正确的己日，时机成熟，就行动起来。六二的柔中之德，其德行禀赋有利于接近民众，容易取得民众的信任和对于改革的理解，故前进吉祥，没有咎害。

☲ 九三：征凶，贞厉；革言三就，有孚。

现代文注释：

　　九三，人位的下者，以阳刚居下卦之极，前面有二刚爻阻挡，前进有危险，其占为厉，下卦离，离数为三，故曰"革言三就"。改革方案的审察，三次皆合才可相信其可行，还要在公众中得到可信的反馈结果，方为可信，谨慎为之，既可以不失去时机，也得到众信，最终才不会有过错。

☱ 九四：悔亡，有孚改命，吉。

现代文注释：

　　九四，阳刚居柔位，其位不得正，且在下无应，本有悔；但九四中爻为乾，居乾中，悔亡。九四离开下卦而进入上卦，从"离"进入"兑"，兑综巽，覆巽之象，巽为命，覆巽为改命，九四居乾中，乾为信，为有孚，故曰"有孚改命"；九四已到"己日乃孚，革而信之"的新阶段，民众已不顺命，而要改命。"改命"因"有孚"而顺利推进；九四有孚而改命，得吉。

☱ 九五：大人虎变，未占有孚。

现代文注释：

　　九五，以阳刚中正居上卦主位，是为卦主，故称"大人"，"虎"为大人之象，大人得"顺天应人"之时，有德行天下、天下人云集响应的"虎变"之象。其得时之正当，事理炳著，就如虎之斑纹，让民众看得清清楚楚，无不信从；大人虎变之炳然昭著，不待占筮，即有信于民众，故曰"未占有孚"。

☷ 上六：君子豹变，小人革面，征凶，居贞吉。

现代文注释：

上六，为改革顺利进展后的守成之时，君子应时而动，如豹子般敏捷，亦如花豹之文采，而小人只有革面以听从。革之终，征有凶，是说不可过度，居中道贞固以守正，吉。

以上对《革》卦的卦辞、彖、象、爻辞，做了现代文的解释。

准确注释完六爻的爻辞后，可以更透彻理解《革》卦所在宇宙时空所对应的时义。《革》卦的时义，就是在正确的时间发动正确的变革，也就是"顺天应人"。在这过程中，《革》卦强调：第一，民众对改革的理解；第二，"革言三就"；第三，有孚。对于变革的这个总结，在中国历史上的历次革命、和改革过程，都得到证实。

山水《蒙》䷃（卦序号：34）

　　《蒙》卦，对于学习《周易》的易学爱好者来说，，正如其卦名，感觉有点发蒙，这就是《蒙》卦的特点。从卦象来看，也不奇怪，《蒙》卦的卦象是山下有水，水气上升，山间树林就充满了雾气，山间雾气蒙蒙，进山不见山。

　　先看《蒙》卦的卦辞，及现代文注释：

蒙：亨。匪我求童蒙，童蒙求我。初筮告，再三渎，渎则不告，利贞。

现代文注释：

　　蒙，是卦名。《蒙》卦，象征教育的启蒙，可得亨通。不是我去求蒙昧的童子，而是蒙昧的童子来求我。坎为筮，蒙卦坎在下，为"初筮"，中爻震为告，故曰"初筮告"。坎伏离，离数三，即为"再三渎"，上九艮为止，九二中爻为反艮，亦为止，震为告，遇止，即为不告，故曰"再三渎，渎则不告"，这利于守持正道；蒙卦的上下卦，艮为秋，坎为冬，故有"利贞"。

　　孔子《易传·彖》对《蒙》卦的卦辞，是这样裁断的：

　　《彖》曰："蒙"，山下有险，险而止，蒙。"蒙，亨"，以亨行，时中也。"匪我求童蒙，童蒙求我"，志应也。"初筮告"，以刚中也。"再三渎，渎则不告"，渎蒙也。蒙以养正，圣功也。

现代文注释：

　　彖辞说，上卦震为山，下卦坎为险，故曰"山下有险"，这就是《蒙》卦的卦象。就像山下有险阻，遇到险阻而止步，这就是蒙昧导致文明的停止。蒙昧，却可以达到亨通，这是因为只要老师按照亨通的法则，也就是采用适时的中道进行启蒙，就可以得到亨通。不是我去求蒙昧的童子，而是蒙昧的童子来求我，这样童蒙的主动会带来志趣的相应。初次的问疑，给以回答，是蒙师的刚中之德，对蒙童施以"时中"之教；同一问题再三的滥问，是对老师的亵渎，就不再回答，滥问亵渎了启蒙教育。童子幼稚阶段的启蒙，可养其纯正无邪的本性，这是圣人施教化民的功业。

　　▤　《蒙》卦的卦象，是经卦艮和坎的重叠，上卦艮，下卦坎。
　　孔子《易传·象》对《蒙》卦的卦象特点，做了如下表述：

《象》曰：山下出泉，蒙。君子以果行育德。

现代文注释：
　　《象》说，上卦艮为山，下卦坎为泉水，山下流出泉水，这就是《蒙》卦的卦象。君子观察此卦象，得到启发，用果敢的行为来培育品德。

　　从《蒙》卦的卦辞，再到《彖》《象》，让我们领悟到了《蒙》卦卦象时空所对应的时义。《蒙》卦的时义，是启智，启蒙童稚之心。

　　以下是《蒙》卦的六爻，及其注释。对于《蒙》卦，六爻的特点是：阴爻为蒙童，阳爻为蒙师。下面我们就进入爻辞：

▤初六：发蒙，利于刑人，用说桎梏，以往吝。

现代文注释：
　　初六，在最下位，象征启蒙的最初阶段。"发蒙"，是智力启蒙的初始阶段出现的状态，这是在思考，因此不要觉得奇怪。我们就经历过听不懂的课，坐在那里发蒙。允许"发蒙"，就是启智的规律和重要方法，这有利于造就善于思考的人，去掉束缚启智教育的条条框框，又不放任自流，不致将来的遗憾。

☲ 九二：包蒙，吉。纳妇吉，子克家。

现代文注释：

　　九二，有刚中之德，阳刚为明，故为老师。蒙为不明，即为暗，暗为阴，故卦中的阴爻是童蒙。九二往上至上九，大象为离，光明之象，九二与上九，有包住童蒙之象，象征将童蒙都带往光明。这是有责任心的"师道"，自然为"吉"。中爻出现震象，震为夫，伏象为巽，巽为妇，故曰"纳妇"；震为子，其上为艮，艮为家，故曰"子克家"，"纳妇吉，子克家"寓意刚柔得以相接，大吉。

☲ 六三：勿用取女，见金夫，不有躬，无攸利。

现代文注释：

　　六三，阴居阳位，位不中不正，又以阴爻乘九二阳爻，象征行为不端的女子，故被断为：不要娶这个女子。六三，是没有受过礼教启蒙的女子，与上九有应，上为艮有止，上应有困难，六三转向与九二亲比，九二中爻覆艮，艮为金，为夫，故曰"金夫"，"不有躬"指"失身"于人，六三轻易失身于人，娶这样的女子没有好处。

☲ 六四：困蒙，吝。

现代文注释：

　　六四，在下无应，处在众阴的包围中，与蒙师九二的接触被六三隔开，与蒙师上九的接触又被六五隔开，故有"困蒙"之象，有遗憾，吝。

☵ 六五：童蒙，吉。

现代文注释：

　　六五，艮象为少男，故曰"童蒙"，巽顺且居中位，象征谦虚好学，始终以童蒙自处，也就是卦辞中的那位童蒙，六五与蒙师九二有应而前往，吉。

☵ 上九：击蒙，不利为寇，利御寇。

现代文注释：

　　上九，教学方式走向极致，上卦艮为手，故有"击"之象，这里的击蒙是带有棒喝、震撼含义的教育，下卦六三居坎，与上九有应，坎为寇，"寇"指行为的不端，上九欲改变六三的行为，故曰"不利为寇"；艮为刀兵，故曰"利御寇"，这里"寇"都是指行为的不良，上九是行为教育的蒙师。

　　以上对《蒙》卦的卦辞、彖、象、爻辞，做了现代文的解释。

　　准确注释完六爻的爻辞后，可以更透彻理解《蒙》卦所在宇宙时空所对应的时义。《蒙》卦的时义，是启智，同时还是引导人的行为归于正道的教育。

　　君子占到《蒙》卦，要多参与圣人施教化民的功业，努力做到善为蒙师。

天火《同人》 ☰ （卦序号：35）

　　《同人》卦，是讲与人"同"的卦。与人同，是说志同而道合，志若不同，则不会有"同"的基础，道不合即"道不同"，孔子就说过："道不同不相为谋"，道不同，就无事可谋，故要做到"同"是不容易的，要有共同的志向，还必须是同道中人，故《同人》卦，既道出"同"的真谛，也道出其中的艰难。卦象上，上下卦为同人之象，离与天同，六二上同九五，先天之乾，后天之离，同位于南，《九家易》就有"乾舍于离，同而为日。"之注释。

　　先看《同人》卦的卦辞，及现代文注释：

同人：同人于野，亨。利涉大川，利君子贞。

现代文注释：
　　同人，是卦名。《同人》之道，必于野。"野"，代表坤原的广大，同人之道，乃至公大同之道，而与人"同"，乃是志同道合基础之上的"同"，是与天下君子的"同"，故必于野。而圣达公心的"同人"，必得亨通。"同人"，利于涉过大江大河，利于君子守持正道。

　　孔子《易传·彖》对《同人》卦的卦辞，是这样裁断的：

　　《彖》曰："同人"，柔得位得中，而应乎乾，曰同人。同人曰："同人于野，亨，利涉大川"，乾行也。文明以健，中正而应，"君子"正也。唯君子为能通天下之志。

现代文注释：
　　彖辞说：同人，下卦的六二，柔爻得正且得中，与上卦乾中位的九五有应，故曰同人。《同人》说道：同人必于野，圣达公心的"同人"，必亨通；"同人"，利于涉过大川，这是乾道在运行，天行健，利于克服艰难险阻。而离卦与乾卦的结合，就是文明以健。六二与九五皆为中正，且为正应，此乃君子之正应，象征君子内怀文明之德，外有乾阳之刚健，内明大义而外行乾乾之努力。也只有君子，可以做到如此，君子通达天下之志向，同人于野，共同努力，必得亨通。

☰ 《同人》卦的卦象，是经卦乾和离的重叠，上卦乾，下卦离。
孔子《易传·象》对《同人》卦的卦象特点，做了如下表述：

《象》曰：天与火，同人。君子以类族辩物。

现代文注释：

《象》说：上卦乾为天，下卦离为火，故曰"天与火"，这就是《同人》卦的卦象。天与火的结合，乾道与光明的结合，这就是"同人"之道，君子以类族辩物，志同道合，君子同于君子。

从《同人》卦的卦辞，再到《彖》《象》，让我们领悟到了《同人》卦卦象时空所对应的时义。《同人》卦的时义，是与人"和同"，以求志同道合的团结，共同为善的合作。

以下是《同人》卦的六爻，及其注释。对于《同人》卦，六爻的特点是：全卦只有六二唯一的阴爻，各爻都围绕与六二的"同"的关系而展开；初九的同人，有初始阶段的单纯，无咎害；下卦的二、三爻皆不得"同人"之道；到上卦九四，思得"同人"之大义，得"吉"。下面我们就进入爻辞：

☰ 初九：同人于门，无咎。

现代文注释：

初九，阳刚的初爻刚刚启动，就在门口遇到了志趣相投的朋友，这位投缘的朋友指的就是六二，最靠近初九，六二中爻为巽，巽为门，故曰"同人于门"，这是初九在人生初始阶段刚开始与人"同"，其心单纯，故无咎害。

☰ 六二：同人于宗，吝。

现代文注释：

六二，与九五同为正中，为正应，九五乾为主，为宗，故曰"同人于宗"；只讲求与宗主九五的同人，使得六二不能就近与九三比承，六二不能承九三，也违背了"同人于野"的大道理，故得不到吉，转吝，有遗憾。

☰ 九三：伏戎于莽，升其高陵，三岁不兴。

现代文注释：

九三，得不到六二主动的承比，故欲兴兵戎，与九五争夺六二；在草莽中藏伏重兵，不时登高观察形势，但最终不敢有行动。九三中爻为互巽，巽为草莽，下卦离为兵戎，乾在其上为高陵，离数为三，乾为岁，故曰"伏戎于莽，升其高陵，三岁不兴"。

☰ 九四：乘其墉，弗克攻，吉。

现代文注释：

九四，下乘九三，故曰"乘其墉"，出征有时日了，欲攻克敌方城池，但深思之，自己欲用强夺得六二乃不义之举，故主动决定放弃攻城，班师，"弗"与

"不"有别，是自己主动决定弗"克攻"，故，吉祥。

☰ 九五：同人，先号咷而后笑，大师克，相遇。

现代文注释：

九五，居中得正，与六二为正应；与正应的相遇却几度受阻，这在"同人"的时空意味着"同"的不易；九五孤军作战，援兵不至，几度陷入绝境，然而最终打了胜仗，与援军相遇，故曰"先号咷而后笑"。九五的援兵即为六二，有应而先受阻，后相遇。

☰ 上九：同人与郊，无悔。

现代文注释：

上九，隐退的君子，处在困顿中，"同人"选择在郊外山林间，自得其友，"同"的范围小，没有达到"同人于野"，但也没有后悔的事。

以上对《同人》卦的卦辞、彖、象、爻辞，做了现代文的解释。

准确注释完六爻的爻辞后，可以更透彻理解《同人》卦所在宇宙时空所对应的时义。《同人》卦的时义，是与人"同"，以求志同道合的团结，共同为善的合作。故，君子若能领悟《同人》的时义，即可适时的脱开俗务，从交友、论道的角度与同人喝喝茶、说说话，放下功利之心，轻松一天。这样的放松，对做事有帮助，会放下某些"执"念，少犯错误。

从《同人》卦以上六爻的六种不同状态，可以看出"同人"的不容易，甚至充满艰辛和火药味。

君子领悟《同人》卦的道理，可以看到《同人》卦的九三、九四、九五连续三根爻其内容都是打战，兵戎相见，其道理就是九三到九五都违背了"同人"的原则，在事业或功业的追求过程，没有做到"君子同于君子"的同人合作，有时就会无端的起争夺之战，故九三到九五都不是"同人"卦里的理想阶段。从这里也可以体会到与人"同"的困难。

君子占到《同人》卦，对事业会有很大帮助。不论目前的事业顺还是不顺，都没有关系，要去领悟《同人》的时义，按《同人》所说的去结识更多志同道合的同人，明白"至公大同之道"，进而行"同人"之道，这样去做，最终的结果必然会通达，得到大的亨通。

要明白一个道理，同人尽管大多数不会是生意上的伙伴，也不会都是部属或手下的人，但"同人"含义深刻。认识了"同人"，这辈子就有了真正的朋友，尽管不会经常有酒桌上的酣畅淋漓，也不会经常说"这辈子做好兄弟"这样虚情假意的话，却可以得到惠心如兰的知己。

在事业团队里得到同人很不容易。现在企业家都接受在事业上用利益和股权绑定的思维，又有几位企业家能在成功的道路上得到志同道合的同人呢？这些都有待于真正品德高尚的企业家，去认真思考。如若思考的结果能实践之，那他就有幸成为《同人》卦中人了。

地水《师》☷☵（卦序号：36）

《师》卦，被誉为第一兵书，是最早涉及行师出征、用兵之道的兵书，虽然只是一个卦的时空，但它就是一部真正意义上的杰出兵书。

先看《师》卦的卦辞，及现代文注释：

师：贞，丈人吉，无咎。

现代文注释：

师，是卦名。"师"，兵众也。用师之道，利于得正，而任用老成之人，即"丈人"，得吉祥，没有咎害。下坎为险，上坤为顺，古者寓兵于农，伏险于顺。仅九二为阳爻，为将之象，上下五阴顺而从之，为兵众之象。

孔子《易传·彖》对《师》卦的卦辞，是这样裁断的：

《彖》曰："师"，众也。"贞"，正也。能以众正，可以王矣。刚中而应，行险而顺，以此毒天下，而民从之，"吉"又何"咎"矣。

现代文注释：

彖辞说，"师"，兵众也。"贞"，即正，用师之道，利于得正也。能让众多的军队守持正道，可以成就王者之业。阳刚居中，且上有应；行兵家之险道而兵众顺服，以此带兵行天下，民众乐从，自然吉祥，又怎么会有咎害呢？

☷☵　《师》卦的卦象，是经卦坤和坎的重叠，上卦坤，下卦坎。

孔子《易传·象》对《师》卦的卦象特点，做了如下表述：

《象》曰：地中有水，师。君子以容民畜众。

现代文注释：

　　《象》说，上卦坤为地，下卦坎为水，故曰"地中有水"，这就是《师》卦的卦象。君子观此卦象，明白其中的道理，像水库蓄水一样的蓄养民众。

　　从《师》卦的卦辞，再到《彖》《象》，让我们领悟到了《师》卦卦象时空所对应的时义。《师》卦的时义，就是用兵之道。

　　以下是《师》卦的六爻，及其注释。对于《师》卦，六爻的特点是：九二是《师》卦唯一的阳爻，是卦主，得六五君王的信任。下面我们就进入爻辞：

☷ 初六：师出以律，否臧凶。

现代文注释：

　　初六，行师之初，军队出动要用军法约束，号令严明，整肃有方，失律则必导致兵败，"臧"为善，治军的任何不善，都会带来凶险，故"否臧凶"。

☷ 九二：在师中，吉，无咎；王三锡命。

现代文注释：

　　九二，居下卦中位，居将位，有刚中之德，为众阴所孚，故居中而"吉"。将居军中，得君王的信任，故专其事而无咎害；"锡"即赐，君王六五给予九二充分信任，同时赏赐有加，九二为坎伏离，离数为三，故曰"王三锡命"。

☷☵ 六三：师或舆尸，凶。

现代文注释：

六三，阴爻居位不中不正，乘九二，有凌驾主师之上不听号令的情况出现，阴居阳位，其才柔弱而其志过刚，这种情况下，会有载尸而归的兵败，"舆"为大车载物、载人的空间，"舆尸"即载尸，大车载尸而归，故"凶"。

☷☵ 六四：师左次，无咎。

现代文注释：

六四，居上卦靠近君王之位，为多"惧"之位，六四在下方又无应援，故持谨慎的态度方可无忧，"左"为后，"次"为舍弃，"左次"即后撤，放弃原来的营地，以退守的谨慎以防不测，这是贤明之举，故无咎害。

☷☵ 六五：田有禽，利执言，无咎。长子帅师，弟子舆尸，贞凶。

现代文注释：

六五，用"师"的君王，柔而居中，执理而行，不主动挑起战端，故其用"师"必具备"田有禽，利执言，"的条件，无咎害。但战争是残酷的，尽管用"将"得当，国之存亡的大事解决，老成的"长子"九二帅军得胜而归，但六三的士兵队伍里载尸的大车带着军士抑郁的伤感，"兵"者，凶器也，占为凶。

☷☵ 上六：大君有命，开国承家，小人勿用。

现代文注释：

上六，为《师》卦之终，战争结束，自然要论功行赏。君王发出诰命，分封王侯，封赏大夫爵位和食邑，即"有家"，"家"为食邑，也称为采邑。对匹夫之勇的猛士，则给以金银和田地的奖赏，解除其兵权，不生祸端。

以上对《师》卦的卦辞、彖、象、爻辞，做了现代文的解释。

准确注释完六爻的爻辞后，可以更透彻理解《师》卦所在宇宙时空所对应的时义。《师》卦的时义，就是用兵之道。

君子占到《师》卦，效法《师》卦的精神，在事业发展中选择和任用"将"才，任用老成有德之人，则可让他"专其事"而无咎害，让用人之道发挥最大作用，取得事业发展的成功。观察《师》卦的卦象，是地中有水，明白了其中的道理，就会重视蓄养人才，以备激烈竞争开始之时有人才可用。地中有水，可以看作是人才的水库。

第十四章　临、遁、损、咸

在这一章里，解析《临》、《遁》、《损》、《咸》四个卦，在这四个卦里，《临》、《损》两卦是紧跟在《同人》卦之后的"阳息阴"的卦，其下卦皆为兑，卦序号皆为奇数，是《复》卦之后"阳息阴"一条路线上的卦；从《临》卦开始，"阳息阴"的卦要连续走过八个下卦为兑的卦。而《遁》、《咸》两卦则是紧跟在《师》卦之后的"阴消阳"的卦，其下卦皆为艮，卦序号皆为偶数，是《姤》卦之后"阴消阳"一条路线上的卦；从《遁》卦开始，"阴消阳"的卦要连续走过八个下卦为艮的卦。

地泽《临》䷒（卦序号：37）

临卦，帛书《易》中为林卦。林卦的时义，更注重春天时节万物生长繁育，以及所需的自然环境，是自然主义色彩极为浓厚、生态保护意识极强的一个卦。其后，演变成为注重君臣之间关系的卦。

先看《临》卦的卦辞，及现代文注释：

临：元亨，利贞，至于八月有凶。

现代文注释:

临，是卦名。《临》卦，象征君临，有元亨、利贞之吉，其义皆在九二。从卦象看，九二中爻为震，震为春，春有"元亨"，九二居下卦兑之中，兑为秋，秋有"利贞"；但阴阳的消长，其时间不会太久，走到八月之时有凶。《临》卦是二月卦，从二月走到八月，刚好走过六十四卦大圆图的半圈，到达本卦的错卦位置；故，这里所说的八月的卦很明确就是《遁》卦，与《临》卦相互为错卦，君子应有所戒备，《遁》卦时空的特点是小人进逼，其时有凶。

孔子《易传·彖》对《临》卦的卦辞，是这样裁断的：

《彖》曰：临，刚浸而长。说而顺，刚中而应，大"亨"以正，天之道也。"至于八月有凶"，消不久也。

现代文注释:

彖辞说：临卦，阳气从下而上，在增长。下卦为兑，上卦为坤，是悦而顺的卦象。九二爻阳刚居中位，且与六五的上卦中位有应，故坚守正道就会大亨通，这是天道。至于八月有凶的说法，是说阴阳的消长，其时间不会太久。

　　　　《临》卦的卦象，是经卦坤和兑的重叠，上卦坤，下卦兑。
孔子《易传·象》对《临》卦的卦象特点，做了如下表述：

《象》曰：泽上有地，临。君子以教思无穷，容保民无疆。

现代文注释:

《象》说，上卦坤为地，下卦兑为泽，故曰"泽上有地"，象征君临天下，这就是《临》卦的卦象。君子观此卦象，得到启示，要不断的思考怎样教养天下庶众，保证天下庶民的生计。象说的这段话，值得多回味。语中的"教思"不同于教化，是针对君子本人说的，这在春秋之后就很少使用。

从《临》卦的卦辞，再到《彖》《象》，让我们领悟到了《临》卦卦象时空所对应的时义。《临》卦的时义，是统御之道，强调临察。

以下是《临》卦的六爻，及其注释。对于《临》卦，六爻的特点是：初九和九二是临卦的两根阳爻，阳爻处下，象征亲临；九二是卦主，得吉，无所不利；六五君王以"知人善任"为大君之宜，得吉。下面我们就进入爻辞：

☷☱ 初九：咸临，贞吉。

现代文注释：

初九，是从下生长的阳气，与九二共临群阴，"咸"，即感，是亲身临察后的感受，也是阳爻与阴爻感应的状态。无论是保护山林的规定，还是其他的政策措施，在大家理解后，就会变成维护自身利益的共同行动。这里强调民众理解后的参与、全员管理。初九的"咸"，是与六四有上应的咸，故曰"咸临"；初九的临有责任在身，阳临阴，大临小，六四会因之而应，且为正应。初九，刚居阳位，得正，占为吉。

☷☱ 九二：咸临，吉，无不利。

现代文注释：

九二，居中，有刚中之德，与初九共同"咸临"，是因为九二在上卦同样有六五之应，故九二与初九都为"咸临"。九二的阳已经到了下卦中位，阳已长至二爻位置，开始兴盛，故，得吉祥；阳气的兴盛刚刚开始，遇上方坤阴而通达，为大亨通之象，故，无所不利。

䷒ 六三：甘临，无攸利。既忧之，无咎。

现代文注释：

六三，人位的下者，阴居阳位，不正，六三居下卦兑之口，口有品尝之象，其上中爻为坤，坤味甘，故曰"甘临"；其上无应，故曰"无攸利"。坤象为忧，知无利而忧之，无咎。六三，寓意：要改变依靠甜言蜜语的治理。

䷒ 六四：至临，无咎。

现代文注释：

六四，人位的上者，与初九有应，下应为"至"，故曰"至临"；六四当位，又有坤的顺德而下应初九，故无咎。

䷒ 六五：知临，大君之宜，吉。

现代文注释：

六五，居上卦主位，，有柔中之德，"知"，即智。六五，虽阴爻不得位，但得中道自然有正，其下有九二相应，得将帅之才，知人善任，实为其智，故曰"知临"。九二中爻为震，震为大君，六五居尊亦为大君，故称六五与九二之应为"大君之宜"，其用人的统御之道亦为"大君之宜"，占为吉。

䷒ 上六：敦临，吉，无咎。

现代文注释：

上六，"临"的极致位，"敦"，为厚，有坤之象，有坤之德；"敦"，在古文里还有视察、督促之意。故，上六的"敦临"，有针对六三的督促之意，这与九二的"咸临，吉"有意义上的贴合，这厚道的临，和贴合卦主之意的临，皆为吉祥，没有咎害。

　　在本卦中，由于九二是成卦之主，六五是主卦之主，且九二与六五有应，故九二对"咸临"的强调，重视亲临，有其深意；九二之上有四根阴爻，六五得中道而自然有正，六四和上六皆得正，唯有六三不得正，故九二的亲临，上六的敦临，都指向六三。上六强调"敦临，吉"的思想，是与九二相配合，等待阳刚的继续兴盛而上长，带有敦促六三改变其不正的含义，六三伏象为九三，伏象得正，故暗伏着对六三变爻后得正的期待，六三变爻后《临》卦变卦为《泰》卦，这正是上六所期待的结果，这在阳息阴的卦中是完全可以期待到的。上六已到"临"的极致，与六五没有出现冲突，其占为吉，这在六十四卦中很少见。

　　以上对《临》卦的卦辞、彖、象、爻辞，做了现代文的解释。

　　准确注释完六爻的爻辞后，可以更透彻理解《临》卦所在宇宙时空所对应的时义。《临》卦的时义，是统御之道。《临》卦提高用人之道的地位，这是《临》卦推崇和谐、强调走到基层去、让员工理解管理目标并实现全员管理的领导方法。注重管理，是《临》卦时义的特点。

　　《临》卦的时义，对君子有特殊意义，这是因为《临》卦所讲的道理，是其必须处理好的人与人的关系。"用人之道"和"经营管理之道"都与《临》有关。故，《临》的时义，已经涉及到企业家的战略管理层面。

天山《遁》☰☶（卦序号：38）

从《姤》开始，阴消阳的进逼，走到《遁》卦就可以明显感觉到了。到了《遁》卦的时空，已经和当初《姤》卦的时空完全不一样了，此时已经不是警惕和防止"阴"的势力发展的问题，而是阳爻的退避已势成必然了。

先看《遁》卦的卦辞，及现代文注释：

遁：亨，小利贞。

现代文注释：

遁，是卦名。《遁》卦，是亨通的。遁者，退也。在《遁》卦，阴爻在下方伸长、进逼，阳爻在退避，故命名为《遁》。《遁》卦，之所以可以亨通，是因为君子在不得不退避、遁离的时候，遁离可以避免受到伤害，道不同不相为谋，遁离的时刻到来之时，遁离就会亨通。"小"为阴，阴的势力进逼，如果守正道，不做过分逼害君子的事情，也会有利，故曰"小利贞"。

孔子《易传·彖》对《遁》卦的卦辞，是这样裁断的：

《彖》曰：遁"亨"，遁而亨也。刚当位而应，与时行也。"小利贞"，浸而长也。遁之时义，大矣哉！

现代文注释：

彖辞说，《遁》卦，是亨通的，遁离后得到亨通。九五阳刚且居中得正，与下方的六二阴爻有应，此时小人进逼，是君子决定进退最困难的时刻，顺应时势而行"遁离"之道，遁离之后就会得到亨通。阴的势力进逼，如果守正道，不过分逼害君子，也会有利，这是阴气浸润而伸长的时势，阴为小，故"小利贞"。《遁》卦的时义，确实很大啊！

☰☶ 《遁》卦的卦象，是经卦乾和艮的重叠，上卦乾，下卦艮。

孔子《易传·象》对《遁》卦的卦象特点，做了如下表述：

《象》曰：天下有山，遁。君子以远小人，不恶而严。

现代文注释：

《象》说，上卦乾为天，下卦艮为山，故曰"天下有山"，这就是《遁》卦的卦象。山渐渐的高起而进逼于天，天乃上进而去之。君子观此卦象，得到启示，在看清小人的真相后，毅然决定远离小人，以遁离来寻求上进的新时机，不与小人继续相处，离开那种因为小人的存在而会引起心情的厌恶、不快乐的旧环境。君子身的离开，不仅保留了自己的生存空间，而且保持了自己的独立人格。身的离开，保证了心的"不恶"，没有了"恶"的心情，就保持住了君子生存的尊严，君子要有尊严的活着，无须与小人陪笑脸，说些小人喜欢听的话，那样活的太累，也没了尊严。

从《遁》卦的卦辞，再到《彖》《象》，让我们领悟到了《遁》卦卦象时空所对应的时义。《遁》卦的时义，是小人进逼，君子到了遁离的时候。

以下是《遁》卦的六爻，及其注释。对于《遁》卦，六爻的特点是：阴爻的进入已到达下方两根爻，阴的强盛已很明显，阳爻已经失去控制局面的主导权，君子到了遁离的时刻；下卦一至三爻的作为皆不合"遁"之道，危险，占为厉；上卦得"遁"之道，吉。下面我们就进入爻辞：

☰☶ **初六：遁尾，厉。勿用有攸往。**

现代文注释：

初六，柔而不得位，居全卦最下方，其象为尾，故曰"遁尾"，象征无德、无才华之人。但在"遁"的时空，阴爻在进逼，初六无须遁。他留在那里有什么灾祸呢？初六的"厉"，从何而来？此时的他，事理不明，一味的前往进逼阳刚的贤人。贤人君子不为所用，只能一个个的都离去，阴的势力盘踞在内卦，不能在事业上有所作为，很快，危险的"厉"就出现了。警示之辞"勿用有攸往"，一语双关，小人无需进逼，君子的遁离不要落在最后，落在最后的遁离者不利，有所往的作为是在遁离之后，故曰"勿用有攸往"。

䷠ 六二：执之用黄牛之革，莫之胜说。

现代文注释：

六二，得位又居中，中色为黄，艮为牛，为皮革，艮又为手，为执，故爻辞有"执之用黄牛之革"之言；六二与居尊位的九五有应，欲予以加害。"说"，通假"脱"，这里是用中国古代的一个典故，就是用坚固的黄牛皮捆绑醉酒后的武人的典故，这样的结果，就是被捆绑之人再有力量也无法挣脱。六二之所以有这样的念头，是惦记九五的财产；六二居心叵测，已准备好了使九五无法反抗的整套方案。

䷠ 九三：系遁，有疾厉，畜臣妾吉。

现代文注释：

九三，中爻为巽，巽为系，故曰"系遁"。心有系挂，是指有利益的权衡，故有留下来以分到自己该得利益的想法，故其"遁"道因为心的动摇不定而不通畅；巽为疾，在此爻里"疾"是指心为利欲所缠绕之困苦，这对于九三是有害处的，有危险，故曰"系遁，有疾厉"。九三，没有选择遁离，是对六二还存有幻想，他想与进逼的小人处好关系，委屈求安。九三之下的两根阴爻为小人，即爻辞的"臣妾"，九三为艮阳，故有畜止之象，"畜"，为畜养，在此处其意为相处，孔子与弟子谈论此爻时，就曾说："唯女人与小人为难养也，近之不逊，远之则怨。"孔子说的"女人"指的就是侍妾，"臣"是指小人，故"畜臣妾"说的就是与小人、侍妾的相处，这种相处是很难的。九三若能做到，则仍为"吉"，故曰"畜臣妾吉"。

☰☶ **九四：好遁，君子吉，小人否。**

现代文注释：

　　九四，与初六有应，故，亦是心有牵挂，有利益的牵挂，也有对阴的势力抱有的幻想，因为此刻阴的祸患尚未显露；但，九四仍能断然退避，这是君子毅然割舍心中牵挂的利益，其决断是在最好时机、最及时的遁离，故曰"好遁"。能抑制心中对利益的欲念，就是君子的作为，可得吉祥；若心系利益之欲念不能解脱，则沦为小人，会有凶否；故曰"君子吉，小人否"。

☰☶ **九五：嘉遁，贞吉。**

现代文注释：

　　九五，阳刚，其位居中得正，得中正之道，时行而行，时止而止，不为利益所牵，虽与六二为正应，但明察阴爻强盛的情势，也洞察了六二的不良居心，故毅然决定不应六二，而是与乾体上下的两根阳爻共进退，完成乾体共同的遁离，这样共同行动的会合，就是乾道得亨通的"嘉之汇"，故曰"嘉遁"。九五能守乾阳的正道，占为"吉"。

☰☶ **上九：肥遁，无不利。**

现代文注释：

　　上九，"遁"之极，居乾之上，乾为肥，故曰"肥遁"，古代卦书里皆写为"飞遁，无不利"，故"肥"亦通假"飞"。上九处"遁"之极致，远走高飞，飞快的远离，是其本意。上九能快速的离去，是吉祥的，其未来无所不利，故其占为"无不利"。

以上对《遁》卦的卦辞、彖、象、爻辞，做了现代文的解释。

准确注释完六爻的爻辞后，可以更透彻理解《遁》卦所在宇宙时空所对应的时义。《遁》卦的时义，是小人进逼，君子到了不得不遁离的时候。

君子占到《遁》卦，应该毅然遁离，寻求新的发展。君子的遁离，不仅保留了自己的生存空间，还保持了自己的独立人格。这是君子重新开始的新起点，发展空间会更大，心情更愉快，人格的独立也确保了生存的尊严。有尊严的活着，对于君子，其实是最重要的，也是最轻松的活法。

山泽《损》䷨（卦序号：39）

在六十四卦中，《损》、《益》两卦是曾让孔子喟然而叹的卦，故被称为是理解人事道理的枢纽。从爻变导致形成《损》卦来看，《损》卦是由《泰》卦而来，是由《泰》的时空里的爻变产生《损》卦，因此要效法"损"之道，就要在安泰的前提之下。

先看《损》卦的卦辞，及现代文注释：

损：有孚，元吉，无咎。可贞，利有攸往。曷之用？二簋可用享。

现代文注释：

损，为卦名。《损》卦，必须讲求诚信，有诚信才有可能提出"损下"的方案而为民众所接受，才会有"元吉"，才没有咎害。"损"的意思，就是减省，与"益"的增加刚好是反义。损某人，就是从某人身上拿走利益，"有损"就是有被拿走。本卦主要讲"损下"的道理，故特别强调要"有孚"，拿走的利益得有正当的用途，讲的话必须是真的，这样百姓或下层的民众才会乐于接受。这就是"损所当损，民将乐输"的道理。"有孚"作为前提，才会有"元吉"，才会无咎。由于此法可用于正道，可以作为在特殊情况下的权变之法，所为有利，故曰"可贞，利有攸往"，所有这些都是"有孚"的结果。"曷"，即何，这里问道："应当如何安排呢？"那祭祀时就简约些，把祭品由八簋减为二簋吧！

孔子《易传·彖》对《损》卦的卦辞，是这样裁断的：

《彖》曰：损，损下益上，其道上行。损而"有孚，元吉，无咎，可贞，利有攸往。曷之用？二簋可用享"。"二簋"应有时。损刚益柔有时，损益盈虚，与时偕行。

现代文注释：

　　象辞说，《损》卦，是在讲"减损"。在《损》卦里，减损，是减损下方，增益上方，方向由下往上进行。故，"减损"之道强调诚信，只有具备了诚信，民众才会接受，才会"大吉"。损所当损，民将乐输；故"可贞，利有攸往"，也就是说，此法可用于正道，利于正当用途的所往。应当如何安排呢？那祭祀时就简约些，把祭品由八簋减为二簋，有诚意的祭祀就会吉祥。"损刚益柔"带有时势的判断，而减损盈满的补充虚亏的，就是具体的安排，代表了"与时偕行"的大道理。

　　䷨　《损》卦的卦象，是经卦艮和兑的重叠，上卦艮，下卦兑。
　　孔子《易传·象》对《损》卦的卦象特点，做了如下表述：

　　《象》曰：山下有泽，损。君子以惩忿窒欲。

现代文注释：

　　《象》说，上卦艮为山，下卦兑为泽，故曰"山下有泽"，这就是《损》卦的卦象。《损》卦，减损泽中的土，以增益山，所以山高泽低。君子观此卦象，就要效法这一精神，对自己的情绪，如忿怒，加以节制和惩罚；窒息欲望之火，节制自己的贪欲和各种欲念。

　　从《损》卦的卦辞，再到《彖》《象》，让我们领悟到了《损》卦卦象时空所对应的时义。《损》卦的时义，是减损，为了时势的需要而减损，减损后可做成大事。

　　以下是《损》卦的六爻，及其注释。对于《损》卦，六爻的特点是：六三是理解《损》卦的关键，《损》卦可以看作是《泰》卦变化而来，《泰》的上六与九三交换，就成了《损》卦，这就是为什么说《损》卦的六三"已损在先"，就是因为六三原是九三，损下益上后成为六三，故，六三与上九的关系在变卦前后都是互为"得其友"。下面我们就进入爻辞：

䷨ 初九：已事遄往，无咎；酌损之。

现代文注释：

初九，阳刚居阳位，行事果断，与六四有应，前去探视六四之疾，完成刚柔的损益，他迅速的前往，无咎害，只是损刚益柔要适度。

䷨ 九二：利贞，征凶，弗损益之。

现代文注释：

九二，居中位，应守中正之道，急于前往有凶，不要盲目损己利人，只要坚守中道即可。己不损，而能益人，是最佳的选择，也是世间的大道理。

䷨ 六三：三人行，则损一人。一人行，则得其友。

现代文注释：

六三，是下卦的主爻，中爻为互震，为行，六三是《损》卦形成的变爻，也就是《泰》之《损》，《泰》下卦的乾体即为"三人行"，乾体九三爻阳变阴，即为"损一人"，"损一人"后《泰》卦变卦为《损》卦。"一人行"，指六三与上九有应，独往则为"一人行"，前往则"得其友"；六三与上九互为"得其友"。

䷨ 六四：损其疾，使遄有喜，无咎。

现代文注释：

六四，柔爻居柔位，虽得其正，但过柔则有疾，即有问题，从六四的伏象来看，其中爻伏象为坎，坎象为心病，为疾，从明象看，中爻为震，为速，"遄"为急速，故有"损其疾，使遄有喜"之言，六四急速见到初九，完成损刚益柔，转疾为喜，当然无咎。

☶☷ 六五：或益之十朋之龟，弗克违，元吉。

现代文注释：

六五，柔爻居中，有柔中之德，得上九的佑助，"朋"，是古代货币单位，两贝为一朋，中爻为坤，坤数为十，六五居艮之中，艮为龟，故曰"或益之十朋之龟"。六五柔爻居中，有虚中而自损之象，故大得人心，上九将损下益上所收到的，包括他受益于六三的东西，转捐一部分给六五。有人捐献，当然不能推辞，即"弗克违"，只能收下，占得"元吉"。

☶☷ 上九：弗损益之；无咎，贞吉，利有攸往，得臣无家。

现代文注释：

上九，《损》道走到极致，会走到其反面，会自损而益下，故警示上九不要再减损，六三前来相应，互为"得其友"，六三是《损》之卦主，六三之损，即为"损所当损"；六三已损在先，上九之艮，为止，可不再自损而益下，无咎，守持正道就有吉祥，占为吉。前往应六三有利，上九得到六三，阳为君，阴为臣，故曰"得臣"，得到有才干的贤臣的辅佐，上卦艮变坤，艮为家，坤为国，这是"有国无家"之象变，寓意贤臣为国而忘家，故言得臣"无家"。

以上对《损》卦的卦辞、彖、象、爻辞，做了现代文的解释。

准确注释完六爻的爻辞后，可以更透彻理解《损》卦所在宇宙时空所对应的时义。《损》卦的时义，是减损，为时势需要而减损，减损后可做成大事。

对于君子而言，领会《损》卦的时义，就能帮助明君做出正确的决定。明君之决策，结合社会的实际，可遵从《损》卦的道理，在时势需要之时，行减损之道，只要有诚信，就会为民众所接受，就会"大吉"。损所当损，民将乐输，故"利有攸往"，结合时势的因素，就可以做到"与时偕行"。初九的爻辞，就提醒这样的决策要迅速去做，但一定要适度。明君把握时势，遵从《损》卦的道理，前行就会有利，还会得到忠诚的贤才辅佐。

　　应用《损》卦的道理，行"损"之道，必须适时，还要适度，故《损》卦的"时用"是有前提条件的，"损"之道不可滥用，不可长久使用。若无《益》卦的"益天下"之道，民众最终都会有抱怨之声，故，使用《损》必须理解《益》，并长久的推行《益》，这也是孔子在与弟子讲损、益两卦之时喟然而叹的原因，《损》、《益》是相辅相成的两卦啊！

泽山《咸》䷞（卦序号：40）

《咸》卦，帛书《易》里，记做《钦》卦，"钦"字，左边为金，代表秋天，右边为欠，其本意，是欠美丽的金秋一个态度。欠，是要还的。《咸》卦，被定为讲阴阳感应，但占卦得到《咸》卦后的解卦，若按照通行本的解释，则从初爻到上爻的过程，就是男女相向而睡，从触摸女人的脚趾、小腿、大腿、背部到最后男女相拥激情的舌吻，这样的一个进程。这对于解卦，对于判断吉凶、取舍、得失、进退，并不是很好掌握的。故，本书走近文王演《周易》的本义，来进行新的解释，这对于占筮起卦后的正确解卦会有帮助。

先看《咸》卦的卦辞，及现代文注释：

咸：亨，利贞。取女吉。

现代文注释：

咸，是卦名。《咸》卦，象征阴阳感应，中爻乾为夏，故曰"亨"，上卦兑为秋，秋有"利贞"，利于固守正道。金秋季节是收获的季节，家中有粮，是婚嫁、娶女的好季节，吉。

孔子《易传·彖》对《咸》卦的卦辞，是这样裁断的：

《彖》曰："咸"，感也。柔上而刚下，二气感应以相与，止而说，男下女，是以"亨，利贞，取女吉"也。天地感而万物化生，圣人感人心而天下和平。观其所感，而天地万物之情可见矣。

现代文注释：

彖辞说，"咸"，是感应。泽水在上，而山在其下，故曰"柔上而刚下"，阴阳二气得以相互的感应，万物仍然欣欣向荣，秋风丝丝的凉意，带走了盛夏的暑气，这就是金秋的景象，值得停下来好好欣赏，愉悦一下心情，九九重阳节就是在这样愉悦的心情下被确定的。刚处下，接受秋天阴气凝结的露水，泽水润下，万物欣欣向荣，是这个卦象的写照。咸卦之象，为男在女下，象征阳刚的主动，是以亨通，利于固守贞正，故在此季节娶女可得吉祥。天地间，阴阳感应而万物化生，圣人感应到天下人心思定，故倡导和平。观察所有这些感应，天地间万物的真情就显见了。

　　☲　《咸》卦的卦象，是经卦兑和艮的重叠，上卦兑，下卦艮。
　　孔子《易传·象》对《咸》卦的卦象特点，做了如下表述：

《象》曰：山上有泽，咸。君子以虚受人。

现代文注释：
　　《象》说，上卦兑为泽，下卦艮为山，故曰"山上有泽"，这就是《咸》卦的卦象。这是山泽通气的卦象，故代表亨通。君子观察此卦象，中爻之象为乾，乾为君子，为人，而六二往下两爻的半象，扩象后为坤，坤为虚，六二以"虚"象承受上方的乾阳之象，故曰"君子以虚受人"。故，君子要有虚怀若谷的胸怀，以虚心的态度去接受他人。

　　从《咸》卦的卦辞，再到《彖》《象》，让我们领悟到了《咸》卦卦象时空所对应的时义。《咸》卦的时义，是金秋时节，阴阳有感，要做适宜之事。

　　以下是《咸》卦的六爻，及其注释。对于《咸》卦，六爻的特点是：上下卦从初爻开始就有渐进的感受，初六"咸其拇"，在收割后的田地里练习射箭；到了上六"咸其辅颊舌"，是在山上喝酒吃肉，这就是秋天的感受；年轻人"沙场秋点兵"，在秋天凉爽的日子里操练骑射，而老人登高过重阳节，在山上喝酒吃肉，品尝肥美的河蟹。下面我们就进入爻辞：

☷ 初六：咸其拇。

现代文注释：

初六，居艮的最下方，艮为兵戈，为操练，为戴，故"咸其拇"是古代秋天在收割后的田地里练兵的表达，是指人们在感受戴在拇指上射箭用的扳指，人们都在练习拉弓射箭，这是为了防止疏于练习而导致荒废了极为重要的军事技能。作为农业文明的古代中国，寓兵于民，秋天是一年中练习骑射的季节。

☷ 六二：咸其腓，凶，居吉。

现代文注释：

六二，柔爻得正居中，艮为操练，"腓"为疾病，也为小腿，六二小腿有疾，有碍于走路，故不宜动，宜居，动则凶，居则吉。这里六二的爻辞有明确的暗喻，喻其"疾"是来自六二与九五有应而不能前往，这是因为六二顺承九三，中爻巽象为系，已经系之九三，不能上应九五，是为六二之心疾，巽为志，为心，六二不能上应九五，是六二心志已有所向，亦可谓之心疾。六二已有小腿之疾，动则为"凶"，故曰"咸其腓，凶"。六二，其爻位为艮中，艮为家，为居，下卦艮为反震，反震亦为居，顺之则吉，逆之则凶，"居"就是不动，就是坚守，这里很明确就是告诫六二宜坚守二爻之位不动，不动则吉，故曰"居吉"。

☷ 九三：咸其股，执其随，往吝。

现代文注释：

九三，居下卦的上方，与六二为相邻的亲比关系，并形成巽体，巽为股，股为双，象征六二已与九三成双对，巽为牵手，为随，故曰"咸其股，执其随"；九三虽然与上六有应，本该前往，但已有与六二的亲比关系，为六二所系，不能往应上六，且上六是年龄大的老人，已脱离骑射的操练在山上喝酒，九三若前往，就会耽误操练，不能往，故曰"往吝"。

☰☱ 九四：贞吉，悔亡。憧憧往来，朋从尔思。

现代文注释：

九四，其位不居中，也不得正，本有悔；但九四居中爻乾体之中，亦为得中，占为吉，后悔消失。进入上卦，往来皆有阻隔，憧憧不定，九四与九三、九五为朋，乾体行动相牵，故曰"朋从"；与初六有应，欲前往，为九三所阻，有思念之苦，故曰"尔思"。

☱☰ 九五：咸其脢，无悔。

现代文注释：

九五，居九四之上，上六之下，九四讲心的感受，上六讲口的感受，故九五的感受就在心之上、口之下；九五居中得正，与六二有应，皆为中正，但与六二的正应被九三阻隔，他把感受放心上不说出口，自守中正，没有悔恨。

☱☰ 上六：咸其辅、颊、舌。

现代文注释：

上六，是年龄大的老人，体弱不参加操练，上六居上卦兑的上方，在象学里，兑为秋，为肉，为酒，为食，为饮，为吞，为咽，故象征重阳节在山上喝酒吃肉、品尝肥美的河蟹，有咀嚼、吞咽和口舌之中味蕾的感受。

《咸》卦的六爻，描述古代农业文明，在金秋时节，年轻人"沙场秋点兵"，老人登高过重阳节，还金秋一个态度，都在做适宜的事。

以上对《咸》卦的卦辞、彖、象、爻辞，做了现代文的解释。

准确注释完六爻的爻辞后，可以更透彻理解《咸》卦所在宇宙时空所对应的时义。《咸》卦的时义，是金秋时节，阴阳有感，要做适宜之事。

君子占到《咸》卦，感悟其中的道理，在金秋时节，收割完成之后，不妨停下来欣赏一下秋天的美丽，把心情调整一下。《咸》卦，对事业的指导作用，也很大，古代秋季的骑射训练，就相当于现在职场的培训，学习本领以应对新变化。每年秋季把民兵组织起来，做战争模拟，这是古代寓兵于民的具体做法，其对于现代生活的参考意义在于，常规化终身学习的机制，终身教育的安排。领会《咸》卦的这一层意思，不也很重要吗？

第十五章　节、旅、中孚、小过

在这一章里，解析《节》、《旅》、《中孚》、《小过》四个卦，在这四个卦里，《节》、《中孚》两卦是紧跟在《损》卦之后的"阳息阴"的卦，其下卦皆为兑，卦序号皆为奇数，是《复》卦之后"阳息阴"一条路线上的卦。而《旅》、《小过》两卦则是紧跟在《咸》卦之后的"阴消阳"的卦，其下卦皆为艮，卦序号皆为偶数，是《姤》卦之后"阴消阳"一条路线上的卦。

水泽《节》☵☱（卦序号：41）

这是清明时节的宇宙时空，《节》卦的上卦坎，为雨水，诗曰："清明时节雨纷纷，路上行人欲断魂，借问酒家何处有，牧童遥指杏花村。"《节》卦的下卦兑为悦，在节卦的时空，人们外出踏青，心情愉悦，四处田野空气清新，天空显得格外洁净而清明，而在山野路旁，就可以看到顶出地面的竹笋，有的已长成挺拔的绿竹，竹节清晰可见。竹，是中国这块土地的特产，中国古人最早使用竹简记载文字。《节》卦，应时的节气即为清明，不时的雨水纷纷蒙蒙，也给泽地补充着不间断的水源，卦象给我们的时义想象，是极为丰富的。

先看《节》卦的卦辞，及现代文注释：

节：亨。苦节，不可贞。

现代文注释:

节为卦名。《节》卦,是亨通的。节之义从竹子而来,春笋从地下破土而出,其力量、速度惊人,长成后的竹子,其强度亦惊人。这些,都由于其"节"而来,古人懂得这个道理,故古人喜欢"节",把人的精神力量称为"气节",人有节,可得亨通。占筮,一般都用竹签。从竹签的灵性来说,不可用腐朽的竹签,故曰"苦节,不可贞。"苦,通假枯。枯者,腐朽也,贞即占,故其意就是"枯节,不可占。"腐朽的竹签,不可用于占筮。这句话寓意深刻,枯节,其强度"竭"也,对发展事业而言,若资源已经枯竭,前景必然暗淡,此时不可固守,"苦节,不可贞,"所代表的含义即在于此。而《节》卦的卦辞含义也在于此。故,对此句的本义的解析,在卦中至关重要。

孔子《易传·彖》对《节》卦的卦辞,是这样裁断的:

《彖》曰:节"亨",刚柔分而刚得中。"苦节,不可贞",其道穷也。说以行险,当位以节,中正以通。天地节而四时成,节以制度,不伤财,不害民。

现代文注释:

彖辞说,节卦,是亨通的;"节",是力量、信用的象征,古代的使者称为使节,出使时,持节,归国时亦持节而归,节是使者手中所持的信物。历史上,苏武被匈奴流放西域牧羊十九年,始终手持使者之节,从不放手,代表忠于国家使命的气节。

节卦,是亨通的。卦分刚柔,而刚爻得中位。节卦,与占筮有关,不可用腐朽的竹签占筮,那会冒犯神灵,得不到灵验的结果。"枯节,不可占。"这句话也寓意着发展事业之时,资源不可枯竭,警之,故有"其道穷也"之言。

从卦象看,节卦的上卦为坎,坎为险,坎的中位为通,下卦为兑,兑为悦,故有"说以行险,当位以节,中正以通。"之言。意思就是:"愉悦的前往险地,大胆的行'用险'之道,节卦的九五得其位,有中正之德,故能行险而不陷,居险中而得以通畅。"

《节》卦中蕴含天地之时，下卦中爻为震，为春，而兑为秋，春生而秋成，九二至九五得离象，离为夏，而上卦坎为冬，故《节》卦包含了四时之象。君子应效法《节》卦的精神，立以制度以符合四时之差别，既不浪费财力，也不伤害民众的利益。

☵ 　《节》卦的卦象，是经卦坎和兑的重叠，上卦坎，下卦兑。
　孔子《易传·象》对《节》卦的卦象特点，做了如下表述：

《象》曰：泽上有水，节。君子以制数度，议德行。

现代文注释：
　《象》说，上卦坎为水，下卦兑为泽，故曰"泽上有水"，这就是《节》卦的卦象。寓意：泽水不可盈出而浪费，也不可泽中无水而干涸。君子观此卦象，应当效法天地间的这种精神，制定与四时相合的数度，使得四时皆无匮乏，四时皆有所用。国家的法度，也要以这种精神为标准，作为衡量人的德行的尺子，要倡导能够美善社会公众德行的道德规范。

　从《节》卦的卦辞，再到《彖》《象》，让我们领悟到了《节》卦卦象时空所对应的时义。《节》卦的时义，是资源不可枯竭，必须节制用度。

　以下是《节》卦的六爻，及其注释。对于《节》卦，六爻的特点是：初九遵乾阳初爻的"勿用"，居家等待时机的到来；九二守持中道，如若过于保守反而有"凶"；六三有"节"的警示；到了上卦，上三爻得"节"之道；六四得亨通，九五得吉，上六悔亡。下面我们就进入爻辞：

䷻ 初九：不出户庭，无咎。

现代文注释：

初九，初阳得正，象征人生事业的初始阶段，初九与六四有应，本该前往，但六四为坎之初，险也，故又不该前往；九二、六三两爻为反艮，艮为门，为庭，初九为单数，两扇为门，一扇称户，合称户庭，且初九有乾阳初爻的"勿用"，故曰"不出户庭"，占为无咎。持谨慎态度，不出户庭，对初九是适合的，时机未到，应该等待。

䷻ 九二：不出门庭，凶。

现代文注释：

九二，阳刚居中位，守持中道可得正，爻位为偶数，中爻艮象为门，为庭，九二震象，震为出，故其顺向为"出门庭"，而逆之则凶，故曰"不出门庭，凶"；这是对九二是否能固守中道的警示。

在此爻中，九二阳刚得中，且时机成熟，应当外出打拼事业，不能呆在家中，无所事事。这样太过于保守，反而会应了"人在家中，祸从天降。"之说。故占为凶。这是提醒九二，要守持中道，不可过于保守。

䷻ 六三：不节若，则嗟若，无咎。

现代文注释：

六三，阴爻乘凌阳刚之上，为危险的处境，居人位之下者，其位在兑之口，有"接"之象，上接坎水；且在卦中六三之位居于兑之极，有喜极之义，其上为坎，坎为忧叹，故六三有喜极而生忧叹之象；故曰"不节若，则嗟若"。人生需在安乐之时就知其有忧患，需在坎水充沛之时就知其也会有干涸之日，故，六三若不思节度，则只有嗟叹。六三知其有错，且已有悔，也知道了正确的方向，故，可以免除咎害。

☵☱ 六四：安节，亨。

现代文注释：

六四，居中爻互艮中，艮为安，故曰"安节"；六四居人位之上者，阴居于阴位，当位得正，故能"安"其位。且六四进入人生的上卦阶段，也就是下半生的开始，这是进入不惑之年的人生阶段，故容易进入"安节"的状态，安于自我节制，安于天道，故可得亨通。

☵☱ 九五：甘节，吉；往有尚。

现代文注释：

九五，居上卦的坎中，坎的形成为刚爻进入坤中，坤味甘，故曰"甘节"；其爻位如象辞所说"当位以节，中正以通。"以王者的地位节制天下，占为吉。此时的九五，其能力、阅历、人脉、社会资源在其人生阶段都进入到一个新阶段，前往就会得到佑助，故曰"往有尚"。

☵☱ 上六：苦节，贞凶，悔亡。

现代文注释：

上六，《节》的极致会走向反面，资源枯竭，固守有"凶"；腐朽的竹签，不可用于占筮，上六在《节》卦的最后阶段再次得到提醒："枯节，不可占。"这句话真正的寓意，是某些重要资源的枯竭现象已经出现，固守为"凶"。知道这种情况，规避风险，后悔的事情也就没有了。

以上对《节》卦的卦辞、彖、象、爻辞，做了现代文的解释。

准确注释完六爻的爻辞后，可以更透彻理解《节》卦所在宇宙时空所对应的时义。《节》卦的时义，是资源不可枯竭，必须节制用度，还必须守持中道，不可过分保守。

理解节卦的时义，就不会陷入资源匮乏、枯竭的危机之中。君子占到《节》卦，遵从其中的道理，要迅速的从管理措施上行动起来，行《节》之道，进入到有节制的、清明的状态，从而得到亨通的状态。

节，是力量、信用的象征。从竹之节，到人之节，这里的概念借用，这里面的借喻，对于我们这个从古代文明就依赖竹子的民族来说，理解起来并不困难。节的文化含义，十分丰富，与竹文化结合起来，更是丰富多彩。推行《节》之道，推行竹文化，对文化建设也是有益的方向。

火山《旅》䷷（卦序号：42）

现实的人生体会中，客居他乡的羁旅，绝不是极少数人的经历，羁旅有一定的代表性，有一定数量的社会群体，甚至对相当数量的人都带有一定的普遍意义，在中国就有称为"客家"的族群，最终成为定居的"客家人"。《周易》六十四卦中，《旅》卦始终不更换其卦名，始终以"旅"作为卦名达三千年不变，不是没有道理在其中的。文王演周易，之所以把六十四个宇宙时空里的"火山"卦定名为"旅"，与周文王自己被迫客居殷商达十几年之久有关，故，《旅》卦也是周文王个人经历的一个重要时空，在《旅》卦中，九四就是周文王。

先看《旅》卦的卦辞，及现代文注释：

旅：小亨，旅贞吉。

现代文注释：

旅，是卦名。《旅》卦，不是说短途旅行或旅游，而是羁旅，客居他乡。《旅》卦也有亨通，但是小的亨通，"小"指阴爻，在卦中就是六五；六五已进入光明，居光明之中，其德行有如太阳的光明；有君子之辉光，又有离之"孚"，其诚信得到大众的肯定，而得其亨通，故曰"小亨"，简单说就是，《旅》卦可得亨通。"旅"充满了艰辛，旅途中也充满变数，故，坚守贞正之道，方可得吉。

孔子《易传·彖》对《旅》卦的卦辞，是这样裁断的：

《彖》曰：旅"小亨"，柔得中乎外而顺乎刚，止而丽乎明，是以"小亨，旅贞吉"也。旅之时义，大矣哉。

现代文注释：

　　彖辞说，旅卦，小有亨通，这是说六五，六五柔爻在外卦得中位，而其对于上下的刚爻都是逊顺的，内卦艮为止，外卦离为丽，为光明，因此可以亨通，但六五为阴爻，阴为小，故说它是"小"有亨通。"旅"，坚守正道，可得吉祥。旅卦的时义，确实很大啊！

　　☲☶　《旅》卦的卦象，是经卦离和艮的重叠，上卦离，下卦艮。
　　孔子《易传·象》对《旅》卦的卦象特点，做了如下表述：

　　《象》曰：山上有火，旅。君子以明慎用刑，而不留狱。

现代文注释：

　　《象》说，上卦离为火，下卦艮为山，故曰"山上有火"，这就是《旅》卦的卦象。《旅》卦的"山上有火"，是山火在上燃烧蔓延的卦象。君子观此卦象，得到启示，山火的肆虐是可怕的，故推及社会、人事，刑罚要明察、审慎，而且不能久拖不结。

　　从《旅》卦的卦辞，再到《彖》《象》，让我们领悟到了《旅》卦卦象时空所对应的时义。《旅》卦的时义，是"人在羁旅"，客居他乡。

　　以下是《旅》卦的六爻，及其注释。对于《旅》卦，六爻的特点是：旅卦是为羁旅，守持中道即为正道，故下卦唯有中爻六二没有危厉；上卦同样只有中爻没有危厉，中爻九五还得到"誉命"的吉辞；上卦的九四，爻辞有"我心不快"，爻辞中的"我"就是周文王，周文王被迫入朝为官，列三公之尊，离开家乡西岐和亲人，任职所管的是赈灾救济等事务。下面我们就进入爻辞：

☳☰ 初六：旅琐琐，斯其所取灾。

现代文注释：

　　初六，阴柔之质，人穷志短，旅途初始，表现出猥琐卑贱、穷困潦倒的样子，志气也就一样的穷窘了，志穷有灾，这样的状态只会招来旁人的欺负，招致本来不该有的灾祸。

☲☶ 六二：旅即次，怀其资，得童仆，贞。

现代文注释：

　　六二，其位得正居中，得中正之道，旅途中安排好行程，适时到达下一站的旅馆，准备好所要用的盘缠，得到一个童仆，坚守"旅"的正道。

☲☶ 九三：旅焚其次，丧其童仆，贞，厉。

现代文注释：

　　九三，三爻之位，多凶险，艮为居，为火，故旅途中出了意外，旅馆起火了，住所烧毁了，童仆也走了；占的结果，有凶险。

☲☶ 九四：旅于处，得其资斧，我心不快。

现代文注释：

　　九四，是周文王，居兑象之中，兑为斧，即为职权，在异乡得到俸禄和相应的职权，中爻是大坎，坎为心忧，客居在外有思乡之情，文王的心不快乐。

☵ 六五：射雉一矢亡，终以誉命。

现代文注释：

　　六五，居上卦离之中，离为雉，六五射雉，一箭就中，离之中为虚，为孚，象征六五虚心且诚信待人，最终获得荣誉，完成天命的成就。

☲ 上九：鸟焚其巢，旅人先笑后号咷。丧牛于易，凶。

现代文注释：

　　上九，以阳刚处高亢之位，旅人尊高自处，不知灾祸即将到来。离象之终，按象学，离为鸟，为巢，为火，为焚毁，故曰"鸟焚其巢"，爻辞从象而来；旅人先是笑而后号咷大哭，寓意：旅人先顺利后有灾祸。"丧牛于易"是历史典故，讲的是先周的王亥客居"有易"国，养牛成功，还发明了牛车，他出了名并积累了财富，但生活也放荡起来，结果被国王杀害，其财富主要是牛，也都丧失了，这是凶兆。

　　以上对《旅》卦的卦辞、彖、象、爻辞，做了现代文的解释。

　　《旅》卦的时义，是"人在羁旅"，客居他乡。君子占到《旅》卦，观察其卦象，感悟其中的道理，在羁旅的途中要坚持守正道，讲诚信，羁旅中免除灾祸是首要的。

风泽《中孚》☲☱（卦序号：43）

　　古代的中国，大约在新石器时代晚期就开始有航海活动，这一时期中国大陆制造的一些物品在台湾、大洋洲、厄瓜多尔等地均有发现。《尚书·禹贡》记载的"朝夕迎之，则遂行而上，"等，说明当时人们已知道趁涨潮出海，利用海洋定向潮流航行，中国人的航海在殷商、先周时代就开始了。

　　殷商时期，人们除了会制造船舶之外，已能制帆，利用风力航行。甲骨文用"凡"通假"帆"字，说明殷商时代已经使用帆。到春秋战国时期海上活动的兴起，人们已了解到"百川归海"，并开始在近海航行。同时，人们开始认识季风，也称为"信风"。秦汉时代就开始了远洋航海，人们开始自觉使用季风（即信风）航海，此时的中国人已掌握了西太平洋与北印度洋的季风规律，并应用于航海。这一时期，也只有利用季风，才能做远洋的航行。实际上，东汉的应劭在《风俗通义》中已经提到："五月有落梅风，江淮以为信风。""落梅风"，意即梅雨季节过后出现的东南季风。人们开始习惯利用信风在海上航行，也就把一年四季极有时间规律而出现的"信风"，作为"有孚"的象征，即有"信用"。

　　总之，《中孚》卦与利用"信风"航海有密切关系。从卦象上看，《中孚》的上卦为巽，为风，下卦为兑，为海，这就是在航海中利用"信风"吹到帆上的风力，在海上航行的卦象。

　　先看《中孚》卦的卦辞，及现代文注释：

中孚：豚鱼吉，利涉大川，利贞。

现代文注释：
　　中孚，是卦名。孚，信也。卦象二阴爻在内，四阳爻在外，中虚之象，即为"孚"之象。孚，亦即孵化，中虚为鸟巢，上巽为木，为枯草，筑巢的材料，鸟在巢中产卵、孵化幼鸟。孵化的时间，自有生命周期的规律和诚信，这是典型的中孚卦象。同样的，此时已经是清明时节前后，大量江豚回游，时间极为准时，这也是大自然诚信的感应。值此季节，信风也准时出现，故江豚会顶风出水，头部露出水面很高，古代人称其为"拜风"。《周易集解纂疏》中记载："豚鱼生洋（海）中，而性好风，向东则东风，向西则西风，舟人以其候风焉。当其什百为群，一浮一没，谓之'拜风'。拜风之时，见其背不见其鼻，鼻出于水，则风立至矣。"古人把江豚鱼浮出水面"拜风"，视为最经典的中孚卦象，并视之为"吉"象，故曰"豚鱼吉，"。卦象又如"木"浮于水上，故有"利涉大川，"之言。"利贞"，言顺应天道，利于守正。

孔子《易传·象》对《中孚》卦的卦辞，是这样裁断的：

《象》曰：中孚，柔在内而刚得中。说而巽，孚，乃化邦也。"豚鱼吉"，信及豚鱼也。"利涉大川"，乘木舟虚也。中孚以"利贞"，乃应乎天也。

现代文注释：

象辞说，中孚，中心诚信。内卦柔顺，九二、九五刚爻都得中位。下卦为兑，为悦，上卦为巽，故曰"说而巽"，即"悦而巽"也。孚，即信，君王以信得民心，以"信之德"教化邦国。清明时节前后，江豚鱼回游，信风也准时出现，江豚鱼浮出水面"拜风"，是最经典的中孚卦象，视为"吉"象，故曰"豚鱼吉"，这是大自然诚信的感应。卦象又如中间空虚的木舟浮在水上，故"利涉大川"。中孚以利贞，乃顺应天道也。

☲　《中孚》卦的卦象，是经卦巽和兑的重叠，上卦巽，下卦兑。

孔子《易传·象》对《中孚》卦的卦象特点，做了如下表述：

《象》曰：泽上有风，中孚；君子以议狱缓死。

现代文注释：

　　《象》说，上卦巽为风，下卦兑为泽，故曰"泽上有风"，这就是《中孚》卦的卦象。君子观此卦象，要效法《中孚》的精神，以内心的诚信，谨慎的对待那些关乎别人前途命运的大事。

　　从《中孚》卦的卦辞，再到《彖》《象》，让我们领悟到了《中孚》卦卦象时空所对应的时义。《中孚》卦的时义，就是诚信。

　　以下是《中孚》卦的六爻，及其注释。对于《中孚》卦，六爻的特点是：下卦从初爻到三爻，是描述外敌的来犯，从迹象的出现，到战争前的动员，再到进入战争状态直至得胜；九二的"比兴"古诗歌，比《诗经》还古老，故注释依据古诗歌的考证；到上卦，着重"中孚"之道的叙述。下面我们就进入爻辞：

☰☷ 初九：虞吉，有它不燕。

现代文注释：

　　初九当位，燕，安定之意。"有它"，指天敌存在，出现了天敌、异邦来犯的迹象。"虞"，为春秋时期掌管山泽之官职，引申为保护雌鸟孵蛋的安定，故"有虞"吉。但，有天敌、异邦来犯的迹象，令人不安。

☰☷ 九二：鸣鹤在阴，其子和之。我有好爵，吾与尔靡之。

现代文注释：

　　九二，外邦入侵的威胁出现了，君王和他的臣民，同气相求、同仇敌忾。君王平时与民同乐，总是"我有好爵，吾与尔靡之。"这平时的诚信，到危难出现之时，就开始起作用了。这是一首比兴特色的古诗歌，是一首诚信之歌，团结之歌。"鸣鹤在阴，其子和之。"表示上下一心，"鹤"指君王，"其子"即君王的子民，君王发出号令，其子民愿意以死相随，保卫家园。

☵ 六三：得敌，或鼓，或罢，或泣，或歌。

现代文注释：

六三，战争开始了。这是一首诚信、团结应战之歌。语言生动，极有场面感的描写。"得敌"，即面对敌人。"或鼓，或罢，"为金鼓齐鸣的战斗场面描述，有时激烈，有时停歇。"或泣，或歌。"为胜利之后，人们喜泣相对和高亢的歌声相和的场面。六三，人位两根阴爻并列，故，从其象来看，有"得敌"之象，阴与阴为敌，六四会阻止六三前往应上九。

☵ 六四：月几望，马匹亡，无咎。

现代文注释：

六四，柔得位，爻位进入到上卦巽，巽为覆兑之象，为月，几望的月，承比九五。《中孚》从大象看，是大离之象，为光明，六四的光明来自所承比的九五。上卦为巽体，巽为系，故六四系之九五之心很坚定。六四，其伏象为乾，乾为马，与初九正应，合为"匹"，伏为亡，故曰"马匹亡"，其意就是六四不会与初九合为匹，寓意：六四已决意顺承九五，不会前往应初九。有下应，而不应，确定了爻辞中"几望"是十五的月亮，在《周易》中，只有十五的月亮不会出现爻变，这与六四是否应初九有直接关系。六四已心系九五，故不应初九，决意顺承九五，维护《中孚》卦不变，这是知大义而舍小义，系心于一，无咎。

☵ 九五：有孚挛如，无咎。

现代文注释：

九五，位居中正，君王的诚信，牵系天下，当以至诚感通天下，使天下之心信之。能固守诚信挛如，与民紧紧相连，则万民之心不会离散，故无咎。

☴☱ 上九：翰音登于天，贞凶。

现代文注释：

上九，居天位，也是上卦巽的最上位，巽为鸡，野鸡正往天上飞去，其不断往上飞的声音传的很远。这里，寓意有得势的小人存在，小人得势且自鸣得意，同时也提醒有不实的事物存在，占为凶。

以上对《中孚》卦的卦辞、彖、象、爻辞，做了现代文的解释。

准确注释完六爻的爻辞后，可以更透彻理解《中孚》卦所在宇宙时空所对应的时义。《中孚》卦的时义，就是诚信。《中孚》卦强调诚信的重要性，在危难关头，诚信可以挽救一个国家。对于君子，讲诚信会获得群众的真心拥护。

雷山《小过》 ䷽ （卦序号：44）

《小过》卦，也是隐藏着周文王被囚羑里的历史信息的一个卦，从周文王写的卦辞，就可以看出，其中有他对形势的分析和判断，周文王写道："可小事，不可大事"，就是他判断此时的处境还很危险，不宜有大的动作，要耐心等待，要等到他脱离灾难，时机成熟，才可以安排大的行动。

先看《小过》卦的卦辞，及现代文注释：

小过：亨，利贞。可小事，不可大事。飞鸟遗之音，不宜上，宜下，大吉。

现代文注释：

小过，是卦名。在《周易》中，小为阴，《小过》卦，象征阴的势力过分强盛，但阳刚通过努力，可得亨通，利于守持正道。只可以施行小事，而不能践履天下的大事。飞鸟留下鸣叫之音，不宜向上飞，而宜于向下停栖，大吉。

孔子《易传·彖》对《小过》卦的卦辞，是这样裁断的：

《彖》曰：小过，小者过而"亨"也。过以"利贞"，与时行也。柔得中，是以"小事吉"也。刚失位而不中，是以"不可大事"也。有"飞鸟"之象焉，"飞鸟遗之音，不宜上，宜下，大吉"，上逆而下顺也。

现代文注释：

彖辞说，"小过"，象征小的过越，之所以可以亨通，是因为小的过越后可以利于"正"，纠枉需过正，过越后返回来就得到了"正"，这利于守持正道，可得亨通，也含有与时偕行的道理。阴为小，六二阴爻得中，居刚爻之下而逊顺，这利于小事的成就，故曰"小事吉"。卦中上下卦的刚爻都不在中位，位失中而居险惧之地，因此不可做大事。下卦艮为鸟，上卦震为覆艮，故其上下皆有飞鸟之象，中爻为上兑下覆兑的兑象，兑为口，象征鸟鸣叫之遗音，上卦为覆艮，是为艮的逆向，于是把向上的飞定为逆飞，不宜逆飞，故曰"不宜上"，下卦为艮，即艮的顺向，可顺飞，故曰"宜下"，顺应时势，顺向而飞，大吉。

☷☶　《小过》卦的卦象，是经卦震和艮的重叠，上卦震，下卦艮。

孔子《易传·象》对《小过》卦的卦象特点，做了如下表述：

《象》曰：山上有雷，小过。君子以行过乎恭，丧过乎哀，用过乎俭。

现代文注释：

《象》说，上卦震为雷，下卦艮为山，故曰"山上有雷"，这就是《小过》卦的卦象。君子观察此卦象，感悟其中的道理，在日常生活的小事中，会稍微的做的过度些，比如：在行为上会过于恭敬，丧事会过于哀痛，用度会过于节俭；这些过度的行为都是"纠枉过正"。

从《小过》卦的卦辞，再到《彖》《象》，让我们领悟到了《小过》卦卦象时空所对应的时义。《小过》卦的时义，是先止而后动，象征时机未到时的韬晦和准备。

以下是《小过》卦的六爻，及其注释。对于《小过》卦，六爻的特点是：因为《小过》是阴的力量过于强盛，是小人的暴虐，故，六爻都充满凶险；初爻就得到飞鸟不宜逆飞的警示，六二爻辞"不及其君"隐喻西伯侯被囚羑里，九三得到有凶的提醒；到了上卦，就《小过》的小人之暴虐，分别在四爻至上爻表述了观点和预言了未来。下面我们就进入爻辞：

䷽初六：飞鸟以凶。

现代文注释：

　　初六，阴爻，其位失中，且不得正，在《小过》之初，就有过越的行动。虽然初六与九四有应，但《小过》的卦辞已指出"不宜上，宜下"，此时，鸟应该向下找一个地方停栖，而不应该强行逆向往上飞，强做"不可"之事，就有"凶"。初六，做逆时势而行之事，是阴爻的趋向，阴在《小过》卦里有欲"灭阳"的倾向，故总有不顾自身之"凶"而倒行逆施之举动。故，初六有"凶"，是他自找的，谁也帮不了他，孽由自作。

䷽六二：过其祖，遇其妣。不及其君，遇其臣。无咎。

现代文注释：

　　六二，位居中得正，能行其中道，卦辞里"可小事"说的就是六二。九四为上卦震主，为君，六二往上走，越过九四，遇到六五，下卦艮为孙，上卦震为祖，故，六二越过九四为"过其祖"，遇到六五为"遇其妣"，这里"妣"为妣祖，即祖母以上的女性祖先。六二往上走，寻找"主心骨"人物。他实际上遇到了可以做主的祖母六五，六二能守持中正，故其遇无咎害；上卦震为君，下卦艮为臣，六二在上无应，故曰"不及其君"；六二往上走先遇九三，后遇六五，是先遇艮，后遇坤，皆为"遇其臣"。因为九四的周文王被囚羑里，故不得遇。

䷽九三：弗过防之，从或戕之，凶。

现代文注释：

　　九三，位得正，与上六有应，卦象凶险，故警示莫往从之，从之或为上六所戕，上六隐喻商纣王，"从"为追逐攻取之意。卦象中的凶险，在于中爻上下皆有兑象，兑为斧，为毁折，且中爻的大象为坎象，坎为危难，为弓矢、为血，皆为凶险之象，九三阳刚，勇于入险攻取敌之巢穴，故得到警示，曰"弗过防之"，意思就是"怎么防备都不过分"，九三过刚，略有大意，不谨慎，就有凶。

䷽ 九四：无咎，弗过遇之，往厉必戒。勿用，永贞。

现代文注释：

九四，位不得正，但为上卦震的卦主，阳刚居柔位，刚柔相济，不用强，就有最终"勿用，永贞"的结果，故"无咎"。九四阳爻，身为震主，本应"动"，但在《小过》的时空，阴的势力强盛，阴欲灭阳，故严守诫命，不主动过越上下卦的中线，不主动前往应初六，前往就有危险，故曰"弗过遇之，往厉必戒"。只有勿动，勿往，勿用而守持贞正，才能无咎。此爻，为周文王被囚姜里的写照，周文王此时尚未脱离灾难，"勿用"是他最明智的选择，此时"勿用"，是其"时"未到，暂且勿用，以安定状态求得免除灾祸；永守贞正，等待时机。

䷽ 六五：密云不雨，自我西郊，公弋取彼在穴。

现代文注释：

六五，重阴为密云，其下中爻为巽，巽为风，风从西面吹来，古代气象谚语有西风不能成雨的说法，故曰"密云不雨"。浓密的云自我西郊飘来，没有降雨，一切都在准备中，但，力量的积蓄需待时日，这就是周文王对西岐形势的判断。"不雨"隐喻阴与阳不能和合，六五不称王，而为"公"，可小事，不可大事；恶鸟躲在很高的巢穴中，公的飞弋要射取它须直入其巢穴，此为大事，此时不可为之，只能等待，也在"不雨"的隐喻之中。恶鸟指商纣王。

☵☵ 上六：弗遇，过之。飞鸟离之，凶，是谓灾眚。

现代文注释：

上六，晦暗的君王，高高在上，与九三有应，由于九三的警惕，没有从上六，"从"为追逐，故上六没有遇会到九三，上六是《小过》的极致之位，阴的过强开始走向它的反面，成为过亢的状态，不断做出戕害忠良的事情，故遇之则有凶，这是《小过》之"过"最极端的表现，故曰"弗遇，过之"。而"飞鸟离之"，是"鸟焚其巢"的凶象，是商纣王兵败自杀"自焚其宫殿"的写照，灾祸已降临到这位戕害忠良的晦暗君王身上，"眚"，为人祸，这是他自作孽的人祸，故曰"是谓灾眚"。这位晦暗的君王，最终难逃坠入地狱的结局。

以上对《小过》卦的卦辞、彖、象、爻辞，做了现代文的解释。

准确注释完六爻的爻辞后，可以更透彻理解《小过》卦所在宇宙时空所对应的时义。《小过》卦的时义，是先止而后动，象征：时机未到时的韬晦和准备；阴的力量过于强大，不可用强。与《大过》卦相比，《大过》是君子的过失，而《小过》则是小人的暴虐，故，君子占到《小过》卦，要体悟其中的道理，学会君子在时机未到之时的韬晦和耐心的等待，以免遭到戕害。

第十六章　归妹、渐、睽、蹇

在这一章里，解析《归妹》、《渐》、《睽》、《蹇》四个卦，在这四个卦里，《归妹》、《睽》两卦是紧跟在《中孚》卦之后的"阳息阴"的卦，其下卦皆为兑，卦序号皆为奇数，是《复》卦之后"阳息阴"一条路线上的卦。而《渐》、《蹇》两卦则是紧跟在《小过》卦之后的"阴消阳"的卦，其下卦皆为艮，卦序号皆为偶数，是《姤》卦之后"阴消阳"一条路线上的卦。

雷泽《归妹》☳☱（卦序号：45）

古代，国家为了避免战争，争取到和平的环境，常用与外邦联姻的方式换取结盟的利益。到了现代社会，联姻，何尝不是两个家族的大事。《归妹》讲的就是帝乙嫁妹，嫁给周文王，这是中古的一段历史，记载在《归妹》卦中。

先看《归妹》卦的卦辞，及现代文注释：

归妹：征凶，无攸利。

现代文注释：

归妹，是卦名。下卦为少女，上卦为长男，少女嫁给长男。上卦震为车，为征，下卦兑为泽，出征，车陷泽中，所往不利，故曰"征凶，无攸利。"

孔子《易传·彖》对《归妹》卦的卦辞，是这样裁断的：

《彖》曰：归妹，天地之大义也。天地不交而万物不兴。归妹人之终始也。说以动，所归妹也。"征凶"，位不当也。"无攸利"，柔乘刚也。

现代文注释：

彖辞说，婚嫁，是天地间的大义。天地不交合，就不会产生万物。故，婚嫁是人生的开始，是终身大事。少女喜悦的嫁给长男，婚姻获得成功。但出征有凶，上卦震为车，为征，下卦兑为泽，出征，车陷泽中，所往不利；这是因为三、五爻皆阴居阳位，其位不当，上卦、下卦皆出现柔爻乘刚，象征柔弱的人在主事，故，所往无利。

这里，之所以会说到出征不利，实际上也是在说少女嫁给长男，这样的婚配有点问题，甚至是有失正道的婚配，男人年龄太大，老夫娶少妻，不会有利，但这些都没有从根本上否定"归妹"。

䷵　《归妹》卦的卦象，是经卦震和兑的重叠，上卦震，下卦兑。
孔子《易传·象》对《归妹》卦的卦象特点，做了如下表述：

《象》曰：泽上有雷，归妹。君子以永终知敝。

现代文注释：

《象》说，上卦震为雷，下卦兑为泽，故曰"泽上有雷"，这就是《归妹》卦的卦象。泽上有雷，象征泽水蒸发上升到天上，形成云，产生雷电。此象，为少女顺从震男之象。下卦为兑，为悦，上卦为震，为动，悦而动之象，说明长男为了少女的喜悦，情愿而动。君子以婚姻为永久的终身大事，知道在经营婚姻之中也会出现弊，故悦而动，主动规避生活中出现的弊。

　　从《归妹》卦的卦辞，再到《彖》《象》，让我们领悟到了《归妹》卦卦象时空所对应的时义。《归妹》卦的时义，是婚嫁，联姻。

　　以下是《归妹》卦的六爻，及其注释。对于《归妹》卦，六爻的特点是：除了六五是天子帝乙嫁妹，是为正妻，得吉祥；其他的爻，都是为偏房侧室，爻辞讲的是如何守好妇道；初九讲在不得正的情况下，婚配如何得吉祥；九二讲守正等待的道理；六三是女子在作为正妻的愿望不能实现后，甘愿以娣的身份陪嫁；九四讲婚嫁的等待之道；九五是帝乙嫁妹，吉祥；上九讲偏房侧室的地位给女子带来没有实际利益的婚配，不能参加正式的祭祖，无地位可言；归妹卦的爻辞尽管讲的是一夫多妻制，但不失婚嫁之道。下面我们就进入爻辞：

☳ **初九：归妹以娣，跛能履，征吉。**

现代文注释：

　　初九，初阳得正，但《周易》的说法，不居中即为"跛"，"娣"，是妻子之妹，陪姐姐出嫁为妾，春秋时期亦称介妇。介妇地位低，因为她的活动范围很小，故比喻为跛脚之人。但初阳得正，说明她有德行，也有能力操持好家，故曰"跛能履"，殷周时代少女随姐姐而嫁是正常的，未失男女婚配之道，初九要以偏助正，协助居正室的姐姐管理好家庭，以免除丈夫出征远行的后顾之忧，其占为吉。

☳ **九二：眇能视，利幽人之贞。**

现代文注释：

　　九二，位不得正，按《周易》的说法，位不得正为"眇"，但九二位居中，中自有正，故曰"眇能视"，守中道而行事，等待正当的婚配。九二居兑中，兑为"幽人"，为有德之女，不论将来的婚配如何，都无怨的守其幽静的贞正，平静的等待，不去想未来夫家的状况，唯守己之贤良，故曰"利幽人之贞"。

☳☱ 六三：归妹以须，反归以娣。

现代文注释：

六三，位不居中，亦不正，"须"，为等待，"反归以娣"之所以用"反归"二字，说明在出嫁之前六三曾有想充作正室，只是她的愿望没能实现。从六三的爻位来看，阴爻乘凌九二阳刚之爻，说明她有过不安分的努力。少女一直在等待一桩好的姻缘，最终甘愿以娣的身份陪嫁，自然是情势所迫。

☳☱ 九四：归妹愆期，迟归有时。

现代文注释：

九四，刚爻居柔，失位，象征有才德的女子等待好的姻缘，耽误了不少青春时光，婚嫁的妙龄已过。婚期延误，终有到来的时日，为了等待正当的婚配对象，等待一个称心的好男人，延误也是值得的。

☳☱ 六五：帝乙归妹，其君之袂，不如其娣之袂良，月几望，吉。

现代文注释：

六五，这里的"君"是女君，指的就是帝乙的妹妹，中古时期诸侯之妻称君。《归妹》卦是说帝乙嫁妹。她是天子的妹妹，衣着却还不如陪嫁的娣那样鲜亮。然而，在德行上却像几望满月般的光辉。此爻的"几望"为十四的月亮，《周易》中，十五之前的月亮象征阳息阴，六五得九二的上应，阴得阳，为阳息阴，变爻后《归妹》卦变为《随》卦，隐喻帝乙的妹妹选择了追随周文王，吉祥。

☳ 上六：女承筐无实，士刲羊无血；无攸利。

现代文注释：

　　这里用"女承筐无实，士刲羊无血，"来说明，在祭祖时，陪嫁的妾即娣，没有地位。"承筐"和"刲羊"是中古时期祭祖的仪式，筐中有物和刲羊时有血都代表吉祥；"无攸利"是指娣不能参加正式的祭祖，象征无所利。上六是整个卦走到终点，往往会从反面提出告诫。这里告诫的是，婚姻要有正当的对象，要和女方自身的地位相配合，才能有名有实。

　　以上对《归妹》卦的卦辞、彖、象、爻辞，做了现代文的解释。

　　准确注释完六爻的爻辞后，可以更透彻理解《归妹》卦所在宇宙时空所对应的时义。《归妹》卦的时义，是婚嫁之道，含联姻之道。

　　君子占到《归妹》卦，如若恰逢其时要寻找事业上的战略联盟对象，那看看《归妹》卦里面的启示，确实很有帮助。帝乙的选择，为了联姻把小妹嫁给年龄很大的周文王是否得当，帝乙的妹妹和陪嫁的少女有何想法；所有这些，都会影响到这桩婚姻的成功和未来的吉祥。联姻，或者说联盟，是终身大事，故，除了要知其利，还要知其弊。知其弊，才能避其弊。

风山《渐》䷴（卦序号：46）

《渐》卦，寓意重要的事进展正常，正按照既定的程序渐渐而进。《渐》卦，以女子出嫁作为象征，取"女归"之象。"归"为出嫁。古代女子出嫁后即为"夫家人"，故到夫家为"归"。女归，其礼毕备，礼成，而后得其正名。自古以来，人们重视"正名"，名正则言顺，并认为社会约定俗成的"礼"之中，有吉祥的象征；礼的程序的进行，被认为其中会带有吉祥平安的预兆，并且是带有祝福的仪式，这种祝福会影响人生的未来。

先看《渐》卦的卦辞，及现代文注释：

渐：女归吉，利贞。

现代文注释：

渐，是卦名。"渐"为渐进，也就是缓进，说的是有次序的、有预定程序的去做一件事，而这种预定程序往往是约定俗成的、被认为是不可简化的程序，也被社会认为是带有吉祥含义的程序。《渐》卦，取"女归"之象，以女子出嫁作为象征，如同女子出嫁按照仪礼的程序循序进行，缓缓而进，这是"吉祥"的，利于守持正道。

孔子《易传·彖》对《渐》卦的卦辞，是这样裁断的：

《彖》曰：渐之进也，"女归吉"也。进得位，往有功也。进以正，可以正邦也。其位，刚得中也。止而巽，动不穷也。

现代文注释：

彖辞说，"渐"，意思就是渐进，渐渐的向前行进，如同女子出嫁按照仪礼的程序循序进行，可以获得吉祥，故曰"女归吉"。这样的渐进，可以正其位，而其位得正后的前往，可以建立功业。渐进而又守持正道，可以端正国家的风气。九五刚爻得中，具有刚中之德，"止而巽"，即有止而渐入，则动起来后就不会走向困穷的境地。

　　☳　《渐》卦的卦象，是经卦巽和艮的重叠，上卦巽，下卦艮。
　　孔子《易传·象》对《渐》卦的卦象特点，做了如下表述：

《象》曰：山上有木，渐。君子以居贤德，善俗。

现代文注释：
　　《象》说，上卦巽为木，下卦艮为山，故曰"山上有木"，这就是《渐》卦的卦象。君子观此卦象，感悟其道理，在成长中积累自身的贤德，美善习俗。

　　从《渐》卦的卦辞，再到《彖》《象》，让我们领悟到了《渐》卦卦象时空所对应的时义。《渐》卦的时义，是人生此时正面对一件需要让它得到美好结局的大事，故必须遵从"渐"的原则。

　　以下是《渐》卦的六爻，及其注释。对于《渐》卦，六爻的特点是：下卦是渐进的开始，只有中位的六二得吉祥；上卦到九五、上九渐入佳境，体现"渐"的成功，其终得吉。下面我们就进入爻辞：

☲☲　初六：鸿渐于干，小子厉，有言无咎。

现代文注释：
　　初六，大雁渐渐飞到河岸边停下，这是渐进的初始，年轻的大雁还没有经验，感觉有危险出现，雁群里一片的叫声不停，惊慌不安，如同是在责备，又如同在抱怨，但没有咎害。

☶☴ 六二：鸿渐于磐，饮食衎衎，吉。

现代文注释：

六二，居中得正，能获"渐"的安稳之象，大雁渐渐飞到磐石之上，在安稳的磐石上吃东西，欢畅快乐的叫着，吉祥。

☶☴ 九三：鸿渐于陆，夫征不复，妇孕不育，凶。利御寇。

现代文注释：

九三，大雁渐渐飞到陆地了，陆地不是水鸟有利生存的环境，九三冒进欲穿越陆地，不守"渐"之道，实为躁进，失去正确的选择，"夫征不复，妇孕不育，"的戒辞，暗喻有去无回、没有结果的凶险，判为"凶"。九三，有坎象，坎为寇盗，而九三为艮之主，艮为刀兵，有刀兵故"利御寇"；寓意此时九三已处险境，只有自守其正，加上阳刚力量的奋力拼搏，方可出险。

☶☴ 六四：鸿渐于木，或得其桷，无咎。

现代文注释：

六四，阴爻居阴位，在下无应，象征六四是最柔弱、无应援、无退路的情况，大雁渐渐飞到高高的树木之上了，大雁是水鸟，其脚趾不能握枝，或许能够栖息在横平的树枝上，能停的稳当，不致咎害。

☶☴ 九五：鸿渐于陵，妇三岁不孕，终莫之胜，吉。

现代文注释：

九五，大雁渐渐飞到开阔的山岗之上了，象征到达"渐"的最高境界；九五阳刚的君王，居中得正，"渐"的进程，此时进入到最好的阶段，过往的困难，皆得以克服，"渐"道已成；九五中爻为离象，离数为三，故曰"三岁"，其与六二的正应终于有了结果，如同正妻的六二没有被其他女子代替，终得吉。

▤ **上九：鸿渐于陆，其羽可用为仪，吉。**

现代文注释：

上九，为"渐进"之极，大雁渐渐聚集在高地上，它的羽毛洁白而有光泽，这样洁白美丽的羽毛可以作为人们尊从仪礼的象征，吉祥。羽，象征德行，仪，指风范。其德行可为风范，当然吉祥。

以上对《渐》卦的卦辞、彖、象、爻辞，做了现代文的解释。

准确注释完六爻的爻辞后，可以更透彻理解《渐》卦所在宇宙时空所对应的时义。《渐》卦的时义，是人生此时正面对一件需要让它得到美好结局的大事，故必须遵从"渐"的原则。

火泽《睽》䷥（卦序号：47）

《睽》卦，是讲处在乖睽、相互不待见、不友好的环境里，这是人事道理里面很常见的状况，故其时用很大。懂得《睽》卦的道理，见怪而不怪，遇到乖睽就会淡然处之，不会特别的难受。《睽》的时用，会帮助人们的心理走向成熟，懂得求同存异，以宽大的胸怀对待异同。

先看《睽》卦的卦辞，及现代文注释：

睽：小事吉。

现代文注释：

睽，是卦名。睽，乖也，相处在一起的两个人，目不相视，处在乖离的状态。这种状态，并没有很大的矛盾，只是没有话题可交流，偶尔会有不友好的言语。相处在这样环境里的两个人，同样可以有合作，做小事，尚有吉。

孔子《易传·彖》对《睽》卦的卦辞，是这样裁断的：

《彖》曰：睽，火动而上，泽动而下；二女同居，其志不同行；说而丽乎明，柔进而上行，得中而应乎刚，是以"小事吉"。天地睽而其事同也。男女睽，而其志通也；万物睽，而其事类也；睽之时用，大矣哉！

现代文注释：

彖辞说，《睽》卦，上卦离为火，下卦兑为泽，火炎上，泽润下，相背离之象。如二女长大本应当各自成家，若继续同居，志不相同，造成行为各异。卦象上为光明，下为悦，六五柔爻进入上卦主位，得中且与九二刚爻有应，小事可获吉祥。天地乖睽，其事理相同；男女乖睽，心志却可相通；万物乖睽的状况不同，但其生长、茂盛的规律是一样的。《睽》卦所包含的道理就是：物各有别，人各有志，但没有不可调和的矛盾，可以共存。《睽》卦的时用，确实很广大。

☲　《睽》卦的卦象，是经卦离和兑的重叠，上卦离，下卦兑。

孔子《易传·象》对《睽》卦的卦象特点，做了如下表述：

《象》曰：上火下泽，睽。君子以同而异。

现代文注释：

　　《象》说，上卦离为火，下卦兑为泽，故曰"上火下泽"，这就是《睽》卦的卦象。君子效法此精神，以宽大的胸怀对待异同，懂得异中有同。

　　从《睽》卦的卦辞，再到《彖》《象》，让我们领悟到了《睽》卦卦象时空所对应的时义。《睽》卦的时义，是乖睽的状态处于时局的主导。

　　以下是《睽》卦的六爻，及其注释。对于《睽》卦，六爻的特点是：上下卦之间，六五得九二之应；九四在下无应，但却能通过相互信任与初九走到一起；上九与六三有应，起先受到强大力量的阻隔，最终成功走到一起；三对上下卦的爻，都在最终得到应援，有了好结果。下面我们就进入爻辞：

☲　**初九：悔亡，丧马勿逐自复。见恶人无咎。**

现代文注释：

　　初九，无上应，有悔，但阳刚得其位，故"悔亡"。初九乾为马，其伏象坎为盗，为藏，故曰"丧马"；九二、六三在上有应而终得，故下卦会有爻变，爻变后，其象为覆震，震为马，覆震向下，其象为奔跑回来的马，即为"自复"，故曰"丧马勿逐自复"。初九无上应，因"交孚"而前往见九四，会同时遇坎和离，坎为盗、离为恶人，皆有恶人之象，但不用担心，不会有咎害。

☲☱ 九二：遇主于巷，无咎。

现代文注释：

九二，与六五为正应，前往相遇，所遇之处在离中，离中为虚，两旁为实，故离中为巷，故曰"遇主于巷"，九二兑中为悦，愉悦的前往，无咎。

☲☱ 六三：见舆曳，其牛掣；其人天且劓，无初有终。

现代文注释：

六三阴爻，居两个刚爻之间，故六三与上九虽有应，但受到掣肘。"舆曳"指九二在后面拽拉，"牛掣"指九四在前面掣阻，乖违冲突很严重。下卦兑伏艮，艮伏不见，故相对身体部位会有伤缺，"天"为额头，"其人天且劓"为额头和鼻子都受伤。六三没有初始的顺利，但其后有终，最终结果会是好的。

☲☱ 九四：睽孤，遇元夫，交孚，厉无咎。

现代文注释：

九四，居坎中，坎为孤，故曰"睽孤"，是说九四无应。遇元夫，是说九四能得遇初九，初为元，初阳为元夫。九四中爻为坎中，坎中即刚入坤而"交孚"之象，这里是说相互信任而得遇。在乖睽之时，九四与初九虽无应，但在各自皆无应援之时，同德相求，走到一起。虽然危险，但无咎，故曰"厉无咎"。

☲☱ 六五：悔亡，厥宗噬肤，往何咎？

现代文注释：

六五，乖睽之时居主位为卦主，有悔；但六五居中，又得下应，后悔消失。"厥宗"是"同宗"之意，"噬肤"，咬入肌肤，其义为介入很深，也是信任很深的意思，六五得到贤人九二的辅佐，往前去，又有何咎害呢？

☲☱ 上九：暌孤，见豕负涂，载鬼一车，先张之弧，后说之弧；匪寇，婚媾；往遇
　　　雨则吉。

现代文注释：

　　上九，六三前来与上九会合，受阻，故上九也处于"暌孤"的状态，其象为离对坎，离为目，为见，幻觉的"豕负涂"和"鬼"皆为坎象，坎的后天数为一，故曰"载鬼一车"，紧张的拉开弓欲射，又松开弓。不是遇到匪寇，而是遇到前来婚媾的六三，终于遇合，六三居互坎之下，有雨之象，故曰"遇雨则吉"。

　　以上对《暌》卦的卦辞、彖、象、爻辞，做了现代文的解释。

　　《暌》卦的时义，是乖暌的状态处于时局的主导。对于乖暌，需要用柔，同时要同德相求，可得到相助的力量。

水山《蹇》䷦（卦序号：48）

蹇卦，主人公依然是周文王（其时为西伯侯）和他的大臣们，记载下周王朝前期的西岐在蹇难之时，王臣见其险难，而不畏惧，来来往往跋山涉水于西岐与殷商之间的道路，周旋于殷商上下的王公府地，最终让西伯侯平安回国。

先看《蹇》卦的卦辞，及现代文注释：

蹇：利西南，不利东北。利见大人，贞吉。

现代文注释：

蹇，是卦名。《蹇》卦，象征艰难险阻。而处在"蹇"中，利于向西南方向寻求援助和求得发展的空间，不利于向东北强行突破。《蹇》卦，利于大德大才的伟大人物的显见，守持正道，吉祥。

孔子《易传·彖》对《蹇》卦的卦辞，是这样裁断的：

《彖》曰："蹇"，难也，险在前也。见险而能止，知矣哉。蹇"利西南"，往得中也；"不利东北"，其道穷也。"利见大人"，往有功也。当位"贞吉"，以正邦也。蹇之时用，大矣哉。

现代文注释：

彖辞说，"蹇"，是险难的意思。"蹇"的外卦坎为险，故曰"险在前也"。看到前方有危险，停止前进，是明智之举。西周建国前的西岐，其西南方是背离殷商方向的开阔地带，有很多西戎羌狄部落，与西岐亦友亦敌，西岐在西南方向展开其战略行动，不会有任何消息传到殷商首都的统治者那里，故西岐以它在西南方相对强大的实力，发展朋友，征服那些对抗的部落，同时用"德"的感召和武力的征服，实现西南局部统一的大业。西岐的行动，不利于在东北方向进行，那样会惊动殷商的统治者，韬晦之道和暗中扩张的计划就会暴露，从而走向困穷的末路。周文王被囚于殷商的监狱里，要前往设法搭救，这是这个历史时空里的大功一件。"蹇"的时空，既充满险难，又是充满希望之光的时空，有利于大德大才的伟大人物在这个时空显见，往则有功，有好结果。在"蹇"的时空，大人即当位者九五居中得正，除了初六位不得正，其他的王公、辅政大臣皆得正位，象征当位者皆能守持正道，自然吉祥，这有利于"正"国家的风气，故曰"当位贞吉，以正邦也"。《蹇》卦的时用，确实很大啊！

☵☶　《蹇》卦的卦象，是经卦坎和艮的重叠，上卦坎，下卦艮。
孔子《易传·象》对《蹇》卦的卦象特点，做了如下表述：

《象》曰：山上有水，蹇。君子以反身修德。

现代文注释：
　《象》说，上卦坎为水，下卦艮为山，故曰"山上有水"，这就是《蹇》卦的卦象。君子观此卦象，感悟其中的道理，看到前方有险难，就停下来反省自身的缺点和过失，以求得自善其身，先修养德行以利于将来建功立业。

　从《蹇》卦的卦辞，再到《彖》《象》，让我们领悟到了《蹇》卦卦象时空所对应的时义。《蹇》卦的时义，是险在面前，君子正处蹇难之时，居险中。

　以下是《蹇》卦的六爻，及其注释。对于《蹇》卦，六爻的特点是：虽为蹇难，六爻却都充满生机活力，上卦的初爻到三爻不因为艮的特点而止，都努力赴险救主，到上九得吉。下面我们就进入爻辞：

☷☶ 初六：往蹇来誉。

现代文注释：

　　初六，柔爻不得位，明显不是济蹇之才，只是西岐的一位没有职务、地位很低的臣子，中爻为互坎就挡在初六的前面，上无应援，前行有"蹇"是很明显的，他最先赴命前往羑里探文王之蹇，而不顾很明显的自身之蹇，他虽柔弱且地位低，但不顾自身之危，前往探文王的蹇难。前往可能有去无回，需要勇气，他的勇气胜过济蹇的才干，往蹇归来后，得到嘉奖，有美誉，故曰"往蹇来誉"。

☷☶ 六二：王臣蹇蹇，匪躬之故。

现代文注释：

　　六二，柔顺中正，与九五有应，九五君王有蹇难，臣子不能安心，而从中爻看，二、三、四亦为坎，臣子也在蹇难中，蹇而又蹇，王和臣都陷于坎险之中，故称"蹇蹇"。作为君王的臣子，六二是忠义之臣，艰难跋涉于道路，往来于殷商与西岐之间，那可不是为了他自身的事情，是在为国效力。

☷☶ 九三：往蹇来反。

现代文注释：

　　九三，刚正，为下卦艮之主，靠近上卦，其位就有险，进则入于险，然知其险而能止，本是艮主的能力和特点，能止而又敢于进，进入坎险又能平安返回，能往能来，来往自由，且回来之时"不辱使命"，成就"救主"的大功，自身也有福报之"反"，说的就是九三。这也正是敌方有佞臣被我方收买的缘故，西岐之臣闳夭设计买通了殷商的宰相费仲，让费仲帮助做些配合，故能"往蹇来反"，最终救回西伯侯。

☵☶ 六四：往蹇来连。

现代文注释：

六四，得位居正，指君王身边的臣子，西伯侯其时，身边的重臣有他最倚重的"四友"散宜生、南宫适、闳夭、泰颠等四人，六四暗喻以四人为首的群臣，西伯侯被囚羑里之时，轮番前往探视，设计搭救。"来连"是说明六四的爻位，连接六二、九三、六四的中爻之坎与上卦之坎，六四居重叠的坎之中，唯以艰忍加上努力，六四与上坎的"连"就是群臣与西伯侯的"连"，这是六四所期盼的与九五的连接，群臣都期盼西伯侯能早日脱离牢狱之灾回到西岐。

☵☶ 九五：大蹇，朋来。

现代文注释：

九五，中正之位的君王，指周文王，其时为西伯侯，"大蹇"者，非常之蹇也。九五居尊，有刚健中正之德，遇"大蹇"，得"朋来"之助，即有圣贤之臣汇聚身边辅佐，"朋"不仅指"王臣"，还包括西南方向同盟的朋友，"朋来"在西伯侯出狱前为众友前来探视，"朋来"在西伯侯出狱后则为众臣和西南联盟前来共济天下之"大蹇"；西伯侯被囚之难的解脱，为解天下的"大蹇"提供了条件，以西伯侯的威望可以聚集天下英豪的"朋来"，济蹇有望。

☵☶ 上六：往蹇来硕，吉。利见大人。

现代文注释：

上六，已在《蹇》卦之极位，共赴蹇难，共济蹇难，到了最后的时刻，是要见到结果的时候了，"硕"为"硕果"，"来硕"说的就是"回来时的成果很大"。故，其占为"吉祥"。本卦的六爻，唯有上六得"吉"，《周易》六十四卦中，上位的爻得"吉"，是很少见的。因为这不是个人的蹇难，而是天下之

"大蹇"。这样的蹇难之时，唯有大圣贤之人，才能济天下之难，故"利见大人"者，利于大德大才的伟大人物显见也，现在条件具备了，西伯侯回来了，这样有大德大才的"大人"显见了，这应该就是合其"时"的天意安排。

以上对《蹇》卦的卦象、彖、象、爻辞，做了现代文的解释。

准确注释完六爻的爻辞后，可以更透彻理解《蹇》卦所在宇宙时空所对应的时义。《蹇》卦的时义，是险在面前，君子正处蹇难之时，居险中。在"蹇"的时空里，唯有合力以济，方可建功。"蹇"之时空，虽然充满着险难，但又是充满希望之光的时空，"蹇"利于大德大才的伟大人物在这个时空显见，往则有功，有好结果。

卷五

第十七章 兑、艮、履、谦

在这一章里，解析《兑》、《艮》、《履》、《谦》四个卦，在这四个卦里，《兑》、《履》两卦是紧跟在《睽》卦之后的"阳息阴"的卦，其下卦皆为兑，卦序号皆为奇数，是《复》卦之后"阳息阴"一条路线上的卦。而《艮》、《谦》两卦则是紧跟在《蹇》卦之后的"阴消阳"的卦，其下卦皆为艮，卦序号皆为偶数，是《姤》卦之后"阴消阳"一条路线上的卦。

《兑》为悦 ䷹（卦序号：49）

兑上兑下，重叠的兑，《兑》卦是纯卦，上下卦同为经卦的兑。"兑"，是悦的本字，是快乐的模样，笑的模样。古文"悦"字通假"说"，故卦辞中经常出现"说"字。《兑》卦象征泽，泽代表海洋，也代表有水的泽地，《兑》象征悦，快乐，也象征秋天，收成。

先看《兑》卦的卦辞，及现代文注释：

兑：亨，利贞。

现代文注释：

兑，是卦名。《兑》卦，刚爻居中，而柔爻居外，故是亨通的，《兑》卦的字宙时空处在夏天到来前的四十五天，节气"立夏"到来前的六天时间，是春夏之交最美好的时节，此时万物繁茂，故曰"亨"，《兑》卦的方位在西方，西方主秋，故利贞。

孔子《易传·彖》对《兑》卦的卦辞，是这样裁断的：

《彖》曰：兑，说也。刚中而柔外，说以"利贞"，是以顺乎天而应乎人。说以先民，民忘其劳；说以犯难，民忘其死；说之大，民劝矣哉！

现代文注释：

彖辞说，"兑"，就是悦。刚爻居中位，柔爻在外，使人喜悦，是以中正有利，这是顺应天的道理，符合民众的心愿，顺乎天而应乎人。凡事能让民众喜悦在先，民众就会忘记劳苦；危难之际能让民众喜悦在先，民众就会不惧死亡、勇敢的去冒险犯难。"悦在先"的道理，其意义真是广大啊！把这个道理推行广大，民众都会勤勉行事。

　　　　《兑》卦的卦象，是两个经卦兑的重叠。
孔子《易传·象》对《兑》卦的卦象特点，做了如下表述：

《象》曰：丽泽，兑。君子以朋友讲习。

现代文注释：

《象》说，丽，是附着、相连、两的意思。丽泽，就是两泽相连，两悦相连，悦而悦，这就是《兑》卦的卦象。兑，喜悦重叠，柔爻象征口，刚爻象征朋友；故，君子效法《兑》卦的精神，用喜悦与朋友接近，经常在一起交流思想。

从《兑》卦的卦辞，再到《彖》《象》，让我们领悟到了《兑》卦卦象时空所对应的时义。《兑》卦的时义，是悦而悦，处在喜悦之中。

以下是《兑》卦的六爻，及其注释。对于《兑》卦，六爻的特点是：悦虽有益，但须守正、有度；在兑卦中，下卦刚爻皆得吉，是因为刚正有节，从六三起，悦就开始有失正、过度之嫌，九五虽居中正之位，也因没有节制而被判为有厉。下面我们就进入爻辞：

≣ 初九：和兑，吉。

现代文注释：

初九，阳刚得正，上无应，与二爻阳刚的相处是得敌还是为朋，就在一念间，同性本为相斥，但"和"之为德，是广大的，初九与九二、九四之比应，皆为阳爻朋类的比应，并以和顺、和睦作为基础，故曰"和兑"，吉祥。

≣ 九二：孚兑，吉，悔亡。

现代文注释：

九二，中爻互离，为有孚，心怀诚信，故曰"孚兑"；阳遇阴则通，得"吉"；阳居阴位不正，本有悔，但其阳刚孚信之气内充，能诚信、和悦的待人，以孚为悦，自守而不失刚中，又得通达之吉，终而"悔亡"。

≣ 六三：来兑，凶。

现代文注释：

六三，自外而内为"来"，六三所居之位，为下兑上覆兑，两兑相向的正反兑之象，此象因为兑的相向，就有自外而内的朝向，故曰"来兑"。两兑皆朝着六三，故一"兑"将尽，另一"兑"复来，这是阴柔小人左右逢源之道，此道不正，故"凶"。

䷹ 九四：商兑，未宁。介疾有喜。

现代文注释：

九四，"商"，商度也，未决的事情方需"商"。兑，为悦，尚需"商"乎？故，出现"商兑"这样的情况，感觉就有毛病，问题出在六三靠近求悦，九四心知其非，但实际上乐其柔媚，心中"未宁"是很自然的。但，这毕竟只是小毛病。"介"，在这里意思为微贱、微小，"介疾"，即小病也，小病不用吃药也就好了，转而"喜"。在《易》中，"疾"与"喜"经常配对，疾去则喜。

䷹ 九五：孚于剥，有厉。

现代文注释：

九五，阳刚中正，但有上六阴爻乘凌之，阳刚会被腐蚀，在《易》中，"剥"者，消阳之名，阴消阳也。"孚"为有信，自然规律亦为有信，"剥"按照自然规律正在靠近九五。客观规律的孚信，让"剥"一步步靠近九五，那么九五自己主观上的孚信，能否接受小人，能否接受"剥"？甚至乐于接受"剥"？信小人，则小人之道长，即"剥"之道长也，故而此道是危险的。小人之道，其渐渐而入，而人不觉其浸入也，故虽圣人亦畏小人的"巧言令色"，更何况平凡为君子者乎！信小人，确乃"危厉"之道也。故曰："孚于剥，有厉"。

䷹ 上六：引兑。

现代文注释：

上六，不说吉凶，只说"引兑"，是何意？上六伏艮，艮为手，为引，故曰"引兑"。这里的"引"，为引诱。对于外界的"引诱"，心动乎？有欲乎？引兑者，引诱人时会不择手段，让人感物而动，感物而有欲。故，当此"悦"动之时，刚正则有节，柔顺则无度，其吉凶已自明。这也是《兑》卦中，初九、九二以阳刚而得"吉"的原因。

以上对《兑》卦的卦辞、彖、象、爻辞，做了现代文的解释。

准确注释完六爻的爻辞后，可以更透彻理解《兑》卦所在宇宙时空所对应的时义。《兑》卦的时义，是悦而悦，处于喜悦之中。悦动之时，要警惕小人的巧言令色和"欲"的引诱。作为君子，知道喜悦能调动人的积极性，是正向的能量，喜悦有利于朋友之间的接近，有利于思想的沟通、交流，但又要慎行自守，不超越悦动的度，美善自身的德行。

君子占到《兑》卦，若境况尚好，从普通职工到高管团队都处在和睦喜悦的状态，此时效法《兑》卦的精神，遵从"悦在先"的道理，就会让大家忘掉劳苦，努力工作，这是最好不过的。

《艮》为山 ䷳（卦序号：50）

《艮》卦是纯卦，艮上艮下，重复的艮，上卦、下卦同为经卦的艮。艮为山，是宇宙时空里连绵不绝的大山的形象，其巍巍然而不动，《诗经·小雅》里写道："高山仰止，景行行止。"形容山的高大，仰之弥高，其内涵是赞美品德高尚者如同高山。中华文化里，高山自古以来就象征君子和"仁"的品德，而"艮"的《周易》哲学内涵同样很丰富，在《艮》卦的哲学涵义里，"艮"代表的最重要特质就是"止"。中国历史上一位得道高僧曾感叹艮之止，认为就是用一部伟大的佛经来比之亦不为过，故，体会艮之止，多用些时间和功夫，是值得的。

先看《艮》卦的卦辞，及现代文注释：

艮：艮其背，不获其身，行其庭，不见其人，无咎。

现代文注释：
艮，是卦名。从卦象看，下卦艮之主有向上的"反艮"之象，艮与"反艮"相背，故曰"艮其背"，背向也，有不愿意亲近之义，故曰"不获其身"，意思就是：不愿也不会有碰触身体的情况。艮为庭，其伏象为兑，兑为友人，伏象看不到，寓意"到了友人的庭院，看不到人"，故曰"行其庭，不见其人"，这两种情况都是"艮"的特质，是安静、独立、稳重的写照，故没有咎害。

孔子《易传·彖》对《艮》卦的卦辞，是这样裁断的：

《彖》曰：艮，止也。时止则止，时行则行，动静不失其时，其道光明。艮其止，止其所也。上下敌应，不相与也。是以"不获其身，行其庭，不见其人，无咎"也。

现代文注释：

　　象辞说，艮，是止的意思。随着时势的变化，应该停止了，就停止，到了应该行动的时候，就行动，动或止都在适当的时候，就不会失去时机，这就是"艮"之道，是光明之道，其卦象阳刚止乎上，阴不得掩之，故曰"其道光明"。除了"时机"给"止"规定了条件，"艮"所说的止，还说止于应该"止"的地方。"止"的重要含义，就是目的地。古人从射箭领悟到"箭矢中的"的涵义，飞行的箭矢在"运动"中，射中箭靶后则"止"，"中的"后的箭矢不再"运动"转为"止"的状态，故"止"就是箭矢最后的归属之所，"止"就是目的地，于是古人赋予"止"在文字上新的含义，就是"目的"或"归属"，孔子说："于止，知其止所。"又说："君止于仁，臣止于敬，子止于孝，父止于慈。"这里所有的"止"，文字含义都是指的道德归属，《大学》中说："止于至善。"也是一样，说的是："以'至善'为目的，为目标。"所以"止"从动词的"停止"，转变为名词的"归属"和"目的地"。《艮》卦的上卦和下卦皆为艮，故所有的爻皆无应，无应也称为"敌应"，对于艮山，这代表了"独立"性，不相应与。故有"不获其身，行其庭，不见其人，"之说法，没有咎害。

　　☶　《艮》卦的卦象，是两个经卦艮的重叠。
　　孔子《易传·象》对《艮》卦的卦象特点，做了如下表述：

　　《象》曰：兼山，艮。君子以思不出其位。

现代文注释：

　　《象》说，艮卦，上卦下卦皆为艮，山与山相连，山外有山，这就是《艮》卦的卦象。君子观察此卦象，感悟其中的道理，思考自己的行动是否超出了自己的位份，即是否超越了自己的名分和地位。不在其位，不谋其政，不要代替别人做人家职责范围内的事。

从《艮》卦的卦辞，再到《彖》《象》，让我们领悟到了《艮》卦卦象时空所对应的时义。《艮》卦的时义，是：止而又止，不失其时。

以下是《艮》卦的六爻，及其注释。对于《艮》卦，六爻的特点是：六爻的不同阶段，都有相对应的"止之时"与"止之所"。下面我们就进入爻辞：

以下六爻的爻辞很难懂，其实是在说登山的感受，联系登山来理解爻辞会感觉通顺很多。六爻通过登山的感受，来说明艮卦的"止之时"和"止之所"，也就是止有时，止亦有止所的道理。

☶ 初六：艮其趾，无咎。利永贞。

现代文注释：

初六，阴柔居阳位，自身条件不好，登山走了几步，走不动了，但没有咎害。像登山这种事该停止时就停止，不超出自己的能力，一切都根据自身的条件，这有利于永远守持正道。初爻之止，象征无可为之才，而止于事之初。

☶ 六二：艮其腓，不拯其随，其心不快。

现代文注释：

六二，柔居中得正，是"时止则止"的最好的爻位。六二承九三，有巽象，巽为随，但登山过程六二感觉到了腿脚乏力，不能继续承九三跟随大家共同上山，与九三之随不得其终，心情有些不快乐。六二的"止"，寓意：止之道，不可随。六二之止，为当止之时，无法随九三，九三也不会听从六二而一同停止，止有时，是自己的时。六二"其心不快"，还不习惯各自的独立性。

☷☶ 九三：艮其限，列其夤，厉薰心。

现代文注释：

九三，阳刚有力的男子，但也感觉到体力的极限到了，无法继续往山上爬，背上的肌肉就像火烧一样，钻心般的疼痛，必须立即停下来休息了。九三中爻为互坎之象，坎为心，九三居坎中，同时居上下卦的结合部，反应的部位在腰部和心的部位，爻辞描写的就是腰背的酸痛，心也受到影响，无力继续。九三的止，寓意：失去中道，过于阳刚，没有听从六二的劝说一起停止，故出现危险。

☶☶ 六四：艮其身，无咎。

现代文注释：

六四，柔爻居正，是可以抑止自己的最好爻位，体力柔弱者，登山爬不动了，身体也不能再动了，就躺在山石上休息，身体静静的躺着，也不去想爬山的事，没有咎害。六四之止，寓意：没有逞强的心念，自己可以抑止自己，故而可以做到"心静而身安"。

☶☶ 六五：艮其辅，言有序，悔亡。

现代文注释：

六五，柔居中，不妄言，说话有条理，时言则言，时止则止，这既是在阐明平时说话要懂得抑止的"止"道，防止祸从口出，也是爬山节省体力的一方面；六五在爬山过程中节省体力而缓行，靠近上九艮主，故能"止"而悔亡。

☶☶ 上九：敦艮，吉。

现代文注释：

上九，是艮卦的极限上位，居极致之位而没有走向反面。"敦"是厚重的意思，寓意艮山的品德。上九之位类同于九三，但上九不但没有危险，还得到"吉"，这是因为上九终得"止"之真义，其德如山，敦实厚重，该止之时可如大山巍然不动，故得吉祥。

　　以上对《艮》卦的卦辞、彖、象、爻辞，做了现代文的解释。

　　准确注释完六爻的爻辞后，可以更透彻理解《艮》卦所在宇宙时空所对应的时义。《艮》卦的时义，是，止而又止，不失其时；止有时，止亦有所；要知其时，知其止所，才能有利。故，"止"，就是时机。

　　人的一生，都在寻找机会，但人们只知道"动"的机会，而不知道"止"的机会。动的机会，如若让人走入了困境，那么，止的机会，就会让人脱离困境。其中的道理，就在《艮》卦之中，但却不为大部分人所知。故，学习《艮》卦，对绝大部分人而言，是很有必要的。

天泽《履》☰（卦序号：51）

"履"，其意是行走。《履》卦又被训为礼教的推行，卦旨以"礼的教化"作为太平年景的首务。故，为了强调礼教的重要，卦中"履"的行走被刻意安排跟在一只老虎的后面，寓意要小心谨慎的对待"礼"的践行。礼的教化用柔，而不用刚，故最终是要用"礼"的教化战胜过刚的心志。

先看《履》卦的卦辞，及现代文注释：

履：履虎尾，不咥人。亨。

现代文注释：

履，是卦名。跟在老虎的后面，小心蹑脚的走，一不小心还是踩到了老虎的尾巴，老虎没有生气，不咬人。这里上卦乾，代表老虎；下卦兑，代表少女。老虎不咬人，说明这是太平、亨通的年代，故曰"亨"。

孔子《易传·彖》对《履》卦的卦辞，是这样裁断的：

《彖》曰：履，柔履刚也。说而应乎乾，是以"履虎尾，不咥人"。"亨"，刚中正，履帝位而不疚，光明也。

现代文注释：

彖辞说，《履》卦，柔顺的跟在阳刚的后面。乾在这里代表君王，九五刚强又中正，即位称帝，心安理得，光明正大，没有内心之疚。君王推行"礼"教，正值天下太平的光景，故君王心态平和、快乐，不会采用严厉态度。太平年景的百姓，或卦中的少女，会心情很愉悦的去接近君王或老父亲，跟着、腻着，有时就失去了规矩，此时的君王或老父亲不会生气，不会责罚她。太平的年景，君王和老父亲的心是宽容、柔软的，他会耐心的把"礼"的规矩告诉子民、女儿。

☰　《履》卦的卦象，是经卦乾和兑的重叠，上卦乾，下卦兑。

孔子《易传·象》对《履》卦的卦象特点，做了如下表述：

《象》曰：上天下泽，履。君子以辩上下，定民志。

现代文注释：

《象》说，上卦乾为天，下卦兑为泽，故曰"上天下泽"，这就是《履》卦的卦象。君子观此卦象，明白其中的道理，就要效法《履》卦的精神，认识"礼"的重要，辨明上下的关系，明尊尊之道；履卦中有艮象，故曰"定"，泽为民，巽为志，故曰"定民志"，《周易》中"志"含有"德"之意，故"定民志"的意思，就是培育民众的善德。

从《履》卦的卦辞，再到《彖》《象》，让我们领悟到了《履》卦卦象时空所对应的时义。《履》卦的时义，是"礼"的教化。

以下是《履》卦的六爻，及其注释。对于《履》卦，六爻的特点是：初爻是朴素无华的"礼"，无咎害；其余各爻，居柔位则得吉，二、四、六爻位皆得吉；居刚位则凶或厉，六三凶，九五厉。下面我们就进入爻辞：

☱　**初九：素履往，无咎。**

现代文注释：

初九，位处最下，素装合其身份，素装前往，朴素自然的初九，没有咎错。这里"素履往"寓意初九在其一生中的行事、作为要朴素、实实在在。从礼教的基础看，初九代表最基本、最低层次的"礼"，需要白素无华，六十四卦中叙述"礼"的还有《贲》卦，《贲》卦的上九也说到"白贲，无咎"，道理相同。

☰ 九二：履道坦坦，幽人贞吉。

现代文注释：

　　九二，得中位，但上无应，故需守中正之道，不要有对未来抱过高期待，履道平坦，为人生幸运。九二下卦伏艮，艮为道路，得中为坦坦，故曰"履道坦坦"，九二居兑，兑为幽昧，其无上应，为幽静，故为"幽人"，九二执着于心的纯正，不求闻达，故曰"幽人贞吉"，这是高洁的品德。占到此爻，吉祥。

☰ 六三：眇能视，跛能履，履虎尾，咥人，凶。武人为于大君。

现代文注释：

　　六三，阴居阳，位不正，不正为眇，其见不明；爻位不居中，不中为跛，其行不稳；眇且跛，踩到了老虎尾巴。六三不具才德，不明而强行，以此履虎尾，必受伤害，观其象：爻位居兑口，故老虎咬人，有凶。六三伏震，震为武人，其上方的乾为大君，故曰"武人为于大君"，寓意：护卫君王，虽死无怨。

☰ 九四：履虎尾，愬愬，终吉。

现代文注释：

　　九四，居乾之后，故九四即虎尾。居虎尾之位，伴虎前行，故心怀恐惧，这里"愬愬"为畏惧之貌，知惧而能谨慎，终获"吉"。

☰ 九五：夬履，贞厉。

现代文注释：

　　九五，居乾的中位，阳刚中正，践履帝王之位；帝行事刚决，故曰"夬履"。在《履》卦中，重在"礼"的教化，过刚不利。故"夬履"非圣人之道，会走向刚愎自用，听不进不同意见。过刚则入危道，占为厉，危险。

☰ **上九：视履考祥，其旋元吉。**

现代文注释：

上九，履卦之终，履为行走，为践行，故需得其善终，终吉才可称为大吉，卦中五刚爻唯上九与六三有应，"其旋"指转回，回视其履，"视履考祥"同时督促六三收敛过刚的心志，遵循礼数，六三获福祥，上九得元吉。

以上对《履》卦的卦辞、彖、象、爻辞，做了现代文的解释。

准确注释完六爻的爻辞后，可以更透彻理解《履》卦所在宇宙时空所对应的时义。《履》卦的时义，在于"礼"的教化，最终战胜"过刚的心志"。

在《履》的时义的讲述里，始终有一只老虎，它就走在你的前面，老虎咬人还是不咬人，就看你行事的态度。

地山《谦》☷☶（卦序号：52）

《谦》卦，是讲君子道德修为的卦，谦谦君子，就由《谦》卦而来。君子崇尚大山的品德，厚重而给人以依靠，助人而不自功，谦谦而尊，卑恭而不可逾。从卦象观之，山本高于地，却藏于地中；艮阳为天，为光明，同样居坤阴之下，且艮阳居三爻不过中，卦象卦德都在诠释着卦名，这就是"谦"。

先看《谦》卦的卦辞，及现代文注释：

谦：亨。君子有终。

现代文注释：

谦，是卦名。《谦》卦，是亨通的。之所以亨通，是因为君子内心知道抑止，外表谦虚、柔顺，这样必然能够得到支援，会有最终的成功。

孔子《易传·彖》对《谦》卦的卦辞，是这样裁断的：

《彖》曰：谦，"亨"，天道下济而光明，地道卑而上行。天道亏盈而益谦，地道变盈而流谦，鬼神害盈而福谦，人道恶盈而好谦。谦，尊而光，卑而不可逾，"君子"之"终"也。

现代文注释：

彖辞说，谦虚则可以得到亨通。代表天道的"艮"本居上而下行，光明普照，代表地道的"坤"本居下而上行，使阴气上行而交于天。天道的规律，盈满的就要亏损，日中则昃，月满则亏，而谦损的则会转而盈满；地道的规律，是盈满的容易倾坏，如同高山的倾陷，而砂石流入那些低洼的峡谷使其增高；鬼神会祸害那些盈满的，而把福祉给予那些谦虚的，人道的规律，更是厌恶骄傲自满而喜好谦虚的。谦虚使人尊贵而有光辉，"谦"之道，谦卑恭顺，而不逾越原则，只有君子才能终身行"谦"之道，而行谦之道，则君子有终，谦则得到亨通。

☷☶　《谦》卦的卦象，是经卦坤和艮的重叠，上卦坤，下卦艮。

孔子《易传·象》对《谦》卦的卦象特点，做了如下表述：

《象》曰：地中有山，谦。君子以哀多益寡，称物平施。

现代文注释：

《象》说，上卦坤为地，下卦艮为山，故曰"地中有山"，这就是《谦》卦的卦象。君子观察此卦象，感悟其中的道理，以谦让的情怀，裁取多余的来增益缺乏的，衡量财物的多寡，而公平施予。

从《谦》卦的卦辞，再到《彖》《象》，让我们领悟到了《谦》卦卦象时空所对应的时义。《谦》卦的时义，是君子以谦让的情怀处世，终身守持"谦"道，而有君子之终，得其亨通。

以下是《谦》卦的六爻，及其注释。对于《谦》卦，六爻的特点是：初爻为太伯谦让王位，涉过黄河长江到蛮荒之地躲避即位；从二爻开始太伯已身在吴地，就是现在的江苏；三爻以上是讲太伯建立吴国，九三、六四皆得吉，无所不利；六五由谦让之道推至富裕之道；到上六功成名就。下面我们就进入爻辞：

☷☶ **初六：谦谦君子，用涉大川，吉。**

现代文注释：

初六，初始就有谦德，这就是谦而又谦的君子。谦卦上坤下艮，其大象是一个大大的坎卦，面对坎水，初六其上无应，难以涉坎水。然而，君子有谦德，在其上方的中爻有"震"之木道，借木道之便渡过大川可到远方开创事业；古代周的部落时代，古公亶父的长子太伯谦让王位予三弟，自己和二弟涉过黄河长江到荆蛮之地躲避即位，此事记载在《史记》世家的首篇，吉祥。

䷎六二：鸣谦，贞吉。

现代文注释：

六二，处中居下，为名符其实的"谦"；六二艮中覆震，震为声，有鸟象，故曰"鸣谦"；太伯兄弟谦虚的名声如同悦耳的鸟鸣，其传广远，占为吉。

䷎九三：劳谦，君子有终，吉。

现代文注释：

九三，中爻居坎中，坎为劳，故曰"劳谦"。太伯兄弟勤劳又谦虚，君子有好结果，得到民众拥戴，在吴地建立了吴国，君子的品德是自己终身的操守，也因此有了最终的成就，吉祥。

䷎六四：无不利，撝谦。

现代文注释：

六四，阴爻居阴位，尊阳而退避，"撝"为挥手，挥手而退避，故曰"撝谦"。阴能顺阳，比附于阳，故"无不利"。

䷎六五：不富以其邻，利用侵伐，无不利。

现代文注释：

六五，坤阴不富，九三为其邻，九三象为震，震为侵伐，六五中爻居震，故曰"利用侵伐"，寓意六五比附九三，得九三之阳富，故"无不利"。

☷☶ **上六：鸣谦，利用行师，征邑国。**

现代文注释：

　　上六，已居《谦》卦的极致位，此时吴太伯谦虚的美名远扬四方，商朝天子任用他为方伯；上六居坤上位，坤为邑国，与九三有应，九三为震，震为行师，故曰"利用行师，征邑国"。寓意：文武之道，一张一弛，谦道，需辅之以刚武，才更符合治理之道。

　　以上对《谦》卦的卦辞、彖、象、爻辞，做了现代文的解释。

　　准确注释完六爻的爻辞后，可以更透彻理解《谦》卦所在宇宙时空所对应的时义。《谦》卦的时义，是君子以谦让的情怀处世，终身守持"谦"之道，而有君子之终，得亨通。

　　君子占到《谦》卦，应当效法《谦》的精神，坚守信念，把"谦"作为终身的操守，得君子之终，从而得到亨通。

第十八章　大畜、萃、需、晋

　　在这一章里，解析《大畜》、《萃》、《需》、《晋》四个卦，在这四个卦里，《大畜》、《需》两卦是紧跟在《泰》卦之后的"阳息阴"的卦，其下卦皆为乾，卦序号皆为奇数，是《复》卦之后"阳息阴"一条路线上的卦。而《萃》、《晋》两卦则是紧跟在《否》卦之后的"阴消阳"的卦，其下卦皆为坤，卦序号皆为偶数，是《姤》卦之后"阴消阳"一条路线上的卦。

山天《大畜》☶☰（卦序号：53）

　　《大畜》卦的卦象，山在天外，天在山中，象征君子之德如巍巍大山，畜德有止。又象征深山密林之地的富饶，宜于畜养。观察此卦象，让人明白蓄积大且多，才能利生，利坚守正道。应该说，《大畜》是国家强盛之卦，大畜之道强调蓄积，同时强调蓄积的用途为养贤，为有才干的贤人提供更多的机会。

　　先看《大畜》卦的卦辞，及现代文注释：

大畜：利贞。不家食，吉。利涉大川。

现代文注释：

　　大畜，是卦名。《大畜》卦，艮山之德在卦中充分体现，阳刚的艮之道，刚爻处上，笃实，而不为阴爻所掩，其光明普照之象显见，艮道之辉光，利尚贤，艮在天之上，含住了健，艮之德能止健而畜之，艮德为君子之德，卦象为阳畜阳，阳为大，故曰"大畜"；"大畜"之道，其止与畜，利君子固守正道，鼓励君子在外谋取功名，不家食，为天下养，吉利。"大畜"，卦象刚健，九三互震之象，为动，为舟，木道乃行，利于涉过大川，突破难关，谋取功名。故，尽管"大畜"更多的讲"畜止"之道，但其卦德是鼓励君子成就大事的。

孔子《易传·彖》对《大畜》卦的卦辞，是这样裁断的：

《彖》曰：大畜，刚健笃实辉光，日新其德，刚上而尚贤。能止健，大正也。"不家食，吉"，养贤也。"利涉大川"，应乎天也。

现代文注释：

彖辞说，大畜，下卦刚健，上卦笃实，光辉昭著，日新其德，故其人文属性是阳刚处上而又尚贤。艮能止健，含健而有止，道德目标十分明确，这是很大的天道、正道。君子认识其中的道理，到社会上谋取功名，为天下养，才是吉利的；社会要提供最大可能的养贤能力，为有才干的贤人提供最多的机会。大畜，卦象刚健，利于涉过大江大河，去成就大事业，这是顺应天道啊！

☶　《大畜》卦的卦象，是经卦艮和乾的重叠，上卦艮，下卦乾。
孔子《易传·象》对《大畜》卦的卦象特点，做了如下表述：

《象》曰：天在山中，大畜。君子以多识前言往行，以畜其德。

现代文注释：

《象》说，上卦艮为山，下卦乾为天，故曰"天在山中"，这就是《大畜》卦的卦象。君子应当效法这一精神，多多学习领会并认同前一代贤人、哲人的言行，以蓄积自己的德性。

从《大畜》卦的卦辞，再到《彖》《象》，让我们领悟到了《大畜》卦卦象时空所对应的时义。《大畜》卦的时义，是止健、蓄积、养贤；是考虑一个国家或一个组织，其发展路程中最重要的力量、资源的"畜"和"养"，而后可以达成"大用"。

以下是《大畜》卦的六爻，及其注释。对于《大畜》卦，六爻的特点是：大畜之道，在于艮能止健，乾之健遇艮而止，止而畜之，是为畜止；初九，初始阶段就强调停止有利，停下来符合畜止之道，"急用"有厉；九二为下卦居中之爻，得"畜止"之道，主动停止前行；九三是乾体的最后一爻，同样为艮所止，艰贞自守；六四表述"童牛之牿"蕴含的"畜止"之道；六五，总结出"豶豕之牙"为"畜止"之道；故，六五和六四共同代表了畜止之道；上九，"畜止"之道成，被感叹为"天之衢"。下面我们就进入爻辞：

☶ 初九：有厉，利已。

现代文注释：
初九，健而动的一开始，就感觉到了危险。看到危险而停下来，有利于畜养。上卦艮的卦德是待时而动，"待时而动"在本卦也包含在时义之中。《大畜》卦，总的情势、时用，都在于完成蓄积，而不是前进，故只要符合《大畜》的卦情、卦德，就是合理的、最好的安排。爻辞中的"已"，就是停止的意思，停下来待命有利，不蓄积而急用就会有厉。初九也可以看作乾卦的初爻，潜龙勿用，说的就是谨慎，不盲目行动，尽量的安分守己，畜养自己。

☶ 九二：舆说輹。

现代文注释：
九二，前进的途中，车上的辐条脱掉了，只能停下来。九二遇阻而停止，是卦象的情势所致，九二与六五有应，六五主"畜止"，本卦以畜止为大畜之道，故九二不能前进。甚至可以理解为，主动将车厢的木构件卸掉，主动将行动的条件除去，不准备行动，主动的停止。

☰ **九三：良马逐，利艰贞；日闲舆卫，利有攸往。**

现代文注释：

九三，在卦象上呈现为良马在原野奔驰之象，故其整体卦象有利于在艰难中坚守正道。日闲之时，每日练习和舆卫有关的武备，舆为战车，卫为步兵，即进行军事训练，这是古代保护农耕文明的民兵训练制度，这样的安排，合乎上卦艮的畜止之意，是利有所往的。

☶ **六四：童牛之牿，元吉。**

现代文注释：

六四，与初九有应，故把六四与初九联系起来，会发现初九就是六四爻辞里的童牛，而"童牛之牿"的牿，就是指六四，六四通过对童牛野性的制约，使之温顺，这种对自然野性的驯服，是《大畜》卦走向成功的过程，也是《大畜》卦的要义之一，这是因为童牛之牿包含了保护性的措施，保护童牛不受伤，故这种制约是含建设性的止，六四就是畜止之道，故"元吉"。

☶ **六五：豮豕之牙，吉。**

现代文注释：

六五，小猪长牙了，豮猪阉割去势后，它锋利的牙就不会伤人。这里讲到了一种从根本上解决问题的方法思路，从人类畜养牲畜的经验，总结出各种均属于"豮豕之牙"的事物，知道最佳的处理之道。六五处卦主之位，得到这样的畜止之道，故为吉祥。

☲ 上九：何天之衢，亨。

现代文注释：

上九，阳刚居尊位之上，得六五的顺承，为"尚贤"之象，"大畜"至上九已到达极致的上位，大畜之道至此已成，而大畜之道的发展和应用，其极致的状态就是事物的大发展，社会的养贤，其时已发展到可以大用了；上九，为天位，居艮之上，艮为道路，故曰"天之衢"；上爻天位，其道通达，亦带有"天之衢"之感叹，寓意"天之道"，这是吉祥的感叹；爻辞问道：什么叫做"天之衢"？就是其道大为亨通啊！

以上对《大畜》卦的卦辞、彖、象、爻辞，做了现代文的解释。

准确注释完六爻的爻辞后，可以更透彻理解《大畜》卦所在宇宙时空所对应的时义。《大畜》卦的时义，是止健、蓄积、养贤。是考虑一个国家或一个组织，其发展中最重要的力量、资源的"畜"和"养"，而后达到大用，因此被赞叹为"天之衢"，即天之道。天在山中，其"大气象"之巍巍然，实为正道。

君子占到《大畜》卦，应当效法大畜的精神，领会畜止之道，明白止健的道理，免除条件不成熟时盲目前进的风险。《大畜》卦既有上卦艮阳的辉光，又有下卦乾阳"大明终始，六位时成，时乘六龙以御天"的太阳般的光辉，故大畜卦有"辉光"之德。理解《大畜》的卦德，进一步理解《彖》辞中赞美《大畜》的"刚健笃实辉光，日新其德"，就会明白"大畜"的大光明的境界。

对于君子，应当效法《大畜》卦的精神，艮能止健，用"艮"之德，止健而畜之，培养和提高自己识贤、养贤的能力，为社会创造出"尚贤"的风气和文化氛围，谦恭、虚心的听取不同意见。真正的君子，应该象《大畜》卦那样，既有乾天的刚健进取、自强不息，又有艮山的笃实稳重、魏然不动，这就是君子之德。君子需要有才华，更要有进言、止健的胆量，止健还必须有智慧，善止又善全，做到意见既容易被采纳，又做到自身的保全，不被伤害。

《大畜》卦，是君子成长之路的卦象。君子，不是生来就为君子，而是成长为君子，故君子占到《大畜》，就应当对自身的成长有一个再认识，三省吾身，察己之过，纠正成长中的错误，做到"畜德有止"，有道德的目标，又有行为的节制，不做违反道德底线的事，不追求自己不应该得到的益处，内心才不至愧疚，以此可以保持心境的平静、安宁，让自己的内心保存一片净土。

君子要领会"止健"的道理，创业过程中不盲目扩张，待时而动。而要做到止健，其实并不容易，扩张之时，都会有百十条的理由，都会有扩张的冲动。此时，明智的做法就是，把扩张换成畜德和养贤，多蓄积德行，多为贤人提供机会，这样创业所形成的无形资产也会随之增长，企业的德行和社会美誉度，贤人的多寡，在一定程度上决定了无形资产的质量。

《大畜》的止健，其时义十分的大；艮能止健，几乎代表了大畜卦的精神，有了止健的思路，领会了"止健"的时义，会大大提高战略管理水平，《大畜》就如大山般的稳重，魏然不动，天都被包容在山中，这是何等的境界！

泽地《萃》䷬（卦序号：54）

　　《萃》卦，是《否》卦时空之后的第一卦，阴气从末端进入《否》，改变了《否》卦天地阴阳不交的状况，"上乾下坤"改变为"上兑下坤"，兑为泽，其"润下"的特点，改变了乾的一味"上进"，万物依赖泽水的"润下"而恢复了生机。我们从《萃》卦的卦象，可以看到"顺而悦"的整体之象。"萃"，人们在一起相聚，到宗庙祭祀，利于心灵与祖宗、上帝沟通，也利用祭祀的时机与人接触、交往，会见平时难以遇到的人，这样利用祭祀进行人际交往，不会有害处，故《萃》卦六爻皆有"无咎"的判辞。

　　先看《萃》卦的卦辞，及现代文注释：

萃：亨。王假有庙，利见大人，亨，利贞。用大牲吉，利有攸往。

现代文注释：
　　萃，是卦名。占到《萃》卦的人，会有亨通。萃卦象征会聚，君王来到宗庙，用自己的德行与先祖的精神相感格，激发起族人的宗族意识和团结奋斗的精神，这有利于大德大才的伟大人物的显见，故会亨通，利于固守正道。用大牲祭祀，献上丰厚的祭品，可获吉祥，利于有所向往的心愿实现。

　　孔子《易传·彖》对《萃》卦的卦辞，是这样裁断的：

　　《彖》曰：萃，聚也。顺以说，刚中而应，故聚也。"王假有庙"，致孝享也。"利见大人亨"，聚以正也。"用大牲吉，利有攸往"，顺天命也。观其所聚，而天地万物之情可见矣。

现代文注释：

彖辞说，"萃"，意思是会聚。下卦坤为顺从，上卦兑为喜悦，故曰"顺以说"，九五阳刚居中，应合六二的阴柔，是有刚中之德的君王得到民众拥戴，故能聚在一起。君王来到宗庙，用美德感格神明以护佑宗庙祭祀，并表达对祖先的孝心与至诚的享祭。这样的活动，利于大人的显见，故亨通，是聚而守正道。用大牲祭祀，可获吉祥，利于有所向往的心愿实现，是顺合天命的。观察祭祀时的聚会，从中可看到人的聚散之情和万物兴衰之端倪。

☷　《萃》卦的卦象，是经卦兑和坤的重叠，上卦兑，下卦坤。
孔子《易传·象》对《萃》卦的卦象特点，做了如下表述：

《象》曰：泽上于地，萃。君子以除戎器，戒不虞。

现代文注释：

《象》说，上卦兑为泽，下卦坤为地，故曰"泽在地上"，这就是《萃》卦的卦象。君子观此卦象，感悟其中的道理，禁戒民间"戎"争，严禁聚斗，防戒不测的事变、动乱发生。

从《萃》卦的卦辞，再到《彖》《象》，让我们领悟到了《萃》卦卦象时空所对应的时义。《萃》卦的时义，是会聚；创造会聚、接纳的环境，接纳外部的世界，也因自己被接纳而喜悦。

以下是《萃》卦的六爻，及其注释。对于《萃》卦，六爻的特点是：初六，心志不坚定，但他与九四的有应最终有结果；六二与九五，皆为正中，为正应，在祭祀活动中九五得到六二之应是必然的结果；九五已经很清楚九四的威望目前高过自己，故立志修德，以得民。下面我们就进入爻辞：

☷☱ 初六：有孚不终，乃乱乃萃，若号，一握为笑，勿恤，往无咎。

现代文注释：

初六，萃的初爻，"有孚"是指九四，"聚"之始，心里已想好要去见正应的九四，但在看见居尊位的九五之时，心志为其所动，因为心志之乱，而导致了行为的迷乱，竟然凑到九五跟前想与九五聚会，这是初六信念不坚定而不能得其终的表现，故曰"有孚不终"；下卦坤为乱，聚会上人来人往，故曰"乃乱乃萃"；初六若醒悟过来，转向其正应者九四呼号，自然会有与九四满意的握手言欢，会有笑声；初六伏象为震，震为呼号，九四中爻为艮象，艮为手，为握，九四上卦兑为笑，故曰"若号，一握为笑"，初六前往四爻则得正，故曰"往无咎"。

☷☱ 六二：引吉，无咎，孚乃利用禴。

现代文注释：

六二，柔爻居中得正，有中正之德，以其柔中，应九五的刚中，"引"之意，等待招引，不主动求应，这不是六二的心志有什么变化，而是避开"求宠"之嫌，同样能得到九五，这样的应是吉祥的，故曰"引吉"。"禴"为春夏的薄祭，在这样的场合被引荐给九五，无咎害。"孚"，为六二孚于九五，六二之上的中爻为互巽，巽为夏，六二居坤，坤为吝啬，寓意为薄祭，因此卦中"禴"是为夏季的薄祭，故曰"孚乃利用禴"。

☷☱ 六三：萃如嗟如，无攸利，往无咎，小吝。

现代文注释：

六三，柔居刚，能力不够，事业无成，欲有萃是六三的愿望，故曰"萃如"；在聚会上有嗟叹和抱怨，即"嗟如"；六三居巽中，巽为利，但六三不得位又无上应，因此不会有利益，故曰"无攸利"，六三往上是重阳，前往无咎害，只是对于六三无上应，小有遗憾。

☷☱ 九四：大吉，无咎。

现代文注释：

　　九四，君王身边的近臣，阳刚居柔位，刚柔并济，又干练有为，操办聚会很成功，增加了交流和感情，还为某些人提供了机会，但九四位不得正，不居中，有遗憾；九四其位不尊，却得到初六的应合，还得到六三亲比的承上，有夺九五在下卦的庶民的越分之嫌，故本应有咎，这是九四爻位隔开九五与下卦坤所导致的，但九四靠近九五时表现出了忠诚，做事尽心尽责，鞠躬尽瘁，率众聚在九五身边，九五不劳心而悦之，故其"夺民"之嫌没有至罪；作为君王近臣，居多惧之位，九四明白如何辅佐君王，才不为君王所忌；上卦兑为悦，去除君王心中之忌，并得到上悦，就能得到"大吉"，免除咎害。

☱☷ 九五：萃有位，无咎。匪孚，元永贞，悔亡。

现代文注释：

　　九五，位居中得正，为得正位之君王，故曰"有位，无咎"。但九五与六二之应有九四隔阻，六二为了避嫌而不主动上应，九五得不到六二正应之孚，故曰"匪孚"。九五有大志向，九四得民的现状告诉了他，他的地位和信誉还没有得到公认，威信尚未建立，不能随随便便的放松自己，应当修好"元永贞"的品德，"元"为乾元之德，阳刚而中正，"永"为长久，"贞"为纯正而坚固，"永贞"即为长久的贞固，有了这样的品德修为，他的意志就会得以贯彻和光大，后悔就会消失。

☲ 上六：赍咨涕洟，无咎。

现代文注释：

上六，到了不问政事的退休年龄，很少参加聚会，闲暇之时自我反思一生的得失荣辱，也会有心情澎拜的时候，"赍咨涕洟"是流泪之状，带着叹息和悔恨，有"思过"的心情，故无咎。

以上对《萃》卦的卦辞、彖、象、爻辞，做了现代文的解释。

准确注释完六爻的爻辞后，可以更透彻理解《萃》卦所在宇宙时空所对应的时义。《萃》卦的时义，是会聚；创造会聚、接纳的环境，接纳外部的世界，也因自己被接纳而喜悦。

在卦中，通过聚会中的各种人物，和他在聚会中的不同状态表现，《萃》卦六个爻位的特点及其爻变时的含义，都得到体现。

君子占到《萃》卦，观察其卦象，感悟其中的道理，应当平时多注意修德，以便更好的与人相互接纳，在聚合中得到发展机会。占到《萃》卦，占者会得到亨通，《萃》，上卦兑为泽，下卦坤为地，大地承载着泽水，泽水也湿润着大地，利于生养化育万物，有繁茂而盛大的气象，故可得亨通。

水天《需》䷄（卦序号：55）

　　《需》卦，帛书《易》写为"襦"卦，《归藏》写作"溽"卦。从卦象上看，需卦的自然之象就是人们仰天等待雨水。在宇宙时空次序上，它紧跟《大畜》卦之后，在时间节点上是"小满"时节，这时中国北方地区麦子等夏熟作物的籽粒开始饱满，进入灌浆期，故此节气被称为"小满"，这是农作物最重要的生长期。此节气时令的前后十几天，若有甘霖普降，则夏收之时每亩地会多收一二百斤，故人们在此时，就跟麦苗似的抬头望天，都盼望天上的云变为雨。

　　先看《需》卦的卦辞，及现代文注释：

需：有孚，光亨，贞吉。利涉大川。

现代文注释：

　　需，是卦名。《需》卦，象征有信心的等待，天道"有孚"；在大自然中生长的万物，在贴合天体运行的亿万年的演进中，形成了极有信用的年度节气周期记忆，故此卦有如太阳般的光辉、亨通，守正道吉祥。利于涉过大川。

　　孔子《易传·彖》对《需》卦的卦辞，是这样裁断的：

　　《彖》曰：需，须也；险在前也。刚健而不陷，其义不固穷矣。需"有孚，光亨，贞吉"，位乎天位，以正中也。"利涉大川"，往有功也。

现代文注释：

　　彖辞说，"需"，就是必须等待的意思，因为险就在前面。刚健有为的君子，必须不陷入困境，故其时义为不会陷入穷困的道。《需》卦中，有宝贵的信用，系之于心的诚意，它就如同太阳般的光辉，故亨通，吉祥，这是因为九五居天位，得正中的天德，能行"需"的中正之道。故，利于涉过大川，前进就会成功。

☰☵ 《需》卦的卦象，是经卦坎和乾的重叠，上卦坎，下卦乾。
孔子《易传·象》对《需》卦的卦象特点，做了如下表述：

《象》曰：云上于天，需。君子以饮食宴乐。

现代文注释：

《象》曰，上卦坎为云，下卦乾为天，故曰"云上于天"，这就是《需》卦的卦象。它象征大自然的信用，可以等待到、得到的自然结果。君子观察此卦象，故以饮食宴乐为对应，安心的调养身体，怡养心志，等待天道运行的造化。

从《需》卦的卦辞，再到《彖》《象》，让我们领悟到了《需》卦卦象时空所对应的时义。《需》卦的时义，是在相信中等待。

以下是《需》卦的六爻，及其注释。对于《需》卦，六爻的特点是：下卦有乾乾的努力，用至诚的心和虔诚的祈雨，来感格上天，初九、九二行进在路上，九三在返回的路上就遇到大雨从天而降；上卦六四爻辞里的"血"为沟渠，不为血卦，九五摆开酒宴庆祝祈雨成功，上六终吉。下面我们就进入爻辞：

☰☵ 初九：需于郊。利用恒，无咎。

现代文注释：

初九，祈雨的队伍，正走在郊外。已经有一次祈雨失败了，但心诚则灵，要有恒心，这样的坚持是没有过错的。

☷☰ 九二：需于沙。小有言，终吉。

现代文注释：

　　九二，走到河滩的沙地，热气袭来，让大家小有微言。但大家终归是同心同德的，最终的结果会吉利。

☷☰ 九三：需于泥，致寇至。

现代文注释：

　　九三，回来的路上，就遇到大雨从天而降，走在泥泞中。从卦象看，九三近坎，坎象为寇，故曰"致寇至"，这里寓意大雨如同强盗般的突如其来。

☵☰ 六四：需于血，出自穴。

现代文注释：

　　六四，其爻位进入到上卦坎，坎为血，为穴，故有"需于血，出自穴"之辞。"血"，即洫，古文中为生活区附近的沟渠。在家等待"祈雨"消息的人们看到雨下来了，都从家中跑出来，跑到生活区的沟渠旁等待祈雨的队伍，等待的希望在进入上卦之时实现了，这里"穴"为古代穴居的家。

☵☰ 九五：需于酒席，贞吉。

现代文注释：

　　九五，村庄里酒席都准备好了，祈雨的队伍和家中的人们在一起庆祝，守持正道，占为吉祥。

☰ 上六：入于穴，有不速之客三人来，敬之终吉。

现代文注释：

上六，酒席散了，回到家中的人们，会遇到躲雨的客人，此时应该做的就是以待客之道，恭敬相待，对于上六，预计中的客人会是九三，九三与上六有应，故本应是上六得一人，但爻辞写的就是"不速之客"，无应而不请自来，是整个下卦的乾体来做客，对于乾体，其结局是三人行而损一人，上六得九三而变爻，导致卦变，《需》卦变为《中孚》卦；上六以礼相待，最终结果，吉祥。

以上对《需》卦的卦辞、彖、象、爻辞，做了现代文的解释。

准确注释完六爻的爻辞后，可以更透彻理解《需》卦所在宇宙时空所对应的时义。《需》卦的时义，是在相信中等待。"有孚，光亨。"，且"刚健而不陷，其义不困穷。"这就是《需》卦。

《需》是久远古老的卦，爻辞中出现有古代穴居的生活条件。《需》卦的久远古老，以至于注释它的儒家弟子都忘了"需"就是"儒"，古文字里"需"和"儒"是同义、同音字，"需"就是祈雨的巫觋。

君子占到《需》卦，应当效法《需》的精神，尊重、相信自然规律的"有孚"，耐心的等待"有孚"的结果，在等待中调节、怡养身心，为未来做好准备。

对于《需》卦的等待，着重于相信自然规律的"有孚"。故，《需》卦的等待，和六十四卦的其他卦的时空里的等待，略有区别。若不考虑人工降雨的可能性，那降雨就是人力所不可为的，《需》卦以等待降雨、祈雨作为主题故事，就是不考虑等待过程中对期盼的事还可以做些什么，人们所能做的就是祈盼，诚心的祈祷，用诚心来感格大自然的"有孚"，其他什么也别做，做了也没用。

火地《晋》☲☷（卦序号：56）

《晋》卦，是《周易》六十四卦里，专门讲臣道的卦，卦中出现了一个人物，就是康侯。"康侯"是谁？史学家顾颉刚先生，在他的《古史辨》里指出，康侯是周武王的弟弟，是周王朝的一个诸侯王，《尚书》中有《康诰》，里面的康叔封就是史载的确定人物。从历史的演进来看，最早的"康侯"，就是西伯侯，是周文王自己。

先看《晋》卦的卦辞，及现代文注释：

晋：康侯用锡马蕃庶，昼日三接。

现代文注释：

晋，是卦名。《晋》卦，象征"进"和"升"。卦体上离下坤，太阳出现在地面上，为晋升的象征。求晋升，是为人臣者之进，故"晋"之道为臣道，周易六十四卦中突出臣道的就是《晋》卦，卦中的康侯就是"安国侯"，"安国"之意是很大的，从商朝末代过度到周朝的早期，被誉为安国侯的，且能"名至实归"的也只有西伯侯姬昌，也就是周文王自己，卦辞里用繁殖马匹来寓意"安国"，既有至经济于繁盛之意，亦有至国防于强大之意。"康侯用锡马蕃庶，昼日三接。"意思就是：安国侯把君王赏赐的良马来繁殖马群，频繁交配，昼夜多次添加饲料细心照料它们，爱护牛马，繁荣民生。从卦象看，下卦坤为母马，为牧养，中爻互艮，艮为手，为牵，为接，伏象乾为锡，为赐，上卦离为昼，为日，离数为三，故曰"锡马蕃庶，昼日三接"。

孔子《易传•彖》对《晋》卦的卦辞，是这样裁断的：

《彖》曰：晋，进也。明出地上，顺而丽乎大明，柔进而上行。是以"康侯用锡马蕃庶，昼日三接"也。

现代文注释：

　　彖辞说，"晋"，意思是升进。太阳从地面升起，象征臣子的恭顺，依附、辅佐大明之君王，以柔顺之道努力上进，此为臣道。康侯是为臣子的典范，故有"康侯用锡马蕃庶，昼日三接。"之卦辞，康侯用君王赏赐的良马来繁殖马群，频繁交配，昼夜多次添加饲料，细心照料，爱护牛马，繁荣民生。

　　　　《晋》卦的卦象，是经卦离和坤的重叠，上卦离，下卦坤。

　　孔子《易传·象》对《晋》卦的卦象特点，做了如下表述：

**　　《象》曰：明出地上，晋。君子以自昭明德。**

现代文注释：

　　《象》说，上卦离为明，下卦坤为地，故曰"明出地上"，这就是《晋》卦的卦象。太阳从地面升起，象征"升进"，君子观察此卦象，感悟其中的道理，要效法太阳的精神，如同太阳升入天空一样，向大地昭示自己的光明。君子修德以明德，要昭显正德，如同阳光普照大地。

　　《晋》卦的象，也是"火在地上"，是生活在中国这片土地上的人类祖先最早使用火的记录。从《晋》卦的时空来看，已到了阳历的 11 月下旬，节气已到了小雪，此时人们对阳光的感觉是温暖的，太阳不仅代表光明还代表温暖。《晋》卦在上古时代，在卦象上给人们的最大启示就是热源的利用。再从卦名来看，它是山西省的简称，上古时代的山西是燧人氏的后代的一个集中居所，是燧人氏的后代里发明制陶技术的一个分支，也称"陶唐氏"，他们用陶罐装着木炭燃烧的火种盖上炉灰，这样不仅便于可以保存火种并且便于携带。故，这个地区的简称就始终与"火地"卦相联系，最后"火地"卦确定为《晋》卦，山西一带的地名和河流的名称就都与"晋"字连在一起。古代中国的北方，从"火地"卦的保存火种，创造性的发明了冬天的土炕，故《晋》卦也是山西及北方燧人氏使用土炕取暖的记录，也是冬天使用燃烧的木炭放在"手炉"里，盖上炉灰，提在手上取暖的记录；手炉也叫做火笼，我们这一代人小时候都用过。

从《晋》卦的卦辞，再到《彖》《象》，让我们领悟到了《晋》卦卦象时空所对应的时义。《晋》卦的时义，是走在晋升的道路上，以德升进。

以下是《晋》卦的六爻，及其注释。对于《晋》卦，六爻的特点是：下卦坤体象征基层民众，虽然下情上达阻塞，晋升很难，但守持正道可得吉祥，初六、六二都有"贞吉"的提醒；上卦的九四不努力上进反而阻碍初六晋升，占为厉；六五为康侯，吉无不利；上九的"晋"走向用刚。下面我们就进入爻辞：

☷☲ 初六：晋如催如，贞吉，罔孚，裕无咎。

现代文注释：

初六，初始之爻，不得位，与九四有应，单独前行有二阴之阻隔；上卦柔爻进居君位，居离中，有明君在上的希望，故可与下卦坤体共同上进，九四没有在初六的晋升道路上帮忙，还起阻隔的作用，"催"的意思就是抑制，初六的升进因九四多次的抑制而遭受挫败；这种情况下，初六固守自身的贞正，获得吉祥。初六，由于地位低下，下情上达经常是阻塞的，此时的初六还没得到别人的信任，故曰"罔孚"；故，把心放宽些，缓以时日，没有咎害。

☷☲ 六二：晋如愁如，贞吉，受兹介福，于其王母。

现代文注释：

六二，位居中得正，当然可以升进，但它在上卦与六五无应，此为其忧，如若前行，前方有坎，坎亦为忧，故曰"晋如愁如"，这种情况下，守持正道可得吉祥。"介"，其意为安于节守，含有"安守其位"和"有节守正"两层意思，古人有云："介然守正，则远邪恶，行君子之道，福庆及物焉！"就可以解释此处的"介福"，六二承受的福庆是他自己安守其位、自守贞正而得到的。王母指阴爻的尊者，在卦中，六二居坤中，六五居明中，同为阴的尊者，皆有王母之象，《晋》卦着重于讲臣道，故，六二、六五皆为臣，并都做到了恪守其正道，也就是臣道，故"于其王母"的意思就是：六二的情况同于六五，都能做到明其道、自守贞正而升进，故都能得到"介福"。

☷☲ 六三：众允，悔亡。

现代文注释：

六三，不在中位，且阴爻居阳位，本有悔，但六三与上九有应，有上进之志，经过努力，终于得到上九的信任，得到众允而升进，悔亡。

☷☲ 九四：晋如鼫鼠，贞厉。

现代文注释：

九四，阳爻居阴位，位不得正，其为阳爻又不利晋升，自身无一技之长，故被称为鼫鼠，九四在中爻居坎中，坎中即险中，寓意四周充满着危险，要警惕自身会遭遇打击，由于九四没有职业专长，处境危险，其占为厉。

☷☲ 六五：悔亡，失得勿恤，往吉，无不利。

现代文注释：

六五，就是《晋》卦之主康侯，这里讲他的品德，也讲他遵从臣道的心得，康侯位尊得中，但他为臣，故在本卦中以阴爻出现，阴爻居刚位，本有悔，但他做到了阴顺阳，臣顺君，因此能得到象辞所说的：顺而丽乎大明，柔进而上行，是以"康侯用锡马蕃庶，昼日三接"也。故，悔恨都消失了，个人的失与得是多方面的，也都无需考虑，不用忧愁了，大胆的去做自己认为对的事情，前往自然有吉祥，无不利。

☷☲ 上九：晋其角，维用伐邑，厉吉，无咎，贞吝。

现代文注释：

　　上九，到了《晋》卦的极致之位，走向反面，前进已走进了死胡同，"晋升"本该用柔，而到了上九这里，却转而要用刚，就像野兽要用兽角去顶，要去拼命，"维用伐邑，"开始动用武力了，这样即使胜利也是极为危险的，故称其"厉吉"，吉的前面加厉，危险啊！但还是没有咎害，只是有所遗憾。卦象上，下卦坤为邑，上卦离为兵戎，故这里的伐邑，泛指用武之道，武王伐纣，最终动用武力征伐，也是由于已没有了其他和平手段可供选择，"晋"的道路已经不通了。

　　以上对《晋》卦的卦辞、彖、象、爻辞，做了现代文的解释。

　　准确注释完六爻的爻辞后，可以更透彻理解《晋》卦所在宇宙时空所对应的时义。《晋》卦的时义，是走在晋升的道路上，以德升进。

　　君子占到《晋》卦，感悟其中的道理，应当效法太阳的精神，如同太阳升入天空一样昭示自己的光明，做光明正大的事，并且要领悟"用柔"和"不争"的道理。《晋》之时义，以德晋升，讲求臣道，故重视忠诚，君子没有非分的念头，重视"安守其位"和"有节守正"，终会有福庆。

第十九章　小畜、豫、大壮、观

　　在这一章里，解析《小畜》、《豫》、《大壮》、《观》四个卦，在这四个卦里面，《小畜》、《大壮》两卦是紧跟在《需》卦之后的"阳息阴"的卦，其下卦皆为乾，卦序号皆为奇数，是《复》卦之后"阳息阴"一条路线上的卦。而《豫》、《观》两卦则是紧跟在《晋》卦之后的"阴消阳"的卦，其下卦皆为坤，卦序号皆为偶数，是《姤》卦之后"阴消阳"一条路线上的卦。

风天《小畜》䷈（卦序号：57）

　　《小畜》卦是周文王被囚羑里的记载，故其卦辞、象辞、象辞、爻辞皆隐晦而不明，是六十四卦里最难弄明白的卦之一。故，必须知道卦辞、爻辞的背景，这是周文王被囚羑里分析自己的处境和国内形势而写下的，知道了其中原因也就能准确理解《小畜》。

　　先看《小畜》卦的卦辞，及现代文注释：

小畜：亨。密云不雨，自我西郊。

现代文注释：
　　小畜，是卦名。"小畜"是一阴五阳的卦，阴爻六四得位，以阴畜阳，阴为小，故曰"小畜"。下卦为乾，乾有元亨，故曰"亨"。密云在我西郊聚集，云从西边来，却不降雨。卦辞中的"我"，是周文王，此时被囚羑里。他看到密云自西岐飘来，云虽密而不雨，想到西岐此时的国力现状，还要努力畜积，至于行雨布施天下的功德，还有待功行圆满之日。西岐方面，阳刚力量的大聚合，需要有能够吸引、和同、畜止和平衡各方面阳刚力量的主心骨；现在君王缺位的状况是不利的，六四居臣位，故"小畜"为臣畜君，其道危厉；"小畜"一阴畜五阳的状况不能持续太久。

孔子《易传·彖》对《小畜》卦的卦辞，是这样裁断的：

《彖》曰：小畜，柔得位而上下应之，曰小畜。健而巽，刚中而志行，乃"亨"。"密云不雨"，尚往也。"自我西郊"，施未行也。

现代文注释：

象辞说，小畜，阴柔得位，而上下的阳刚都来应它，所以称"小畜"。下卦刚健而上卦顺逊，九五阳刚居中，而志向可以实行，因此可得亨通。浓云密布却不降雨，说明阳气还在上升。密云从西边飘来，阳刚力量的汇聚已经在西岐进行，但其运行的和洽、阴阳交合的施行都尚未完成。

☰　《小畜》卦的卦象，是经卦巽和乾的重叠，上卦巽，下卦乾。
孔子《易传·象》对《小畜》卦的卦象特点，做了如下表述：

《象》曰：风行天上，小畜。君子以懿文德。

现代文注释：

《象》说，上卦巽为风，下卦乾为天，故曰"风行天上"这就是《小畜》卦的卦象。"小畜"，象征小的积蓄。君子观此卦象，效法它的精神，应当努力蓄积才德，使之不断得以充实，趋于完美。

从《小畜》卦的卦辞，再到《彖》《象》，让我们领悟到了《小畜》卦卦象时空所对应的时义。《小畜》卦的时义，是君王缺位的时期，忠诚的能臣要挑起重担，完成小有积蓄的目标，其重要的前提就是相互信任，但这种状态不能持续太久，阴虽得位，五阳系之，但其系不固，其信不可久，此道为危厉之道。

以下是《小畜》卦的六爻，及其注释。对于《小畜》卦，六爻的特点是：全卦只有一根阴爻，那就是六四，这唯一的阴爻自然就是"一爻为主"的卦主，是"小畜"主题的主角，六四柔爻居柔位，其位正，以柔和的方式进行畜止，不用强力的方式；六四阴爻凌乘九三，故九三对六四反目；其他阳爻，以九五与六四的关系最微妙，四爻为多惧之位，其惧来自君王九五，九五的爻辞对六四是信任有加，但其信不可久，上九的爻辞就发出"妇贞厉"的警告，在完成其历史使命后，就有"君子贞凶"。下面我们就进入爻辞：

☰ 初九：复自道，何其咎，吉。

现代文注释：

初九，初阳得位，与上卦六四正应，上往应六四后退回本位，下卦乾为道，故曰"复自道"，自守其正，回到自己的位置，又有何咎，得吉。

☰ 九二：牵复，吉。

现代文注释：

九二，阳刚居中，其应爻是九五，与九五为敌应，但志向相同，故九二先与初九共同前行，而后相牵复回其乾中，守其中道，吉。

☰ 九三：舆说辐，夫妻反目。

现代文注释：

九三，靠近六四，为"亲比"关系，故称夫妻，夫妻拉车走在路上，车的辐条散了，不能前行，九三中爻离为反目，故曰"夫妻反目"。这里是说六四对九三畜止，但出现冲突，九三上无应爻；与六四的关系为亲比，但非正应，此爻的状态，寓意九三不能上行，只能停止。

☰ 六四：有孚，血去惕出，无咎。

现代文注释：

六四，为《小畜》卦的主爻，位得正，责任重大，"有孚"指刚爻，六四的中爻离象为孚，五刚爻孚之；六四得到信任，能免去伤害，其伏象为坎，坎为血，为惕，暗伏危厉。六四因得到君王的孚信，暗伏的灾祸可自行免除；伤害去除，惧怕和猜忌也就没有了，故占者如有诚信，则可无咎。

☰ 九五：有孚挛如，富以其邻。

现代文注释：

九五，居尊位，对"小畜"之道，给予配合。"有孚"是对六四，与六四紧密连接在一起，故曰"有孚挛如"，"邻"为六四，九五的阳富给予六四，故曰"富以其邻"，阳富为六四畜止是"小畜"的主旨。

☰ 上九：既雨既处，尚德载，妇贞厉。月几望，君子征凶。

现代文注释：

上九，到达"小畜"的终了，密云已经降雨，阳已经与阴和洽相处，功德已经圆满，群阳的阳德皆已积载于六四而化雨。上九，巽体之上位，巽为妇，其德虽正亦有厉，故曰"妇贞厉"，这个警示也是对"小畜"卦的卦德的警示，也就是说"小畜"之道有危厉；上卦为覆兑之象，为月，上九阳德化雨寓意"阳"被消，已过满月，故"几望"通"既望"，已是十六"既望"的月亮，满则遭损，故"小畜"之道要适时停止。"君子征凶"，是说此时上九若行动就会有凶险。上卦巽为系，巽体系六四，故这里也同时提醒六四，继续行动会有凶险。

以上对《小畜》卦的卦辞、彖、象、爻辞，做了现代文的解释。

准确注释完六爻的爻辞后，可以更透彻理解《小畜》卦所在宇宙时空所对应的时义。《小畜》卦的时义，是处在君王缺位的时期，忠诚的能臣挑起重担，完成小有积蓄的目标，其重要的前提就是相互信任，但这种状态无法持续太久。

雷地《豫》䷏（卦序号：58）

　　《豫》卦，讲处安乐之道，君子如何处在安乐之中，还能做到贴合《豫》卦的时义"有志而动"，这是君子需要深思的。卦主九四，是为震主，震为动，故《豫》的时义，离不开"利建侯"的动。而要把安乐引向有利的行动，就是处安乐之道。古代的圣人，把处安乐之道，放在"利建侯行师"这样的卦里，其意义很深远。《豫》卦，是周易六十四卦中给人留下最多思考的卦之一。

　　先看《豫》卦的卦辞，及现代文注释：

豫：利建侯行师。

现代文注释：

　　豫，是卦名。占到豫卦的人，利于建立大的功业，利于行师出征开始行动。之所以如此，是豫卦的卦象与《屯》卦有相同的卦情，故"利建侯"；与《师》卦有相同的卦义，故"利行师"。《豫》卦的时义，是有志而动，下卦坤为志，上卦震为动，为了实现志向而行动，故，利建侯行师。

　　孔子《易传·彖》对《豫》卦的卦辞，是这样裁断的：

　　《彖》曰：豫，刚应而志行，顺以动，豫。豫，顺以动，故天地如之，而况"建侯行师"乎？天地以顺动，故日月不过，而四时不忒。圣人以顺动，则刑罚清而民服。豫之时义，大矣哉！

现代文注释：

　　彖辞说，"豫"，意思是安乐。阳刚与阴柔相应与，众志得行，和顺的共同行动，雷动出，而万物生机勃发，这就是《豫》卦。"豫"，欢乐和谐，是因为顺应时势、情理而行动，天地的运行也不过如此，何况是建立王侯的基业、行师出征这样的事呢？天地在宇宙物理的规律作用下，顺其自然的道理而运行，所以日月运转遵守恒道而不偏离，四时更替而不出差错。圣人顺应民意、民情而动，刑罚清明，而民众服从。《豫》卦的时义，确实很大啊！

▤▤　《豫》卦的卦象，是经卦震和坤的重叠，上卦震，下卦坤。
　　孔子《易传·象》对《豫》卦的卦象特点，做了如下表述：

《象》曰：雷出地奋，豫。先王以作乐崇德，殷荐之上帝，以配祖考。

现代文注释：

　　《象》说，上卦震为雷，下卦坤为地，故曰"雷出地奋"，这就是《豫》卦的卦象。古人认为雷在冬天潜伏于地下，到春天适时发动，雷从地下震动而出，大地亦为之震奋，故"雷出地奋"，这就是《豫》卦的卦象。先王观察此卦象，得到启示，因此产生了礼乐，以崇扬、赞美功德，并举行盛大的典礼将礼乐献予天帝，配享祖先。

　　从《豫》卦的卦辞，再到《彖》《象》，让我们领悟到了《豫》卦卦象时空所对应的时义。《豫》卦的卦象，下卦坤为志，上卦震为动，这是君子为其志向而动的卦象，卦象既如此，故其"时义"必然是"有志而动"。"动"是《豫》卦的主旨，"有志"是《豫》卦的灵魂。

　　以下是《豫》卦的六爻，及其注释。对于《豫》卦，六爻的特点是：豫卦只有一根阳爻，那就是九四，九四下据群阴，起到统御群阴的作用，故九四的爻辞在本卦中也起到对"豫"的观念的主导，九四的"由豫"如何理解，如何注释，不仅仅对于九四，而是对全卦都有影响；对"由"的理解，传统有二种主导的注释，第一种理解为"由来"的意思，是豫的来源，认为豫皆来自九四，九四也给他人带来豫，第二种是理解为豫不来自外界，而是来自内心，靠自己就有豫，这两种注释都会给下一句"大有得"的理解带来困惑，两句话脱节了；"大有得"显然是说"人生大有收获"，它与豫的来源没有关系，故前面提到的这两种注释都是有问题的；本书在下面会给出全新的注释。下面我们就进入爻辞：

䷏ 初六：鸣豫，凶。

现代文注释：

　　初六，阴爻不得正，伏象震为鸟，为声，故曰"鸣豫"，在安乐中张扬，就像鸟儿在鸣叫，使得大家都知道鸟儿的存在，也就完全暴露了自己，会招来寇盗，故初六的张扬，得志后就沾沾自喜、洋洋得意，甚至到处自吹自擂，是轻浮的举动，也说明他的志气已经穷尽了，没有志气才会轻浮自贱，故"凶"。

䷏ 六二：介于石，不终日，贞吉。

现代文注释：

　　六二，位居中得正，有中正之德，"介于石，不终日，"原为周朝建立之前西岐境内的法律规定之一，西岐的官员遵照西伯侯的人道旨意，规定轻罪的犯人不捆绑、不戴刑具，不进牢房，只是在大街的边上站立着，用小石头摆上一圈在他身边，寓意牢房，而且不终日站着，每天下午可以早些回去为家里的老母亲准备饭食，不至于家中老母饿死。这是极为守信的社会里才能做到的，故此做法在西周建立后就不再实行，人们也早就忘了"介于石，不终日，"有这样的含义。在其后的时代里，"介"通解"节"，做"节守"之意解，意思就是"有节守正"，而"石"是指"磐石"，寓意坚固，"介于石"就是把"有节守正"安放在磐石之上，表达"固守正道"之意。国民党的蒋总统原名蒋瑞元，在他二十五岁时给自己起笔名为"蒋介石"，"介石"二字就来自《周易》中《豫》卦之六二爻的爻辞。蒋同时还给自己起了"蒋中正"之名，用"中正"解释"介石"，让国人明白他的意思。本卦中的六二，决意"固守正道"，在安乐的环境里不放纵自己，给自己定了一个规矩：绝不娱乐终日，每天都必须有节制，任何一天都不能违反。故曰"介于石，不终日"。在这里，"介于石"也暗含古代典故里的"守信"之意，表达他既然给自己定下"不终日"的生活规矩，就一定做到守信。这里面就包含了守持贞正，其占"吉"。

䷏ 六三：盱豫，悔，迟有悔。

现代文注释：

六三，睁大眼睛观察"豫"，感觉有悔，"豫"的礼乐形式消磨了"建侯"之志，知其所悔而复有悔，实为悔而有悔，六三往上有互坎之象，坎为困，前往则困，故早去、晚去都"有悔"，六三之所以有这么多的悔，是他的爻位决定的，六三阴居阳位，位不正，又靠近上卦，三爻的爻位多凶险，也就多疑虑，多疑虑也就多"悔"。六三的半象为互巽之象，巽为系，六三为九四所系，为亲比的关系，承应九四本可以快，但六三在艮中，艮为止，未离开"艮中"，怎么能够快，又有了悔恨，与九四的亲近是六三的希望，故曰"迟有悔"。

䷏ 九四：由豫，大有得。勿疑，朋盍簪。

现代文注释：

九四，《豫》卦唯一的刚爻，也是震主，为"动"的主导之爻。"由"，意思就是"随缘"。人生随缘，万事"由"它自来，"由"它自去，不主动追求。九四，志在"建侯"，不追求安乐，随缘的看待安乐，就是九四最美好的生命状态，故曰"由豫"。在随遇而乐的人生里，九四因不困于豫，其人生大有所得。人生有时会有沉溺之"困"，而懈怠自己，作为震主，九四持不困于豫的人生态度，就能做到不懈怠自己；故，"由豫"的好处在于心不迷失。九四，是《豫》卦唯一的阳，众阴都来应他、顺从他，这是"勿疑"的好环境，阴爻依附阳爻后就成为阳之友类，故亦可以称"朋"，"盍"即为"合"，"盍簪"，指九四在本卦中，为总合群阴的统领作用。

☷☳ 六五：贞疾，恒不死。

现代文注释：

六五，柔弱之君，沉溺于安乐，失去正道，"守正"上有问题，故曰"贞疾"；但后果不会太严重，因六五位居中，未失去中道，故虽有"疾"，其疾"恒不死"，会长期生病，但都没有生命危险。这里"疾"和"恒不死"都是六五所处状态的比喻。六五，为了享乐，失去了正道，自身柔弱，故不再有君王的作为，疾病缠身，但尚未死于"疾"，沦落为一个傀儡。

☷☳ 上六：冥豫成，有渝，无咎。

现代文注释：

上六，《豫》卦的极致之位，合了人们常说的一句话"乐极生悲"，很快就要进入到反面了。"冥"是黑暗、愚昧。"渝"是改变。沉溺于昏天黑地的娱乐，整天醉生梦死，已经成了生活习惯，故曰"冥豫成"；这种状态若能改变，可以无咎害，故曰"有渝，无咎"。

以上对《豫》卦的卦辞、彖、象、爻辞，做了现代文的解释。

准确注释完六爻的爻辞后，可以更透彻理解《豫》卦所在宇宙时空所对应的时义。《豫》卦的时义，是"有志而动"，其"动"，是为了君子的志向，故"动"就能有"建侯"之功业，而此时，身处安乐、面对安乐的君子，必须引导"安乐"走向正道，不要让安乐消磨了志向。

从古代流传至今的一句至理名言，说的是："生于忧患，死于安乐。"常思忧患，可以使人得以"生"；而沉溺于安乐，则可以使人走向"死"。思忧患，以天下之忧而忧，利于思想、德行的进步，利于君子志向的建立和固守，也利于志向的实现。

君子的忧患观和安乐观，自古以来就为知识界所重视，两种观念相互映照，是周朝建国后，在士人夫中普遍存在的情怀。辅佐周文工、武工两代圣君的姜太公就在他留给后世的《六韬兵法》中写道："与人同忧同乐，同好同恶，义也。义之所在，天下赴之。"这种心怀天下的大义，对后代影响深刻，在北宋范仲淹作《岳阳楼记》写下："先天下之忧而忧，后天下之乐而乐。"的词句后，忧患观和安乐观，就成为君子处世的准则，君子忧时悯乱，安乐而不忘忧患，志向常存，是"大义"之所在，也是《豫》卦中体现的思想。

雷天《大壮》 ䷡（卦序号：59）

《大壮》卦，与《泰》卦相比，下面的阳爻多出一根，阳的力量又在壮大，古人观此卦象，雷为鼓，感觉如同敲响了天上的一面大鼓，声势隆盛。

先看《大壮》卦的卦辞，及现代文注释：

大壮：利贞。

现代文注释：

大壮，是卦名。"大"指阳，"壮"是强盛。连续四个阳爻，成长壮大，是君子壮大强盛的态势，当然亨通。然而，万钧雷霆在九天之上炸响，其声势隆盛，就必须严守正道，否则就会走向强暴；故《大壮》之道，只利于贞正。

孔子《易传·彖》对《大壮》卦的卦辞，是这样裁断的：

《彖》曰：大壮，大者壮也。刚以动，故壮。大壮"利贞"，大者正也。正大，而天地之情可见矣！

现代文注释：

彖辞说，"大壮"，大者为阳，天地间只有阳刚可壮。乾为刚，震为动，阳刚处于运动的状态，故在壮大。大壮的行为原则，必须利于贞正，要使大者正。大者即君道、为政之道、父道、师道，等等。正大，大者正，乃天地之常情。

䷡　《大壮》卦的卦象，是经卦震和乾的重叠，上卦震，下卦乾。
孔子《易传·象》对《大壮》卦的卦象特点，做了如下表述：

《象》曰：雷在天上，大壮。君子以非礼弗履。

现代文注释：

《象》说，上卦震为雷，下卦乾为天，故曰"雷在天上"，这就是《大壮》卦的卦象。震雷响彻云天，声慑万里，象征大而强盛。君子观此卦象，感悟其中的道理，明白天道威严，迅雷可畏，故平时诸事都循礼而动，知进退、守法度，不做败坏纲纪的事情。

从《大壮》卦的卦辞，再到《彖》《象》，让我们领悟到了《大壮》卦卦象时空所对应的时义。《大壮》卦的时义，是君子处壮极之时；知壮而用罔。知壮，君子有条件干一番惊天动地的大事业。用罔，就是不蛮干。

以下是《大壮》卦的六爻，及其注释。对于《大壮》卦，六爻的特点是：大者必遵正道，守正则得吉；初九违反了"壮"的正道，埋下"凶"的隐患；九二居于中位，守持中道而得正，获吉祥；九三过刚，厉；九四刚柔并济，不一味用刚，更显强壮；上方两根阴爻，则阐述柔中的道理，提醒人们要学会在艰难环境下的艰忍。下面我们就进入爻辞：

䷡ 初九：壮于趾，征凶，有孚。

现代文注释：

初九，把强壮体现在脚趾上，为了小利而肆意征伐、欺凌弱小，终归会埋下"凶"的隐患。"壮于趾"，趾高气昂，最终会走向失败，故曰"征凶"；天道总是报应不爽，报应的轮回如同有信，故曰"有孚"。

☷☰ **九二：贞吉。**

现代文注释：

　　九二，阳刚居于阴柔之位，刚居柔，故懂得用柔，即不以壮为壮，九二具有了柔中之德，其位虽不正，但其贞在中，守持中道就会得正，故可以固守贞正，而得到吉祥。

☷☰ **九三：小人用壮，君子用罔，贞厉。羝羊触藩，羸其角。**

现代文注释：

　　九三，"罔"的意思是"无"，"无"即"道"。小人物会炫耀和使用自己的强壮，喜欢逞强；君子则虽有而若无，虽处于强盛，也不轻易使用蛮力，而是使用存在于天道中的智慧。九三靠近上卦，需警惕危险的存在；这种危险，就像公羊用强壮的角顶篱笆，自己的羊角被卡在篱笆中，容易被猎人捕获。

☷☰ **九四：贞吉，悔亡，藩决不羸，壮于大舆之輹。**

现代文注释：

　　九四，也是刚居柔位，位不正，本来有悔。但此阶段的壮盛，已经知道守正的重要，"大壮"的事业必须高举正义之旗，为天下利，行为原则都要利于贞正，这样的壮盛才是真正的壮，占为吉，后悔消失。九四，刚柔相济，不一味的用刚，更显强壮，能"藩决不羸"，把藩一触而破，体现了壮，这里用大车车轮的坚固辐条来比喻九四的强壮。

☷☰ **六五：丧羊于易，无悔。**

现代文注释：

　　六五，居兑，兑为羊，为毁折，故"丧羊"；六五居君位，君临群阳，但阴居阳，不得正，本有悔；"丧羊于易"，是说伏象，其伏象为阳，大壮进一步发展，六五就会变为九五；而现在的情况却是：九五变易为六五，因变易而丧失阳，故曰"丧羊于易"；六五有"柔中"之德，能以柔临刚，故而无悔。

☷☰ 上六：羝羊触藩，不能退，不能遂，无攸利，艰则吉。

现代文注释：

上六，大象为兑，故为羝羊，进入大壮的极致，走向反面。羝羊冲向藩篱，羊角被藩篱挂住，六爻处最上，已不能退，又不能如愿冲破藩篱，故没有好处；在壮极之时要学会冷静，坚守正道，审时而进，艰忍守正则可得吉祥。

以上对《大壮》卦的卦辞、彖、象、爻辞，做了现代文的解释。

准确注释完六爻的爻辞后，可以更透彻理解《大壮》卦所在宇宙时空所对应的时义。《大壮》卦的时义，是君子处壮极之时，知壮而用罔。知壮，君子有条件干一番惊天动地的大事业。用罔，就是不蛮干。

君子占到《大壮》卦，应当效法它的精神，君子立身在世，循礼而行，做事要符合纲纪、法度，不能持强凌弱，要懂得"自胜者强"的道理。

风地《观》䷓（卦序号：60）

《观》卦，是《周易》六十四卦中寓意深远的一个卦，没有阅历无法谈《观》，"观"是人生的一种境界。故，能把"观"说清楚，天下还没有多少人能做到。故，要先体会感受"观"的涵义，观己生，也观人生。

先看《观》卦的卦辞，及现代文注释：

观：盥而不荐，有孚颙若。

现代文注释：
观，是卦名。"观"，象征观察。有观察，就有"被观察"，被观察者展示的是行为，而其进一步"展示"出来的就是"内心"。大人观察到，在祭祀场所，地上铺着白茅，主祭者把手洗干净，还没有端上祭品，此时他们将酒浇灌在白茅之上，以诚心孚于神明，此刻他们脸上呈现出庄严肃穆的表情，充满了虔诚和恭敬，这就是主祭者"心"的展示，所谓行"不言之教"，这才是真正具有感召力的教化，参加祭祀的民众看到这些，无不为其感化。

孔子《易传·彖》对《观》卦的卦辞，是这样裁断的：

《彖》曰：大观在上，顺而巽，中正以观天下，观。"盥而不荐，有孚颙若"，下观而化也。观天之神道，而四时不忒，圣人以神道设教，而天下服矣。

现代文注释：
彖辞说，阳刚的九五、上九在全卦的最上面，这就是"大观在上"，大人在观天下，顺情而入，世间万事都是从情开始终归于义，顺世间之情而入于义理，这是观察的规律，下卦坤为顺，上卦巽为入，顺情入理也，故曰"顺而巽"；大人怀着中正之心以观察天下，这就是《观》卦。大人在观察祭祀，看到主祭者把手洗干净，还没有端上祭品，此时他们将酒浇在地上所铺的白茅之上，以诚心孚于神明，此刻他们脸上呈现出庄严肃穆的表情，充满了虔诚和恭敬，参加祭祀的民众看到这些，无不为其感化，这就是对下民的教化啊。观天之神道，春夏秋冬四季的更替，准确而不偏差，圣人效法天道而设立教化，使民众都有了道德信仰，而天下归服。

▓ 《观》卦的卦象，是经卦巽和坤的重叠，上卦巽，下卦坤。
孔子《易传·象》对《观》卦的卦象特点，做了如下表述：

《象》曰：风行地上，观。先王以省方，观民设教。

现代文注释：
《象》说，上卦巽为风，下卦坤为地，故曰"风行地上"，这就是《观》卦的卦象。先王观察此卦象，效法这种精神，如同风吹拂大地无处不至，故而巡省四方，观视民情，观民间风俗习惯，设立教化以使社会走向文明。

从《观》卦的卦辞，再到《彖》《象》，让我们领悟到了《观》卦卦象时空所对应的时义。《观》卦的时义，就是人生之"观"。

以下是《观》卦的六爻，及其注释。对于《观》卦，六爻的特点是：从下到上渐进的"观"，初爻讲小人之观，六二是女子，六三是事业未成的君子，六四是有志于事业的君子，九五是君王，上九是隐士。下面我们就进入爻辞：

▓ **初六：童观，小人无咎，君子吝。**

现代文注释：
初六，远离德和事理的教育，所见不明，对事物的观察如同儿童一般，这是初始而幼稚的"观"，对于小人而言，这没有咎害，而对于君子而言，则显见其浅鄙，是观之大忌，会有遗憾。

☷☴ 六二：阒观，利女贞。

现代文注释：

六二，阴爻居阴位，象征女子，"阒"同窥，从门窗或墙的缝隙偷窥，六二与九五为正应，不能出去正面看他一眼，就从门缝看个仿佛，这是古代的女子之"观"。对君子而言，她所窥见的不甚明了，行为也显得不庄重；但对于六二，这就够了，从闺房的门缝朝外看个大概，满足一下偷窥的愿望，这样的"观"仅限于女子为之，君子则不可有如此行为。六二爻寓意：这样的窥视行为，君子为之不妥，而对于女子是可以的，故曰"利女贞"；女子占到此爻，无不利。

☷☴ 六三：观我生，进退。

现代文注释：

六三，失位，上有应；人生走过了将近一半，尚未得志，但坦然与上九应与，观察各自的生命状态，故曰"观我生"。上卦巽为进，前往与上九应，可得位，故曰"进退"。心之坦坦，进退可不失据，可"自见"而达自然之道，生命经常需要"反求诸己"，人生只求我心无愧，求得良心尚存，明心见性，活出自己，还生命本来面目。

☷☴ 六四：观国之光，利用宾于王。

现代文注释：

六四，其位得正，已近君王位，上卦为巽，巽为宾客，其上乾为君王，故曰"宾于王"。以"宾于王"的身份，观君王之国，下卦坤为国，中爻互艮为观，为光，有"观光"之象，故曰"观国之光，利用宾于王"。反过来看，"宾于王"不只是"观光"的身份，而是内含"观光"的最终目的，"宾"在古代有雇员、门客、臣的意思，这里的"宾于王"同样有"臣于王"的意思，故，六四观国家的光辉，也观察君王的德行，有利于他决定是否从政，有利于走进仕途。

☰☷ 九五：观我生，君子无咎。

现代文注释：

九五，位中得正，有中正之德，下面有四个阴爻仰视，表示民众顺服。处在这样顺境中的君王，仍然有反省、检视自己行为的必要，只是九五的"观我生"不同于六三的"观我生"，九五在此时，要更注重于他对天下苍生的责任，不可擅权专享，夺天下之利而不顾民生疾苦，不要像有些君王那样在生命的临终才会"观我生"写出一个《罪己诏》，那样于事又有何益？有君子德行的君王要及时视察民情，听听百姓的反应，及时知道自己的行为是否得当，对于君子这不会有问题，君子只做君子应该做的，故无咎。

☰☷ 上九：观其生，君子无咎。

现代文注释：

上九，象征有高尚品德的隐士，是民众景仰的人物，经常成为民众评论的对象，他过去的作为经常为人称道，成为人们用来对照自己的道德标杆，他的"隐"在某些方面如同无隐。对于君子，到了"从心所欲而不逾矩"的阶段，自我方面还有什么是他所要顾虑和"有所求"的呢？上九，此刻观察的境界，从"观我生"转为"观其生"，已不再把注意力放在自己身上了，转向关注天下苍生的生命状态。这样的君子，无咎。

以上对《观》卦的卦辞、彖、象、爻辞，做了现代文的解释。

　　准确注释完六爻的爻辞后，可以更透彻理解《观》卦所在宇宙时空所对应的时义。《观》卦的时义，是人生之"观"，它包含了卦中爻辞提到的"观我生"和"观其生"。"观我生"，可以检视自我，处顺境之时知道自己的行为是否得当，处逆境之时知道自己良心犹存，明白进退之道。"观其生"，对于君子而言，是要关心社会大众的民生状况，不以"清高"作为自我标榜，关心他人，脱离开"自私"的人生观，告别极端自私的生活。一个完全自私的人，在这个世界上就是一个寄生虫，其人生对于社会而言没有任何价值。

　　《观》卦的时义，是很大的。《观》，在人类走向文明的历史进程中，起着推动文明、礼教、宗教信仰的作用，对于社会民众的教化，和善德、善俗，起到了很大的作用。作为君子，即使没有占到《观》卦，也应该认真学习领会《观》卦的内容和思想。

第二十章 大有、比、夬、剥

在这一章里，解析《大有》、《比》、《夬》、《剥》四个卦，在这四个卦里，《大有》、《夬》两卦是紧跟在《大壮》卦之后的"阳息阴"的卦，其下卦皆为乾，卦序号皆为奇数，是《复》卦之后"阳息阴"一条路线上的卦。而《比》、《剥》两卦则是紧跟在《观》卦之后的"阴消阳"的卦，其下卦皆为坤，卦序号皆为偶数，是《姤》卦之后"阴消阳"一条路线上的卦。

火天《大有》☲☰（卦序号：61）

《大有》卦，是《周易》六十四卦里，唯一有讲创造财富以及富裕起来之后如何善处其富的卦。故，在经济发展的时代，读懂《大有》卦对于创业者就十分的重要。《大有》卦的卦辞，只有两个字，就是"元亨"；故，读懂《大有》卦还要进入到六爻的爻辞，并理解六爻给出的启示。

先看《大有》卦的卦辞，及现代文注释：

大有，元亨。

现代文注释：

大有，是卦名。其卦象，上离下乾，太阳在天上，其明及远，万物无不照见，为盛大、丰有之象。五根阳爻围绕着君位的六五，阳为大，为富，六五得群富之应，此为"大富有"之象，故曰"大有"，下卦乾，有乾之"元"，上卦离为夏，有夏之"亨"，故曰"元亨"。

孔子《易传·彖》对《大有》卦的卦辞，是这样裁断的：

《彖》曰：大有，柔得尊位大中，而上下应之，曰大有。其德刚健而文明，应乎天而时行，是以"元亨"。

现代文注释：

彖辞说，"大有"，柔者居于尊位，为群阳所包围而得中，上下的阳刚都与它相应，阳为大，为富有，故称为"大有"。《大有》卦所象征的品德，刚健而又文明，能够顺应天道而适时行事，所以是大亨通的。

☰ 《大有》卦的卦象，是离和乾的重叠，上卦离，下卦乾。
孔子《易传·象》对《大有》卦的卦象特点，做了如下表述：

《象》曰：火在天上，大有。君子以遏恶扬善，顺天休命。

现代文注释：

《象》说，上卦离为火，下卦乾为天，故曰"火在天上"，这就是《大有》卦的卦象。"大有"，象征大的富有。君子观此卦象，领悟其中的道理，在富有时，要止恶扬善，顺应天道，活出美好的生命。

从《大有》卦的卦辞，再到《彖》《象》，让我们领悟到了《大有》卦卦象时空所对应的时义。《大有》卦的时义，是刚健而光明正大，可得大的亨通。盛大、丰有的条件具备了，要把握时机创造"大富有"，善处"富有"。

以下是《大有》卦的六爻，及其注释。对于《大有》卦，六爻的特点是：初九的创始阶段，重视的是保持艰苦创业的精神；九二居中位，是重任的承担者；九三讲富者的君子之道，要遵法度，敬上尊；到了上卦，讲如何善处财富，九四对"富有"可能出现过盛，及时提出"处富"理念；六五是《大有》的卦主，指出首脑人物的诚信至关重要；到上九，居天位，"大有"在极致之位没有走向反面，故称之为"自天佑之"。下面我们就进入爻辞：

☰ 初九：无交害，匪咎，艰则无咎。

现代文注释：

初九，居初爻，地位较低，且是"大有"刚刚开始的阶段，与六五无应无交，不涉及到利害，故不会有交害，又何咎之有。但在"富有"的初始，要常念创业的艰辛，防止骄奢念头的产生，保持艰苦创业精神，则可得无咎。

☰ 九二：大车以载，有攸往，无咎。

现代文注释：

九二，以阳刚居下卦乾之中位，为六五所倚重，是承担重任的大臣，任重道远。要能够胜"大有"之任，就要如大车之材的强壮，可以载重而远行。九二与六五相应，故曰"有攸往"；九二有担当重任的能力，又能固守中道，不自盈，不自满，权大如无权，势大如无势，故可"无咎"。

☰ 九三：公用亨于天子，小人弗克。

现代文注释：

九三，为王公，阳刚居正位，坚守正道，"用亨"为"朝献"的意思；公按礼仪朝献天子礼物，能敬上尊，如若让小人居大臣之位，则不能做到。

☲ **九四：匪其彭，无咎。**

现代文注释：

　　九四，其位过中，进入上卦；过中，就是有"富有"过盛的含义，"彭"，为盛多的意思；九四提出"匪其彭"的处富有理念，它的意思有几层，第一层的意思是防止物欲之念的膨胀，防止走向骄奢；第二层的意思是防止财富膨胀，浪费资源；第三层的意思是九四的"大有"不能过盛，九四已经接近六五的君位，过盛则招损；遵守此三层"处富有"的理念，才能"无咎"。

☲ **六五：厥孚交如，威如，吉。**

现代文注释：

　　六五，为《大有》的卦主，柔爻居中位，其象虚中，虚心诚恳自然得人心，虚中为有孚之象，其下乾为人，乾亦为信，故君王有诚信待人之道，众阳爻亦以孚信回报君王，"厥"的意思是"其"，"厥孚"就是"其孚"，这里指六五与众阳爻的孚信相交融，"大有"以诚信作为道德基础。但仅有孚信之交是不够的，六五必须有威严加之，才不至失之轻慢，才不失君道；六五既有诚信与上下众爻交往，又有威严，以威济柔，得"吉"。

☲ **上九：自天祐之，吉无不利。**

现代文注释：

　　上九，已到卦之终，位居离之上，是为至明，故不据富为己有，而不至富之过盛；以阳刚居天位，有天之象，"祐"为助，上九孚于六五，其富能助之六五，故称其为来自天上的助佑，这是隐喻的说法，六五居离中，有文明之德，上九居其上而应之，故曰"自天祐之"。上九助之六五，使得自己不会因自盈而招损，免除盈满之灾，上九与六五为亲比，履柔，故"吉无不利"。

以上对《大有》卦的卦辞、彖、象、爻辞，做了现代文的解释。

准确注释完六爻的爻辞后，可以更透彻理解《大有》卦所在宇宙时空所对应的时义。《大有》卦的时义，是刚健而光明正大，可得大的亨通。盛大、丰有的条件具备了，要把握时机创造"大富有"，善处"富有"。

《大有》的时义，是"健而明"，刚健而光明正大。它包含以下几层意思：第一，是"心"的固守，克念创业艰难，不产生骄奢之心念；第二，就是"大有"需要创造者，九二就是创造者，"大车以载"，足以担当重任；第三，就是防止过盛，九四提出"匪其彭"的处富有理念；第四，就是在"大有"之时，诚信为上，要"以孚待人"。这几点，都是"健而明"的具体表现，光明正大。

君子占到《大有》卦，应当效法"大有"的精神，顺应天道，而适时行事，让"大有"带来大亨通。在实现了大富有之后，君子之所为，就要在大富有之时止恶扬善。恶就是私欲，就是把"大有"视为个人所有，大行奢靡之事。而善心就是公心，将"大有"视为天下共有。

水地《比》☲☲（卦序号：62）

《比》卦，"水在地上"之象，水和大地亲近，有所归，万物也得以养育，万国得以建立。人类社会也同样存在有选择的归附，这种归附是为了合作，也为了共同的使命。《比》卦就是约定合作的卦，也就是诚信联盟的卦。

先看《比》卦的卦辞，及现代文注释：

比：吉。原筮，元永贞，无咎。不宁方来，后夫凶。

现代文注释：

比，是卦名。《比》卦，吉祥；上下卦由坎和坤组成，坎居北，刚爻居中，象征周文王所在的西岐居于联盟之北，西岐为盟主居于君王之位；"坎"在这里同样有把军事结盟视为行险之道的意思；坤居西南，是文王预定的战略发展方向，先行局部的统一。坤为原，天下的荒原大地，结盟的仪式在荒原举行，象征结盟的广泛民众基础，得天下之人心；坎为筮，在坤原之上，故曰"原筮"。占辞就是"元永贞，无咎"，"元"代表比卦中乾元的地位，君王九五统合万国，四海唯仰视九五一人，"永贞"代表永守贞正，结盟者永不叛离，这样的规定，无咎，故曰"原筮，元永贞，无咎。"天下不宁，即将起兵戎之争，故大小方国都来比附、结盟，读完"原筮"和结盟的誓言之后，选出的领袖就成为共主。九五之下为大艮之象，艮为夫，故"夫"即为阳爻九五，唯独上六居大艮之外，为"后夫"，"后夫"上六象征有叛离之心的方国，有凶，故曰"后夫凶"。

孔子《易传·象》对《比》卦的卦辞，是这样裁断的：

《象》曰：比，"吉"也。比，辅也，下顺从也。"原筮，元永贞，无咎"，以刚中也。"不宁方来"，上下应也。"后夫凶"，其道穷也。

现代文注释：

象辞说，《比》卦，是吉祥的。"比"，是结盟的亲辅关系，"原筮"的占辞"元永贞，无咎"，"元"为初之善，"永贞"为终之善，其义就是"善始且善终"，唯有九五刚中之德可以受之。天下不宁，大小方国都来结盟，阳爻之下的阴爻都与九五正应，唯有上六为阴乘阳的"后夫"敌应，有凶，其道穷尽。

☵☷　《比》卦的卦象，是经卦坎和坤的重叠，上卦坎，下卦坤。

孔子《易传·象》对《比》卦的卦象特点，做了如下表述：

《象》曰：地上有水，比。先王以建万国，亲诸侯。

现代文注释：

《象》说，上卦坎为水，下卦坤为地，故曰"地上有水"，这就是《比》卦的卦象。先王观此卦象，感悟其中的道理，建立了万国，与诸侯相亲相辅。

从《比》卦的卦辞，再到《彖》《象》，让我们领悟到了《比》卦卦象时空所对应的时义。《比》卦的时义，是结盟、比附。

以下是《比》卦的六爻，及其注释。对于《比》卦，六爻的特点是：六爻的吉凶，皆以与九五的比应关系而得，初六、六二、六四皆亲比九五而得吉；群阴中只有上六"阴乘阳"，故唯有上六占为凶。下面我们就进入爻辞：

☵☷　初六：有孚比之，无咎。有孚盈缶，终来有它吉。

现代文注释：

初六，心怀诚信的亲附，没有咎害。上卦坎为孚，为酒，下卦坤为缶，孚信就像美酒从瓦器缶中溢出，酒香四溢，这样的相亲相辅，终有意外的吉祥。

☶☶ 六二：比之自内，贞吉。

现代文注释：

六二，位居中得正，与九五为正应，坤之中为"内"，故曰"比之自内"；内心的纯正导致行为的正，相亲相辅发自内心，坚守贞正，吉祥。

☶☶ 六三：比之匪人。

现代文注释：

六三，阴柔，失位，不中不正，上无应，没有依靠，想归附，但不得其人，随天意的安排，又不会是正确的比附对象，这样的状况，很不妙。六三没有给出吉凶的判辞，只给出了警示，提醒六三"比之匪人"，周易中乾为"人"，故"人"指卦中唯一的乾阳九五，寓意六三得不到九五的比附。

☶☶ 六四：外比之，贞吉。

现代文注释：

六四，向外寻找比附，与阳刚、中正的九五是亲比，很自然的去追随九五，追随比自己更高尚的人，这是见贤思齐的比附，坚守正道，可获吉祥。

☶☶ 九五：显比，王用三驱，失前禽。邑人不诫，吉。

现代文注释：

九五，共主，"显"，明也；举行狩猎，用共同在一起狩猎的合作以"明"结盟成功，故曰"显比"。狩猎中，君王采用三面驱围的方法，网开一面，放走正前方的野兽，不赶尽杀绝，以示爱物之"仁"心。九五的仁爱，人人都愿意与之亲比，而不存任何戒心，就如同自己食邑的百姓那样放心的亲比九五，这种信任，代表九五所行的是"比"的中正之道，吉祥。

☳☰ 上六：比之无首，凶。

现代文注释：

上六，终极走向反面，对九五无恭顺的态度，乘凌阳刚的九五，出现对"比"的排斥，故曰"无首"，上六与九五的关系最终会转向对立，有凶。

以上对《比》卦的卦辞、彖、象、爻辞，做了现代文的解释。

准确注释完六爻的爻辞后，可以更透彻理解《比》卦所在宇宙时空所对应的时义。《比》卦的时义，是结盟、比附。

市场经济时代，结盟、比附对于专业化分工和产业链的对接，是一样必须思考的问题；故君子占到《比》卦，分析思考自己的优势特点，寻找比附的对象，在产业链的分工中找到自己的位置，这对自身事业的稳定发展是有益的。

泽天《夬》☱☰（卦序号：63）

　　《夬》卦，卦德为"果决"。但从卦象看，泽在天上，水气化雨而润下，故，象征"泽被天下"，恩泽施于天下，这是《夬》卦的天道属性。而现在通行本的解释，把《夬》卦的社会属性的侧重点放在了"对决小人"，这让《夬》卦真的变的怪怪的，难以理解了。《夬》是一阴五阳的卦，阴爻居天位，故，结合文王被囚羑里的历史，这一根阴爻就是文王的母亲太任或是文王的正妻太姒，卦辞中才会有"告自邑，不利即戎"之双关语。本书按照"本义"的要求，依北宋易学大师张载对《易》学的的理解："易即天道而归于人事"，按照此思路，在注释里增添"本义新注"。这样做的目的，主要是为了体现"本义"，也让《夬》卦的注释，天道与人事分离的问题得到解决。结合历史的背景，这也完全符合当年西岐所出现的真实情况，文王写卦辞，也是把"对决小人"给隐藏起来。

　　先看《夬》卦的卦辞，及现代文注释：

夬：扬于王庭，孚号，有厉，告自邑，不利即戎，利有攸往。

现代文注释：

　　夬，是卦名。《夬》卦，象征果决，在朝廷上公布奸臣的罪恶，上六因为有九五的亲比，得其孚而张狂，故其厉而危已经很明显；告知自己的邑人，不适宜使用武力，只利于刚爻继续前行，最终增长到终点。

　　【本义新注】：夬，是卦名。《夬》卦，象征果决。其卦象乾为王，伏艮，艮为庭，为手，"扬"是说话时挥手，故曰"扬于王庭"；伏象为反震，震为号，乾为信，为孚，故曰"孚号"；在王庭之上，大臣们把今年农业收成面临的形势，做了公开，有诚信的大声说出内心的想法，有危险出现，周边的诸侯、方国和部落因为自然灾害导致欠收的现实，有可能会出现到我方土地上抢割的情况。

最后做出决定，通知国内各邑，包括大臣们的食邑的民众，动员起来，保卫夏收，如果局势不利，就动用军队，这样做有正当理由和目的，利有所往。

孔子《易传·彖》对《夬》卦的卦辞，是这样裁断的：

《彖》曰："夬"，决也，刚决柔也。健而说，决而和，"扬于王庭"，柔乘五刚也。"孚号，有厉"，其危乃光也。"告自邑，不利即戎"，所尚乃穷也。"利有攸往"，刚长乃终也。

现代文注释：

彖辞说，"夬"，意思是果决，是刚爻决胜柔爻。刚健而令人悦服，果决而导致协和。在朝廷上公布小人的罪恶，就是"柔乘凌五刚"；上六因为与九五的亲比，得其孚而张狂，故其由厉而危已经很明显。告知自己的邑人，不适宜使用武力。刚爻继续长，就会得到乾卦，终为有利。

☱ 《夬》卦的卦象，是经卦兑和乾的重叠，上卦兑，下卦乾。
孔子《易传·象》对《夬》卦的卦象特点，做了如下表述：

《象》曰：泽上于天，夬。君子以施禄及下，居德则忌。

现代文注释：

《象》说，上卦兑为泽，下卦乾为天，故曰"泽上于天"，这就是《夬》卦的卦象。君子效法这一精神，就像泽水蒸发上天后化雨而润下，多施恩泽福禄给万民，不居德而自功，那是君子所忌讳的。

从《夬》卦的卦辞，再到《彖》《象》，让我们领悟到了《夬》卦卦象时空所对应的时义。《夬》卦的时义，是健而悦，做正确的事，努力就有结果。

以下是《夬》卦的六爻，及其注释。对于《夬》卦，六爻的特点是：五根阳爻相连，其义如同九五爻辞的"苋陆夬夬"，君臣之间的配合十分默契；上六是卦中唯一的阴爻，乘凌九五，不配合行动，最终有凶。下面我们就进入爻辞：

☰ 初九：壮于前趾，往，不胜为咎。

现代文注释：

初九，把强壮体现在脚趾上，不思考的往前，盲目的行动，必然不会成功，有咎害。

【本义新注】：初九，保卫夏收的行动开始了，作为前哨的部分民众和少量军士，步伐坚定而有力，前往我方田地的交界处驻扎，若不得胜，就有咎错。

☰ 九二：惕号，莫夜有戎，勿恤。

现代文注释：

九二，居乾中位，乾为惕，得"居中慎行"之道，时刻警惕着，还及时发出"今夜会有敌人偷袭"的警报，故有了九二，在整体上就已无需担忧。

【本义新注】：九二，居中，得"居中慎行"之道，有刚柔相济的特点，果决而又细心，乾为惕，时刻警惕着前方的动态，发出惕备的命令，夜晚随时会有军事行动。有了九二细心周到的部署，已无需忧虑。

☰ 九三：壮于頄，有凶；君子夬夬，独行遇雨，若濡有愠，无咎。

现代文注释：

九三，与上六有应，故他要单独前去应上六，上六泽在天上，必然成雨，故爻辞中有"独行遇雨"之说；九三决断上六的决心很大，故有"君子夬夬"之言；但，倘若怒形于色，表现在脸上，即"壮于頄"，则会招来杀身之祸，故

"有凶"；倘若与上六不动声色的周旋"若濡"，则又会招来众君子的忿怒"有愠"，但最终没有咎害。

【本义新注】：九三，居人位的下者，在夏收的前方，在与前来抢割庄稼的周边方国民众对峙中，忿怒都显露在脸上，有发生冲突的危险。君子执行保卫夏收的决心很大，接受新的行动方案，马上就行动，他带领几个人回去牵羊，配合九四与对方谈判的新方案，到家遇雨，衣服都淋湿了，乾为衣，"濡"为衣湿，面有愠色，但没有过错，无咎。

☰ 九四：臀无肤，其行次且；牵羊悔亡，闻言不信。

现代文注释：

九四，进入到上卦的兑卦之体，兑尚和，故九四表现出不果决、怯懦，单独牵着羊前往，向上六妥协示好，臀部被公羊顶伤，走路一瘸一拐的，但怎么做已没有后悔，对众人议论他的话且都听着，但却不信，我行我素。

【本义新注】：九四，爻位居人位的上者，刚居柔，懂得刚柔并济，兑综巽，巽为臀，伏艮为无肤，故曰"臀无肤"；艮为覆震，震为行，覆震为次且，故曰"其行次且"。伏艮为牵，兑为羊，巽为绳，故九四有牵羊之象，他牵羊招待对方首领，和谈的结果，抢割麦子的人都散了，悔亡。兑为耳，为听，兑口在上六，为有言，九四听到上六对他有微辞，且都听着，但不信邪，只做正确的事。

☰ 九五：苋陆夬夬，中行无咎。

现代文注释：

九五，也在兑体之中，更明白"不利即戎"的策略，九五居中位，是做决断的核心人物，故决断的意志绝不会改变，故有"苋陆夬夬"之言，苋陆为一种草本植物，根部蔓延，再生能力很强，哪怕将它的块茎挖断了，只剩一点细根，仍能再生，难以铲除，象征斩草除根、决断小人的困难，"夬夬"则表示在困难面前很有决心的样子；无论怎样，九五只要坚守中道，即可无咎。

【本义新注】：九五，阳刚果决的君王，得到群阳的拥护，"苋陆"有隐喻在其中，"苋"通"见"，"陆"同"六"，六为乾的后天之数，故"苋陆"就是"见到乾"的意思，《夬》卦爻变为《乾》，这就是九五的决心；西伯侯姬昌为西部诸侯盟主，称"伯"，其与殷商的关系因联姻而变得复杂，导致西伯侯以入朝为官的名义被商纣王邀请到殷都，最后几年失去人身自由，被囚禁在羑里，故"苋陆"暗喻九五可以见到西伯侯归国回到天位。苋陆草，根部坚固相连，再生能力极强，也代表君王与臣下的关系不会有问题。在夏收之际，君王完全明白，不利的情况下只能动用兵戎，即"不利即戎"；但君王有刚中之德，守持中正之道，明白战争不能最终解决问题，故力行"中和"之道，支持九四与前来抢割的来犯者和谈，最终解决了与周边部落、方国的冲突，故无咎。

䷪ 上六：无号，终有凶。

现代文注释：

上六，明白自身最终会有被决断的结局，败局已定，故无须号啕大哭，其结局终为"凶"。

【本义新注】：上六，伏震为号，伏象不见，故曰"无号"。上六是王后、太后等优柔寡断的贵妇人，没有遵从统一的部署，食邑的田地被周边的部落抢割，损失了也不敢说，此时也无须号啕大哭了，年景不好，粮食没有归仓，后果可想而知，故曰"终有凶"。

以上对《夬》卦的卦辞、彖、象、爻辞，做了现代文的解释。也按照"本义"的要求，遵从"从天道归于人事"的思想，给予《夬》卦的卦辞、爻辞一个贴切的"本义新注"。

准确注释完六爻的爻辞后，可以更透彻理解《夬》卦所在宇宙时空所对应的时义。《夬》卦的时义，是健而悦。尽管夬卦的象辞和六条爻辞都被理解为决断小人，但其时义是不会变的。它在宇宙时空节点上紧跟《大有》卦之后，处在收获的季节，"大收获"的忙碌和决断，是《夬》卦时义的主旋律。

君子占到《夬》卦，无需想到"决断小人"，就想想事业上是否有重要事情需要决断。君子观察《夬》卦的卦象，效法其精神，应当像泽水蒸发上天后化雨而润下，多施恩泽福禄给万民，不居德而自功，那是君子所忌讳的。

人生在世，会遇到很多重要的关头，和重要的事，需要"果决"的做出决断，做事的果决，需要持"中正"之道，不能有邪念。可以"果决"的保护自己应得的利益，保护自己辛勤劳动的成果，而不能巧取豪夺，抢夺别人的财产。"果决"的背后要有正义。

山地《剥》䷖（卦序号：64）

《剥》卦，作为阴消阳的最后一卦，其卦序排在六十四卦的最后一卦，有其自然规律的必然性。阳气仅存最后的上九，有如树上最后一片黄叶，也有如树上的最后一颗果子。阴气继续进逼，而阳气再退，最终阳被剥尽，一个也不剩。但不必为《剥》卦而叹息，大自然走到《剥》卦并非是生命的终结。《剥》卦之后，《坤》卦到来，万物归藏，并等待着转变的那一刻的到来，一切都在等待阳气的重新开始，此时太阳在地球南北回归线上空的运行轨道终于停止了南行，开始北移，《复》卦终于到来，"阳息阴"开始，阳气复盛，离春天又不远了。

先看《剥》卦的卦辞，及现代文注释：

剥：不利有攸往。

现代文注释：

剥，是卦名。"剥"的意思，是阳气为阴气所代替，阴气盛而剥蚀阳，或称为阴消阳，阴气进而阳气退，如同打落树上的果子，最终阳被剥尽，一个也不剩。"剥"的状态出现，不利有所往。

孔子《易传·彖》对《剥》卦的卦辞，是这样裁断的：

《彖》曰："剥"，剥也，柔变刚也。"不利有攸往"，小人长也。顺而止之，观象也。君子尚消息盈虚，天行也。

现代文注释：

彖辞说，"剥"，是剥蚀，指阴"消"阳，阴进而阳退，阴柔的力量在起主导，柔的特质在改变阳刚的特质，阴盛而阳衰。"剥"的状态出现，不利有所往，小人之道长也。君子遇"剥"，应当顺应时势而停止行动，从《剥》的内卦、外卦的卦象就可以看出"时止则止"的警示。君子重视宇宙自然间的"阴消阳"、"阳息阴"、日月盈虚，知道这是天道在运行，是不可违背的宇宙运行法则，故接受《剥》的到来，时止则止，顺应天道的安排。

▤ 　《剥》卦的卦象，是经卦艮和坤的重叠，上卦艮，下卦坤。
孔子《易传·象》对《剥》卦的卦象特点，做了如下表述：

《象》曰：山附于地，剥。上以厚下，安宅。

现代文注释：

《象》说，上卦艮为山，下卦坤为地，故曰"山附于地"，这就是《剥》卦的卦象。山在地之上，情愿用山的土石来加厚大地，其中蕴含的道理，就是要加厚基础，不论是事业，还是论及阴阳力量的消长，基础都先要加固；基础厚固，才有利于"安"其上部的建构，上卦艮为宅，故曰"安宅"。

从《剥》卦的卦辞，再到《彖》《象》，让我们领悟到了《剥》卦卦象时空所对应的时义。《剥》卦的时义，就是"阴剥阳"的最后一刻。

以下是《剥》卦的六爻，及其注释。对于《剥》卦，六爻的特点是：下卦初爻到六三，体现大自然"剥"的规律；到上卦，六四出现极端的现象，警示有凶；六五是"剥"卦里的尊位，象征女王当政；上九，是最后一根阳，体现"庐"最终被剥的自然结局。下面我们就进入爻辞：

▤ 初六：剥床以足，蔑贞凶。

现代文注释：

初六，全卦的大象就是一个大大的艮，艮为床，故本卦六爻的爻辞多次出现

"床"被剥蚀的描述。"剥"从下部开始，故曰"剥床以足"。坤的"至德"为顺而承天，以乾阳为主人，顺合天道而生物，而"剥"之时义，最后一根阳也要剥尽，故初爻的"剥"就出现"蔑贞凶"之警告。"蔑"，通灭，"贞"为阳，其意就是阴欲"灭阳"；天道之贞正，随最后一阳的被灭而处在危险之中，生生之道在剥的时空难以固守，万物的生存受到挑战，有凶；故曰"蔑贞凶"。

䷖六二：剥床以辨，蔑贞凶。

现代文注释：

六二，"辨"，显也；阴欲灭阳的"剥"现在已清晰可辨了，由下而上，阴的进逼明显就要到达最后的阳爻，在初六之时得到的警告"蔑贞凶"，此时就要到来了。

䷖六三：剥之无咎。

现代文注释：

六三，与上九有应，前往应阳；六三无"灭阳"之心，故无咎，"之"不为代词，不指阳爻，其意为"的"，"剥之"意为"剥卦的"。此爻为《剥》卦中对阳爻无咎害的爻，故曰"剥之无咎"。六三独自前行而应阳，无咎。

䷖六四：剥床以肤，凶。

现代文注释：

六四，阴的"剥"蚀进入上卦，上卦艮为肤，伤及体肤，高山有倾颓之危，此爻阴欲"灭阳"的状态更进了一步，故为凶。

☷ 六五：贯鱼，以宫人宠，无不利。

现代文注释：

　　六五，处在最上方阳爻之下，地位特殊，得上九君王的临宠最方便，六五之下群阴列队如串，故曰"贯"，阴爻为鱼，故曰"贯鱼"，六五居上卦中位，其位尊，隔开群阴与上九的接触；"以"，意思为控制，故曰"以宫人宠"；此爻明确了本卦有"女主当政"的情况，这是女主、小人当道的时刻，对女主而言，只要不过分的飞扬跋扈、为所欲为，她完全可以控制后宫的宫人，不使群阴进逼，如此，维持上九继续存在，六五的地位也就继续存在，对六五无不利。

☶ 上九：硕果不食，君子得舆，小人剥庐。

现代文注释：

　　上九，是《剥》卦时空留下的最后一个阳爻，就像树上留下的最后一颗硕大的果实，故曰"硕果不食"，意思就是一颗硕大的果实不曾被吃掉。对待《剥》卦时空的态度，君子与小人是决然不同的，结果也不同，君子会用好时势，因势利导，安抚和引导身边的女人同乘大车出行，"得舆"隐喻得民，阳爻之下为坤象，坤为民众，但这仅仅是愿望而已，君子的愿望是阳爻可以继续为民所载，如同乘坐大舆；而实际上，这最后的"阳"不会长久；小人会击落这颗最后的硕果，如同"剥"庐，上卦艮为庐，故曰"剥庐"。

　　以上对《剥》卦的卦辞、彖、象、爻辞，做了现代文的解释。
　　准确注释完六爻的爻辞后，可以更透彻理解《剥》卦所在宇宙时空所对应的时义。《剥》卦的时义，就是"阴剥阳"的最后一刻。
　　最后的一阳被剥尽，庐毁而《剥》变为《坤》，纯阴的坤卦到来，阴就成为了矛盾的主要方面，于是，接下去的"阳息阴"，就成为了解决矛盾的新主题而登场了。

　　《剥》卦是阳气衰减的极致位置，故，也是六十四卦中典型的四种"时"里代表"衰世"的时空。而在此之后，阳气即将出现"穷上反下"的突变，《剥》卦的最后一阳消失于上，这一阳的来复很快在《复》卦的下方出现，这就是阳气的"穷上反下"，阳气重新开始转盛，"衰世"结束，"中兴"开始。在《复》卦到来之后，"阳息阴"又将开始新的一轮走向《泰》卦、最终到达《乾》卦的时空转换。

巻六

第二十一章 周易的指导思想

第一节 阴阳消长

阴阳的交合、转化是《周易》的核心指导思想，孔子作"十翼"，在《系辞》中写道："一阴一阳之谓道。继之者，善也。成之者，性也。"故，"阴阳"之道，在《周易》中占有极重要的地位。《系辞》在最后写道："极数知来之谓占，通变之谓事，阴阳不测之谓神。"这是对于"阴阳"变化的描述，易学家张载解释说："两在，故不测。"易学家焦循解释说："通变则阴阳不测。"阴会转变为阳，阳会转变为阴。

故，"变"贯穿于《周易》理论的全过程，这种"变"通过阴阳的消长，实现四季的更替，节气的变化。六十四卦尽管看起来相对独立，都单独说某一时空的话题，但随时间推移，都受到"阴阳消长"规律的控制，有序的按照伏羲先天数的次序在时空中运行。

阴阳的消长，决定四季的更替，节气的变化，并有一定的规律，是《周易》的一个突出特点，也就是不变的"易"理，也称为"不易"，与"变易"成相互支撑关系，是"易"理的基础。

故，卦序的安排如何体现阴阳消长，本应该处在重要地位，但在《周易》变为儒家的《易经》时，孔子和他的弟子们考虑更多的是义理的安排，突出了义理中的儒家理论，特别是"中道"和社会伦理。故，通行本《周易》的卦序安排，就把"阴阳消长"这个极为重要的规律，放到决定卦序的次要的地位了。

本书努力贴近《周易》本义的思想，故，在卦序安排上恢复了由"阴阳消长"决定时空顺序的安排，这其实是很古老的时序和卦序的思想，在大儒朱熹写他的易学传世之作《周易本义》时就把"伏羲六十四卦次序"和"伏羲六十四卦方位"放在全书的最前面。尽管朱子最终没有放弃孔子《序卦传》安排的卦序，但朱子明确说出了他的心里所想，孔子的《易》不是周文王的《易》，而周文王的《易》才是《周易》的本义。

在本书中，第二章第五节"六十四卦的卦序排列"里，从北宋易学家邵雍的"伏羲六十四卦卦序方图"推导出"宇宙时空四时卦序方图"，这些卦序方图在原理上都是一致的，本书在第二章里写出了推导过程。

宋朝大儒朱熹在他的《周易本义》里，提供了"伏羲六十四卦方位大圆图"，朱熹提供的"伏羲六十四卦方位大圆图"，其绘制原理来自邵雍的伏羲卦序方图，对此有兴趣的读者可以自己动手排出大圆图。

实际上，无论是周文王的时代，还是北宋开始的重新推崇伏羲六十四卦卦序，都是为了重新引入"伏羲先天数"，提高占筮的准确性，也为了更加贴合自然的时空。伏羲先天数在周文王时代其实就已被反复的强调，认为是占筮能够准确、灵验的核心基础，孔子作"十翼"后，以"善为易者不占"为理由，弱化《周易》的占筮功能，让《易经》走向哲学化。在汉代后，《易经》更是走向科举考试的经典教材的模式，通行本《周易》即《易经》已经基本上与周文王的本义分开了，大儒朱熹尽管看出了这一点，但他作为儒家弟子不可能改变儒家经典教材，故，朱熹写《周易本义》脱不开通行本的卦序，也脱不开《周易大传》里各篇传文的影响，他不敢写一本有违儒家科举、独立于科举教材体系之外的《周易本义》。故，在科举制度成为永久的过去式的今天，我们才有可能大胆的提出回归周文王的《周易》本义，无需再顾忌科举考试的影响，也只有这样，我们才能完成当年大儒朱熹想做但他其实没能做的对《周易》还其"本义"的工作。

在本书中，"阴阳消长"所体现的伏羲先天数的内涵，贯穿在卦序的安排之中，这对于领会和读懂《周易》绝对是必要的，也客观上提高了《周易》卦序的合理性。

第二节　内卦为主

《周易》中的重卦，其下三爻称为下卦，下卦也称为内卦。上三爻称为上卦，上卦也称为外卦。下卦即内卦，为"小成"阶段。上卦即外卦，为"大成"阶段。"小成"和"大成"分别代表事业的成就的大小。那为什么说，《周易》的指导思想是以内卦为主呢？外卦不是"大成"吗？

这里所说的"内卦为主"，不是指的对具体一个卦而言，到底是内卦重要还是外卦重要。对于具体的一个卦，内卦和外卦一样重要，没有"内卦为主"还是"外卦为主"这样的问题，有时卦主是在下卦，有时卦主是在上卦。

"内卦为主"说的是：决定阴阳消长趋势的，是内卦。《周易》里任何一个卦，初爻的阴阳，决定了它是阳气转盛的卦，还是阴气转盛的卦。初爻为阳爻的，一定是阳气转盛的卦，是"阳息阴"的卦，它所处的时空也一定是在"冬至日"到春天再到夏天的这段时间里，是阳气转盛的半年时间里的卦。而初爻为阴爻的，一定是阴气转盛的卦，是"阴消阳"的卦，所处的时空也一定是在"夏至日"到秋天再到冬天的这段时间里，是阴气转盛的半年时间里的卦。

内卦决定了一个卦所处的四季是春夏还是秋冬，故在四时的安排上，内卦是为主的。

"内卦为主"还因为在二进制的数字里，内卦的初爻是第一位的数字，而外卦的上爻是最后的一个数字，举例来说：《剥》卦只有上九是阳爻，二进制数字是：000001，换算成十进制是 1；而《复》卦的一根阳爻是在初爻，其二进制数字是：100000，换算成十进制是 32。初爻与上爻，在数量、力量上相差 32 倍。

此外，在三阳三阴的卦里，三阳居内卦、三阴居外卦的是《泰》卦，代表的是："君子道长，小人道消"；而三阴居内卦、三阳居外卦的是《否》卦，代表的是："小人道长，君子道消"；这也和二进制的数字总和有关。《泰》卦，在二进制里，三根阳爻的数字总和是 56。《否》卦，在二进制里，三根阳爻的数字总和是 9。从数字的对比上，56 大于 9，显然《泰》卦"君子道长"，《否》卦"君子道消"。

第三节　生生之谓易

易，其核心是在讲"生生"之道。天地之道就是生养万物，故"生生之谓易"就是天地之道，二千多年来它也被易学家称为"天地之心"。

孔子作"十翼"，也读懂了《周易》中的生生之道，故在《周易大传》中体现了"生生之谓道"的思想精神。孔子在《系辞传》上篇中，写道："富有之谓大业，日新之谓盛德，生生之谓易。"这句话的意思就是："万物皆由'道'而生，'道'的事业可谓富有、伟大啊！天地生生万物从不停息，天天推陈出新，因而说天地的德性隆盛啊！阳极生阴，阴极生阳，生而又生，阴阳对立转化也从不停息，阴阳消长，相易相生，推动万物生生不息，故曰'生生之谓易'。"

从道的层面讲，天地抚育万物，故，天地之心是一颗慈爱的仁心，生生之道就是"善"的根源，人若违背了这一点，也就违背了"仁"与"善良"的天地的本心。领悟"生生之谓易"，就要读懂《复》卦，《复》卦，说的就是化生万物的"天地之心"。当大自然处在《剥》卦时空，一阳残存即将被消尽，这残存之阳被消尽后进入《坤》，然而大自然不会让生机停止，《坤》之后一阳来复，就到了《复》卦，万物在此后又是生机勃勃，可见天地的本心是使万物生生不息，永无毁灭之时。天以"好生之德"为道，"生生之谓易"是天之所以为"道"，故，它是《周易》极为重要的指导思想。

第四节　君子人生与时、位的结合

最后要讲的一个《周易》的重要指导思想，就是君子人生与时、位的结合。《周易》六十四卦代表六十四种不同的"时"，每个卦里面有六根爻，代表不同的六个位；故，从《周易》的起始卦《乾》卦开始，就有了君子人生与卦的时义相对应、并与卦中六个爻位相对应的指导思想。对于《乾》卦，《乾》卦的时义"开天辟地，迎接未来"，与君子人生的结合就是："天行健，君子以自强不息。"又比如《泰》卦，其时义是"君子道长，小人道消"，与君子人生的结合就是：“佐助天下苍生的生计，使之盛大繁茂，助民通泰，使社会安宁。”再比如《否》卦，《否》卦的时义“小人道长，君子道消”，与君子人生的结合就是：“君子收敛才华，避开小人的陷害，在小人当道的环境下，不追求荣禄富贵。”在具体的一个卦中，君子人生的六个阶段，或人生的六种状态，对应了卦中六个爻位从下往上的“位”的推进、变化。如《乾》卦六爻就是讲人生的六个阶段，而《否》卦的六爻就是讲六种人生状态，都对应着六爻的位的变化。

《周易》有六十四卦，就是六十四个宇宙的时空，也是六十四个人生经历的时空。每卦六爻，又是六个不同的人事的变化，六十四卦三百八十四根爻，对于君子人生的经历，其教益足以享用终身。人不是生来就是君子，但倘若你喜欢上了《易》学，在《易》学的终身陪伴下，你就会有一个“君子人生”。

君子独善其身，可善德；兼济天下，可善世；影响更多人成为君子，可善俗。故，不论顺境多，还是逆境多，君子人生都会影响周边的社会环境，也带给自己快乐和更美好的生命状态。故，在《周易》的指导思想里面，把君子的德性看得很重，在六十四卦时空的循环里，对君子人生的指导一直贯彻始终。

《周易》六十四卦中，卦辞和六条爻辞都涉及君子人生，并且对于君子人生有特别意义的卦是：《乾》、《观》、《复》、《益》、《升》、《离》、《泰》、《否》、《同人》、《遁》、《兑》、《谦》、《大畜》、《豫》、《大壮》、《大有》，共 16 个卦。可以重点研读，以理解君子人生与时、位的结合。

《周易》作为国学之源，可称之为“君子之学”。君子，是品格高尚的一类人的总称，简单的说，你不想当小人，就应当接受《周易》中的君子之学。现代的人们，习惯把事业有成的人称为“成功人士”，而成功人士也必须成为君子的一类，才能得到社会的认同，民众才会归之名为君子，才能得其尊贵。

学《易》之始，就要自觉培养君子之人格。《系辞》说：“知几其神乎！君子上交不谄，下交不渎，其知几乎？几者，动之微，吉凶之先见者也。君子见几而作，不俟终日。”学做事，先学做人。与人交往，不巴结权贵，不趾高气昂的对待部下，观察到危乱将要发生的微小信号，马上就有动作、应对，不拖延终日。君子知止而后定，知安而后动，静心、易心而后语，与人有交而后求，这样做事才不会有风险，才容易成事。

君子的德行，是从内心发出的，故贵在虔诚的心。《益》卦里，君子益天下之志向，就必须是出于本心。要成为君子，还要注意自身的言行举止，言行是君子之德的外在体现，十分的重要。《系辞》中说："'鸣鹤在阴，其子和之。我有好爵，吾与尔靡之。'子曰：'君子居其室，出其言善，则千里之外应之，况其迩者乎？居其室，出其言不善，则千里之外违之，况其迩者乎？言出乎身，加乎民；行发乎迩，见乎远。言行，君子之枢机。枢机之发，荣辱之主也。言行，君子之所以动天地也，可不慎乎？'"上面这句"鸣鹤在阴，其子和之。"是说战争到来，由于君王平时爱民，与民同乐，故君王的号召得到子民的回应，愿意誓死相从。这段话，就是在提醒：君子平日的言行决定了民众对待他的态度反应；对于君子，其言行从某种程度上决定了他得到"多助"还是"寡助"，决定了他的荣辱成败。君子，特别是大人，要重视自善其德。因果循环，善有善报，有时善恶的回报会很快到来。

第二十二章　占卦的几种方法

本书的最后一章，介绍几种占卦的方法给读者。读者要记住的就是，每次占问一件大事，只可起卦一次，故要诚心、认真的做。每次起卦，都同时得到本卦和变卦（也称"之卦"），这样就为起卦后的解卦提供一个完整的占卦结果。

第一节　摇钱起卦法

古人最古老的占筮方法就是大衍法，用蓍草的茎或竹签为道具，大衍之数五十，用其中的四十九根，进行演算。这种方法比较复杂，故留待后面介绍，先介绍最常用的摇钱起卦法，也叫做金钱卦。准备好三枚相同的铜钱，以乾隆通宝为最佳，如没有，可以用其他钱币代替。

《周易》的卦爻，非阴"--"即阳"一"。规定好钱币的正反面，确定一面为阳面，一般定为：字的面为阴，花的面为阳。使用三个铜钱时，不出现阳面为老阴，记为六；出现一个阳面、两个阴面，为少阳，记为七，出现两个阳面、一个阴面，为少阴，记为八，出现三个阳面，为老阳，记为九。用六、七、八、九这四个数做原始记录，保证原始记录的准确。

原始记录之后，把原始记录结果转变为阴阳符号的记录，为了记录的方便，把阴"--"记录为"0"，阴在二进制数字中为 0，这样记录和识别都方便，不会出错。于是，转变的具体规定如下：

没有阳面，都是阴面，老阴六，阴阳符号为"0 一"，变爻，先阴后阳；

一个阳面，两个阴面，少阳七，阴阳符号为"一"；

两个阳面，一个阴面，少阴八，阴阳符号为"0"；

三个阳面，没有阴面，老阳九，阴阳符号为"一 0"，变爻，先阳后阴；

具体举一个例子如下：

心中想着所占之事，静心默祷十分钟后，开始抛掷铜钱，并做记录。第一次抛掷为初爻，依次往上，直到上爻即第六爻。抛掷六次，做了以下原始记录：

第六次　上爻　七

第五次　五爻　八

第四次　四爻　六

第三次　三爻　七

第二次　二爻　六

第一次　初爻　九

接下去，把原始记录转变为阴阳符号的记录如下：

第六次　上爻　一

第五次　五爻　　0

第四次　四爻　　0　一　（变爻）

第三次　三爻　一

第二次　二爻　　0　一　（变爻）

第一次　初爻　一　　0　（变爻）

把不出现变爻的记录之处都添上一份相同符号，就得到以下：

上爻　一　一

五爻　　0　　0

四爻　　0　一

三爻　一　一

二爻　　0　一

初爻　一　　0

这样就得到两个卦，一个本卦，和一个变卦（之卦），本卦（第一列）是山火《贲》卦，变卦（第二列）是火风《鼎》卦。这就是起卦的结果，是《贲》卦变卦后成为《鼎》卦，也就是：《贲》之《鼎》。

第二节　文字起卦法

文字起卦法要用到伏羲先天八卦之数，即：乾一、兑二、离三、震四、巽五、坎六、艮七、坤八。卦以八除，爻以六除，是定卦和变爻的主要规则。

一字占

一字占的方法：一字象征太极未判，分出两个数，除以八的余数一个为上卦，一个为下卦，总笔画数除以六的余数为变爻。举例如下：

例 1：

取"国"字，"国"字形分内外，外为口，3 画，外卦为伏羲八卦第三即离，内为玉，5 画，内卦为伏羲八卦第五即巽，上离下巽为《鼎》卦；总 8 画，除以六的余数为 2，变爻为二爻，变卦为《旅》卦，结果为：《鼎》之《旅》。

例 2：

取"嗑"字，"嗑"字形分左右，左为上，3 画，上卦为伏羲八卦第三即离，右为下，10 画，除以八的余数为 2，下卦为伏羲八卦第二即兑，上离下兑为《睽》卦；总笔画数为 13 画，除以六的余数为 1，变爻为初爻，变卦为《未济》，结果为：《睽》之《未济》。

例 3：

取"雷"字，"雷"字形分上下，上 8 画，上卦为伏羲八卦第八即坤，下 5 画，下卦为伏羲八卦第五即巽，上坤下巽为《升》卦；总 13 画，除以六的余数为 1，变爻为初爻，变卦为《泰》卦，结果为：《升》之《泰》。

例 4：

取"其"字，"其"为独体字，总笔画数为 8，分为 4 和 4，上卦下卦皆为伏羲八卦第四即震，得纯卦《震》卦；总 8 画，除以六余数为 2，变爻为二爻，变卦为《归妹》卦，结果为：《震》之《归妹》。

二字占：

二字占的方法：二字象征两仪，以前一个字的笔画除以八，余数为上卦；第二个字的笔画除以八，余数为下卦；总笔画数除以六的余数为变爻。举例如下：

例 1：

取"休假"两个字，"休"6 画，上卦为伏羲八卦第六即坎，"假"11 画，除以八的余数为 3，下卦为伏羲八卦第三即离，上坎下离为《既济》卦；两个字总 17 画，除以六的余数为 5，变爻为五爻，变为《同人》卦，结果为：《既济》之《同人》。

三字占：

三字占的方法：三字象征三才，头一个字的笔画除以八，余数为上卦；后两个字的笔画除以八，余数为下卦；总笔画数除以六的余数为变爻。举例如下：

例 1：

"王小明"，"王"4 画，上卦为伏羲八卦第四即震，"小明"11 画，除以八的余数为 3，下卦为伏羲八卦第三即离，上震下离为《丰》卦；三个字总 15 画，除以六的余数为 3，变爻为三爻，变卦为《震》卦，结果为：《丰》之《震》。

四字占：

四字占的方法：四字象征四象，即少阳，太阳，少阴，太阴，分别代表春夏秋冬四时，故平分四字为二二，前两个字为上卦，后两个字为下卦，从四字开始不再使用笔画数，代之以音调数，古代的四声计调法是："平、上、去、入"，按平一、上二、去三、入四来计算音调数，音调数除以八的余数作为定卦的依据，音调总数除以六的余数为变爻。举例如下：

例 1：

取"密云不雨"四个字，"密云"音调数为 5，上卦为伏羲八卦之五即巽，"不雨"音调数为 7，下卦为伏羲八卦之七即艮，上巽下艮为《渐》卦，音调总数为 12，除以六的余数为 6，变爻为六爻，即上爻变，变卦为《蹇》卦，结果为：《渐》之《蹇》。

五字占：

五字占的方法：五字象征五行，故规定变爻为五爻；前二字为上卦，后三字为下卦。五字使用音调数，方法同于四字占，举例如下：

例 1：

取"夕阳无限好"五个字，"夕阳"音调数 3，上卦为伏羲八卦第三即离，"无限好"音调数 9，除以八的余数为 1，下卦为伏羲八卦第一即乾，上离下乾为《大有》卦；变爻为五爻，变卦为《乾》卦，结果为：《大有》之《乾》。

六字占：

六字占的方法：六字象征六爻之集，平分六字为三三，前三字为上卦，后三字为下卦，用音调数计算，规定变爻为六爻，即上爻变。举例如下：

例 1：

取"一叶落几番秋"六字，前三字"一叶落"音调数为 7，上卦为伏羲八卦第七即艮，后三字"几番秋"音调数 6，下卦为伏羲八卦第六即坎，上艮下坎为《蒙》卦；变爻为六爻，变卦为《师》卦，结果为：《蒙》之《师》。

七字占：

七字占的方法：七字象征七曜，将七个字分为两半，前三字为上卦，后四字为下卦，用音调数进行计算，除以八的余数作为定卦的依据，并规定七除以六的余数为变爻，即变爻为初爻。举例如下：

例 1：

取"抬望眼仰天长啸"七字，前三字"抬望眼"的音调数 9，除以八的余数为 1，上卦为伏羲八卦第一即乾，后四字"仰天长啸"的音调数 10，除以八的余数为 2，下卦为伏羲八卦第二即兑，上乾下兑为《履》卦，变爻为初爻，变卦为《讼》卦，结果为：《履》之《讼》。

八字占：

八字占的方法：八字象征八卦定位，将八个字平分两半，前四个字为上卦，后四个字为下卦，使用音调数来计算，以音调数除以八的余数作为定卦依据，并规定八除以六的余数为变爻，即变爻为二爻。

九字占：

九字占的方法：九字象征九畴，即九类，传说大禹治理天下的九畴大法。前

四个字为上卦，后五个字为下卦，使用音调数计算，以音调数除以八的余数作为
定卦依据，以九除以六的余数 3 为变爻，即三爻变。

十字占：

十字占的方法：十字象征成数，平分十个字为五五，前五个字为上卦，后五
个字为下卦，使用音调数计算，以音调数除以八的余数作为定卦依据，以十除以
六的余数 4 为变爻，即四爻变。

十一字及十一字以上的占：

十一字及十一个字以上的多字的占的方法：将字数分两半，平分或相差 1，
字数为奇数的，分开时，前面的少一个字为上卦，后面的多一个字为下卦；字数
为偶数的，刚好平分两半。直接使用字数作为定卦的依据，如十一字分为五个字
和六个字，上卦为伏羲八卦之五即巽，下卦为伏羲八卦之六即坎，上巽下坎为
《涣》卦，以字数十一除以六的余数为变爻，五爻变，变卦为《蒙》，结果为：
《涣》之《蒙》。十二字以上的，所使用方法与十一字相同。

第三节　大衍法

大衍法是最古老的占筮方法，它与摇钱起卦法一样，是完全贴合重卦的形成
原理的方法。

大衍法是《周易》原文中记载的唯一筮法。这种筮法依赖《系辞》"大衍之
数五十"一章的原文和原注以及历代易学家口授而得以流传下来。这种筮法又称
揲蓍法、蓍占，或称周易占法。

《系辞》曰："天一，地二；天三，地四；天五，地六；天七，地八；天
九，地十。"这里排出了东、西、南、北、中五个方位的天地之数。天之数全部

为奇数，把一、三、五、七、九相加后，得到天数的总数，把这个总数二十五就称为天数。地之数全部为偶数，把二、四、六、八、十相加后，得到地数的总数，把这个总数三十就称为地数。把天数和地数相加得到的数，称为大衍之数，大衍之数本来应该是五十有五，但扣除五行之数五，故规定大衍之数为五十。《周易》的古老占筮方法"大衍法"，就因为使用大衍之数而得名。

大衍法的具体操作，因"系辞传"的记载而流传后世。《系辞》曰："大衍之数五十，其用四十有九，分而为二以象两，挂一以象三，揲之以四以象四时，归奇于扐以象闰，五岁再闰，故再扐而后挂。是故，四营而成易，十有八变而成卦。"这段话很完整的把占卦的过程进行了描述，解释如下：

《系辞》的这段话，具体的说，就是：准备好五十根蓍草茎，或小竹棍。占筮仪礼完成后，从五十根小竹棍中拿出一根，放在最前方，其余四十九根摆放其下方，演算用四十九根进行，这就是"大衍之数五十，其用四十有九"，随机的把四十九根分成两堆，即"分而为二以象两"，再从任意的一堆里取出一根挂在小拇指和无名指之间，象征三才，即"挂一以象三"，然后对两堆进行四个四个一组的分出，象征四季的进行，即"揲之以四以象四时"，分出四个四个之后会有余数，余数称为"奇"，把两堆的余数分别夹在左手的指间，称为"归奇于扐"，两堆的余数象征两个闰月（五年间有两个闰月），这就叫"归奇于扐以象闰，五岁再闰，故再扐而后挂"，到此已完成四个步骤"分二，挂一，揲四，归奇"，每个步骤称为一营，四个步骤称为"四营"，这就是"四营而成易"，这里的"易"字即为"变"，也就是说至此完成了四营即第一变，第一次的这一变，"揲四"所分出的小竹棍一定是四十根或四十四根。然后，就要进入第二变，第二变的演算所用的小竹棍，已由四十八根减少到四十或四十四根。第二变的演算重复第一次的四个步骤，只是要注意第一变"挂一"的那一根要重复使用三次，不是每一变都再拿出一根；然后又是一个"四营"完成了第二变，第二变的"揲四"所分出的小竹棍一定是三十二、三十六、四十这三种可能性。在完成了第二变之后，再进行第三变，"挂一"还是最初第一变那一根，而第三变的"揲四"所分出的小竹棍又多出一个可能性，成为有四种可能性，即一定是二十四根、二十八根、三十二根、三十六根这四种可能。三变完成后，不论出现哪种结果，都把这个数字除以 4，从而得到四个数字的任何一个：六、七、八、九。至此，三变完成，得到了确定的数字结果，这四个数字会随机的出现，但一定是这四个数字之一。之所以要完成三变，而不是二变，是为了让这四种可能性的概率均等。《周易》规定六为老阴，七为少阳，八为少阴，九为老阳，老阴、老阳皆为变爻，老阴是先阴后变阳，老阳是先阳后变阴，这样每次用四十九根小竹棍完成三变的运算，就会得到一个确定的数字，这个数字可以确定一根爻的阴阳和变爻的出现。这样从初爻开始，每三变定一根爻，直到六爻即上爻确定，共十八变完成了一个卦。故曰"十有八变而成卦"。

以上介绍完了"大衍法"，这里面包含着古代人的数学智慧，它做到了老阴、少阴、少阳、老阳四种可能出现的概率相同。下面，我们再用一个具体的例子，来说明使用"大衍法"占卦时，如何准确无误的记录，最后准确无误的得到占卦的结果。这次的例子，就用古代的一个占筮例，晋文公的占筮例。

例 1：

春秋时期（公元前 637 年），流亡国外十九年的晋文公重耳，想借助秦国的力量，得到晋国。他亲自用《周易》的大衍法占了一个卦，得到《屯》之《豫》，下面我们就来再现他的占筮过程，呈现记录的方法。

重耳准备好五十根小竹棍。占筮仪礼完成后，从五十根小竹棍中拿出一根，放在最前方，其余四十九根摆放在它的下方。

他随机的把四十九根小竹棍分成两堆，完成"分而为二以象两"的第一步；接着从任意的一堆里取出了一根，挂在小拇指和无名指之间，完成"挂一以象三"的第二步；然后对两堆进行四个四个一组的分出，象征四季的进行，即"揲之以四以象四时"，完成了第三步，分出四个四个之后两堆都出现有余数，把两堆的余数分别夹在左手的指间，完成"归奇于扐"的第四步。完成四个步骤"分二，挂一，揲四，归奇"之后，这四个步骤即"四营"为一变，此时，把夹在左手指间第一变的两个余数，从左手指间取下，放在右手边靠边的位置，这样可以明显看到一变完成。接着开始第二变。

第二变的过程，重复第一变"四营"的方法，只是演算的小竹棍数量减少了，这是因为第一变的余数被拿掉了。在完成了同样的四个步骤后，把第二变的两个余数，从左手指间取下，放在右手靠边位置第一变两个余数的下方，此时，可以明显看到两变完成。接着开始第三变。

第三变的过程，同样的重复第一变的方法，这样第三变也完成了。把第三变的两个余数，从左手指间取下，放在右手靠边位置第二变两个余数的下方，这样可以明显看到三变完成。

接着，晋文公开始把三变后剩余的两堆小竹棍合起来，四个一组的开始数，得到九组，于是初爻的三变所得到的数字是：九。晋文公把这个结果"九"记录在记录纸的初爻位置上，记录如下：

上爻
五爻
四爻
三爻
二爻
初爻　　　九　　（老阳，变爻）

接着开始进行对二爻的"三变"演算，他把刚才演算用过的竹棍包括放在右手边的三排余数，全部集中起来，仍然是用四十九根小竹棍，放在一根的下面。完全重复初爻三变的演算过程，最后的结果出来了，二爻的"三变"完成后，得到的数字是：八。把这个结果"八"记录在记录纸的二爻位置上，记录如下：

上爻
五爻
四爻
三爻

二爻　　　　八　　（少阴）

初爻　　　　九　　（老阳，变爻）

　　再接着是对三爻的演算，重复上一次的全过程，完成"三变"后得到的数字是：八。把这个结果"八"记录在记录纸的三爻的位置上，记录如下：

上爻

五爻

四爻

三爻　　　　八　　（少阴）

二爻　　　　八　　（少阴）

初爻　　　　九　　（老阳，变爻）

　　再接着是对四爻的演算，"三变"后得到的数字是：六。把这个结果"六"记录在记录纸的四爻的位置上，记录如下：

上爻

五爻

四爻　　　　六　　（老阴，变爻）

三爻　　　　八　　（少阴）

二爻　　　　八　　（少阴）

初爻　　　　九　　（老阳，变爻）

　　再接着是对五爻的演算，"三变"后得到的数字是：九。把这个结果"九"记录在记录纸的五爻的位置上，记录如下：

上爻

五爻　　　　九　　（老阳，变爻）

四爻　　　　六　　（老阴，变爻）

三爻　　　　八　　（少阴）

二爻　　　　八　　（少阴）

初爻　　　　九　　（老阳，变爻）

最后是对上爻的演算，"三变"后得到的数字是：八。把这个结果"八"记录在记录纸的上爻的位置上，记录如下：

上爻　　八　　（少阴）

五爻　　九　　（老阳，变爻）

四爻　　六　　（老阴，变爻）

三爻　　八　　（少阴）

二爻　　八　　（少阴）

初爻　　九　　（老阳，变爻）

至此，晋文公重耳完成了六爻十八变的占卦全过程，并准确无误的记录下了以上的占卦记录。

接着，把以上的占卦记录进行一个阴阳符号的填写。

记录的阴阳符号规定如下：

六为老阴，先阴后变阳，记做：0 一（变爻）；

七为少阳，记做：一；

八为少阴，记做：0；

九为老阳，先阳后变阴，记做：一 0（变爻）。

按照这样的符号规定进行记录，能绝对保证不会看错。于是，晋文公得到的占卦原始记录就转变为以下符号的一张记录：

上爻　　0

五爻　　一　0　　（变爻）

四爻　　0　一　　（变爻）

三爻　　0

二爻　　0

初爻　　一　0　　（变爻）

接着，在上面这张记录上阴阳符号的第二列进行补齐，把不出现变爻的，也就是少阳、少阴的爻位补上一个同样的符号，填补后得到如下的记录：

	本卦	之卦	
上爻	0	0	
五爻	一	0	（变爻）
四爻	0	一	（变爻）
三爻	0	0	
二爻	0	0	
初爻	一	0	（变爻）

我们在上面这张记录上，很明显的看到本卦的一列是水雷《屯》卦，之卦的第二列是雷地《豫》卦。这就是晋文公占卦得到的《屯》之《豫》。

以上用春秋五霸之一的晋文公，在归国前亲自占卦得到的《屯》之《豫》的全过程的记录，为读者用此例详细解说，这是使用"大衍法"占卦时，最简单、最不会出现记录出错、也不会看错的一种方法。

最后，讲一下变爻的使用，这是占卦完成后解卦、断卦的需要。由于有变爻，故加上不出现变爻，总共有七种情况：

情况一：没有变爻；

情况二：有一根变爻；

情况三：有两根变爻；

情况四：有三根变爻；

情况五：有四根变爻；

情况六：有五根变爻；

情况七：六爻皆变。

这七种情况都会发生，如何解卦自古以来的说法多有分歧，在这里，我们采用大儒朱熹曾推荐过的方法加以整理后，介绍如下：

六爻都未变：以本卦卦辞为断。

一爻变，以本卦变爻为断。

二爻变，以本卦变爻居下的爻为主断，变爻居上的爻作为参考。

三爻变，以变卦的卦辞为断；本卦卦辞作为参考。

四爻变，以变卦不变的二根爻中的居下的爻为主断，居上的爻作为参考。

五爻变，以变卦不变的那一爻为断。

六爻皆变，乾坤二卦用"用九""用六"两爻；其余六十二卦以变卦为断。

生活文化丛书. 诗文丛集　1301034

《周易》本义

作　　者	张耀建	
责任编辑	蔡雅如	
特约校稿	林秋芬	
发 行 人	陈满铭	
总 经 理	梁锦兴	
总 编 辑	陈满铭	
副总编辑	张晏瑞	
编 辑 所	万卷楼图书股份有限公司	
排　　版	林晓敏	
印　　刷	百通科技股份有限公司	
封面设计	斐类设计工作室	

发　　行　万卷楼图书股份有限公司
　　　　　台北市罗斯福路二段 41 号 6 楼之 3
　　　　　电话 (02)23216565
　　　　　传真 (02)23218698
　　　　　电邮 SERVICE@WANJUAN.COM.TW
大陆经销　厦门外图台湾书店有限公司
　　　　　电邮 JKB188@188.COM
香港经销　香港联合书刊物流有限公司
　　　　　电话 (852)21502100
　　　　　传真 (852)23560735

ISBN 978-986-478-016-7

2016 年 9 月初版一刷
定价：新台币 600 元

如何购买本书：

1. 划拨购书，请透过以下邮政划拨账号：
　　账号：15624015
　　户名：万卷楼图书股份有限公司
2. 转账购书，请透过以下账户
　　合作金库银行　古亭分行
　　户名：万卷楼图书股份有限公司
　　账号：0877717092596
3. 网络购书，请透过万卷楼网站
　　网址 WWW.WANJUAN.COM.TW

大量购书，请直接联系我们，将有专人为
您服务。客服：(02)23216565 分机 10

国家图书馆出版品预行编目资料

<<周易>>本义 / 张耀建著. -- 初版. -- 台北
市：万卷楼, 2016.09
　　面；　公分. -- (生活文化丛书. 诗文丛集)
ISBN 978-986-478-016-7(平装)

1.易经　2.注释

121.12　　　　　　　　　　　　　105010877